금융지식의 힘

북오션은 책에 관한 아이디어와 원고를 설레는 마음으로 기다리고 있습니다. 책으로 만들고 싶은 아이디어가 있으신 분은 이메일(bookrose@naver.com)로 간단한 개요와 취지, 연락처 등을 보내주세요. 머뭇거리지 말고 문을 두드리세요. 길이 열릴 것입니다.

금융지식의 힘

초판 1쇄 인쇄 | 2012년 7월 20일
초판 1쇄 발행 | 2012년 7월 25일
지은이 | 장영철
펴낸이 | 박영욱
펴낸곳 | 북오션

경영총괄 | 정희숙
책임편집 | 이상모
편집 | 임은희 · 주재명 · 권기우
기획 · 홍보 | 유나리
마케팅 | 최석진
표지 및 본문 디자인 | 최희선
디자인 | 서정희

주 소 | 서울시 마포구 서교동 468-2번지
이메일 | bookrose@naver.com
트위터 | @Book_ocean
페이스북 | bookocean
카 페 | http://cafe.naver.com/bookrose
전 화 | 편집문의 : 02-325-5352   영업문의 : 02-322-6709
팩 스 | 02-3143-3964

출판신고번호 | 제313-2007-000197호

ISBN 978-89-93662-76-4 (03320)

*이 도서의 국립중앙도서관 출판시도서목록(CIP)은 e-CIP홈페이지(http://www.nl.go.kr/ecip)
와 국가자료공동목록시스템(http://www.nl.go.kr/kolisnet)에서 이용하실 수 있습니다.
(CIP제어번호 : CIP2012003027)

| 장영철 지음 |

금융지식의 힘

북오션

우리는 지금 이른바 '혼돈의 경제' 시대에 살고 있다. 밖으로는 지난해 '그리스 디폴트(채무불이행)'로 시작된 유럽의 경제위기와 언제 다시 불거질지 모를 미국의 경기침체 위험이 늘 도사리고 있다. 안으로는 경제성장 둔화와 가계부채 증가에 따른 부동산 경기침체 등으로 일반 서민들은 시간이 갈수록 경제적으로 매우 힘든 시기를 겪고 있다.

우리를 둘러싼 이 모든 경제적인 현상들은 우리가 스스로 조절할 수 없는 '보이지 않는 큰 손'에 의해 좌지우지되는 것이며 자본의 '빈익빈 부익부'가 표출된다. 이제 더 이상 일반 개인들은 거대한 자본시장이라는 커다랗고 무시무시한 거친 바다에 직접 맞서 대응하는 것은 불가능하게 되었다. 오히려 이러한 강력한 거대자본의 생리를 잘 파악하고 본인에게 유리한 방향으로 잘 활용하는 것이 자본주의 체제하에서 비록 가늘지만 길게 생명력을 유지하며 살아갈 수 있는 유일한 길이다.

우리나라는 2000년대 중반을 넘어서면서 이른바 '저성장'의 그늘을 피할 수 없게 되었다. 솔직히, 지난 1998년 국제통화기금 IMF로 부터 구제금융을 받기 전까지만 하더라도 '경제니, 금융이니, 부동산 지식이니' 하는 것들을 잘 몰라도 안정적인 경제생활을 영위하는 데에는 아무 문제가 없었다. 그때까지만 해도 직장인들은 한 번 회사에 입사하면 적어도 50대 중반까지는 고용을 보장받던 시기이었고, 주식시장도 지금처럼 외국자본의 유입이 크지 않아 비교적 안정적인 상승을 하였기 때문이다. 또한 물가상승률도 그리 큰 폭으로 상승하지 않았었다.

그러나 IMF 구제금융 이후 인력감축을 골자로 한 상시적인 구조조정이 대기업들에 의해 시행되어 '평생직장'의 개념이 사라지게 되었다. 그 결과 '한 직장에서 그저 열심히 일하는 것이 돈을 모으는 길이다'라는 사고방식은 통하지 않게 되었다. 그리고 국내 채권금리가 올라감에 따라 외국자본이 본격적으로 우리 금융시장에 큰 규모의 자금을 투자하기 시작하면서 이제 우리나라의 금융시장은 미국이나 유럽 등 해외경제의 변수에 의해 더 영향을 받게 되었다. 지난 2008년 10월에 있었던 '리먼브라더스 사태'로 촉발된 미국의 신용위기와 2011년의 그리스 디폴트로 인한 유럽의 경제위기가 국내 주식시장 등 금융시장에 큰 충격을 주었던 것이 이러한 예다.

한마디로 다른 나라에서 기침을 하면 우리나라는 독감에 걸려 끙끙 앓는 현상이 벌어지는 것이다. 그로 인해 우리나라의 주식시장 등 금융시장의 위기로 연결되고 급기야는 부동산 분야까지 영향을 받게 되는 것이다.

그렇다면, 여러분과 같은 일반 개인들이 이러한 험난하고 예측 불가능한 세계경제 속에서 살아남아 길게 존재하는 방법은 과연 무엇이 있을까? 그것은 바로 우리를 둘러싼 '금융'과 '경제'의 큰 틀을 이해하는 것에서부터 시작한다. 물론 경제와 금융의 모든 세부적인 분야를 일일이 다 아는 것은 불가능한 일이다. 그러나 적어도 거시적인 관점에서 이것이 돌아가는 개략적인 과정만이라도 이해하면 비록 조금이나마 여러분의 재산을 지키고 앞으로 어떻게 재테크를 할 것인가에 일정부분 도움이 된다.

이 책은 필자가 지난 6년 동안 재무설계와 부동산 업무를 하며 일반 개인들이 꼭 알아야 할 금융, 경제, 부동산 지식의 아주 작은 일부분을 정리한 것이다. 때로는 지난 2006년~2008년의 주식시장과 부동산 시장의 폭등기에 잘못 투자하여 그 이후 큰 손실을 입었던 사람도 보았으며, 오히려 폭락기에 좀 더 공격적인 투자를 하지 못해 큰 이익을 누리지 못한 사람들의 경우도 많이 접하였다. 그리고 은행, 증권, 보험사의 금융상품을 제대로 이해하지 못해 본인들이 원하는 목적을 달성하지 못하고 중간에 해약하거나 손해를 입은 주위의 사례도 많이 보아왔다. 그래서 금융이나 경제지식이 다소 부족한 일반 개인들을 위해 필요한 사항 위주로 가급적이면 알기 쉽게 정리하려 노력했다. 아무쪼록 이 책을 통해 일반 서민들이 올바른 선택을 통해 무시무시한 대내외 경제상황과 치열한 금융시장에서 비교적 롱런하면서 살아남길 바란다.

책을 이렇게 읽으면 더욱 도움이 될 것이다.

〈이렇게 말하라〉는 이 책을 다 읽은 분들이라면 주변에 이렇게 말하는 정도의 센스가 생길 것이라는 뜻에서 정리한 부분이다. 이 부분을 잃고 내용을 읽으면 더욱 이해가 잘 될 것이다.

〈용어정리〉는 책 양편에 점선으로 연결되어 있다. 흔히 들어봤지만 헷갈리는 용어들을 정리했다.

〈강조〉는 내용 중 굵은 서체로 정리되어 있다. 이 부분을 눈여겨보면 이 책을 쓴 목적을 정확히 알 수 있을 것이나.

마지막으로 이 책이 나올 수 있게끔 여러모로 배려해 주신 북오션의 정희숙 부대표님과 우리나라 부동산 공법경매 투자의 최고 전문가이며, 필자의 영원한 스승이신 (주)이라이트비전의 이주왕 대표님에게 마음에서 우러나오는 감사의 말씀을 전한다. 아울러, 국내 순수 재무설계 전문가이자, 이 분야에 있

어 필자의 든든한 지원자인 후배 최영식 자산플러스 대표에게도 고마운 마음
을 전하는 바이다.
　　모두가 행복하시길 기원한다.

장 영 철

Content

Part 6 부동산 투자와 금융

Chapter 1

경제와 금융

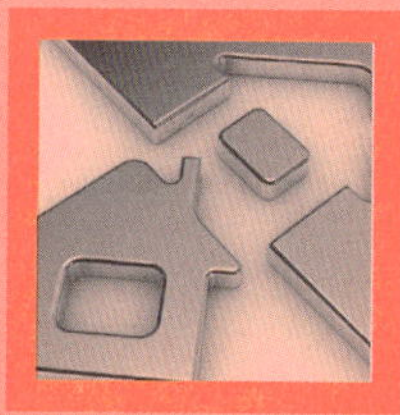

돈이 돌고 도는
시장경제

_ 돈은 돌고 돌아야 한다. 돈은 돌 때마다 이익을 남기는 데, 이를 보통 이자라고 하고 경제계에서는 금리라고 부른다.

_ 돈을 빌리려는 사람이 늘어나면 금리는 올라가고, 돈을 빌려주려는 사람이 늘어나면 금리는 떨어지는 법. 돈도 수요와 공급의 법칙에 따라 움직인다.

_ 돈이 움직이는 것을 유동성이라고 하는데, 돈이 움직이지 않으면 경제 위기가 온다. 그것을 유동성 함정이라고 한다.

_ 금리에 따라 경제가 움직이기 때문에 금리는 경제의 운전사라고 한다.

● 자본주의 경제체제에서 모든 경제 행위의 목적은 이익을 남기는 것, 즉 돈을 버는 것이다. 그리고 한 나라의 경제가 제대로 유지되기 위해서는 돈이 시장에서 잘 돌아야 한다. 그렇다면 그 돈은 어떠한 규칙을 가지고 돌까? 돈은 시장에서 유통될 때 아무런 보상이나 대가 없이 그냥 돌지 않는다. 돈의 주인이 바뀔 때마다 '이익'이라고 하는 열매가 덧붙여져야 하는데 우리는 그것을 **이자**라고 부른다. 이자는 돈을 얻기 위한 비용이라 볼 수도 있고 돈의 '가치 흐름'이라고 할 수도 있다. 경제학에서는 이러한 이자를 좀 더 유식한 표현으로 '금리(金利)'라 부른다.

금리도 수요와 공급의 원리를 따른다

시장경제 체제에서 금리는 돈에 대한 수요와 공급의 법칙에 따라 상승 혹은 하락한다. 돈을 빌리려는 사람이 많아지면 돈을 빌려주는 곳(주로 은행, 증권사, 보험사 등의 금융기관)은 금리를 올린다. 반대로 빌리려는 사람은 줄고 돈을 빌려주겠다는 곳이 많으면 금융기관은 금리를 낮춘다.

금리가 상승하면 금융기관의 대출을 받아 사업을 하거나 부동산을 매입한 사람들은 이자에 대한 부담을 느끼게 된다. 금리가 상승하면 예금 이자도 따라서 높아지기 때문에 사람들은 주식 등 위험 자산에 투자하기보다는 정기예금 같은 안전자산에 투자하려는 성향이 강하게 나타난다. 그리하여 돈이 시장에서 유통되지 않고 금융기관으로만 흡수되기 때문에 경기는 하강한다.

이와는 반대로 저금리 시기에는 대출이자 부담이 적기 때문에 기업은 적극적으로 금융기관으로부터 대출을 받아 신규 투자를 한다. 일반 개인들도 예금 이자 수익이 줄어들기 때문에 이자보다 더 많은 수익을 내고자 부동산, 주식 투자에 본격적으로 나선다. 그리하여 시장에 통화량이 증가하면서 경기가 활성화된다.

금리 변동에 따라 경기의 호·불황이 좌우되는 결과를 가져온다. 이러한 이유로 정책 금리인 콜금리를 조절하는 한국은행은 매월 일정한 시기에 금융통화위원회를 열어 경기 상황을 판단해서 금리를 인상 혹은 인하, 동결할지 결정한다.

금리가 시장에 어떤 영향을 미칠까?

우선, **고금리 상황이 시장경제에 미치는 영향**은 지난 1997년 말의 IMF 외환 위기 상황에서 극명하게 드러났다.

IMF 외환 위기는 국제무역 거래에 필요한 달러화가 부족해서 비롯되었다. 이 당시 국제통화기금 IMF가 달러화를 빌려주면서 우리나라에 강도 높은 고금리 정책을 요구했다. 그것은 저금리 국가의 금융기관들이 이자 차익을 보려고 고금리 상태인 우리나라의 채권을 매입하도록 유도해서 국내에 외화가 많이 유입되게 하려는 정책이었다.

그러나 그 정책 탓에 우리나라의 개인과 기업은 20%대의 고금리라는 적잖은 고통을 감내해야 했다. 대출로 부동산을 구입한 사람들은 높은 이자 부담으로 말미암아 손실을 입은 채 부매를 했고, 주식시장에 자금이 공급되지 않아 주가가 폭락하는 '자산 디플레이션' 이 일어났다. 또한 고금리 때문에 유동성이 부족해져서 부채비율이 높은 기업들은 퇴출되었고 일부 기업들은 비용 절감 차원에서 구조 조정을 단행함으로써 실업률이 증가했다.

이와는 반대로 **저금리**는 시장경제에 어떠한 영향을 끼칠까?

지난 2001년 8월, 정부는 남아 있는 1억4천만 달러의 IMF 외환 차입금을 최종 상환해서 외환 위기를 벗어났다고 발표했다. 정부는 다시 침체된 경제에 활력을 불어넣기 위해 고금리 정책을 버리고 금리를 인하해 시장에 유동성 공급을 확대했다. 그 결과 2004년 11월 콜금리가 3.25%까지 떨어지며 본격적인 저금리 시대로 돌입했다. 은행의 1년짜리 정기예금 금리도 4%대로 낮아져 일반적인 은행 저축으로는 자산을 증식할 수 없다는 인식이 팽배해졌다. 또한, 저금리 시대에는 기업들이 싼 이자로 돈을 빌려 투자할 수 있다. 일반 개인들은 예금, 채권 등 낮은 이율의 안전 자산보다 높은 이율의 위험 자산인 주식, 부동산, 원자재에 적극적으로 투자한다. 이른바 자본시장에 돈이 대량으로 풀림으로써 경기가 활성화되는 것이다.

물론 이 과정에서 버블(거품)이 발생해 물가가 상승하고 주식과 부동산 가격이 크게 오르는 자산 가치의 급등 현상이 벌어진다. 그 이유는 **가수요**를 충족하기 위해 신용 및 담보대출과 같은 신용화폐가 급격하게 시장에 투입되기 때문이다. 또한, 저금리 상황이 지속되면 상대적으로 고금리 국가의 채권과 예금에 투자하는 '캐리트레이드'가 발생한다.

저금리 상황에서도 경기가 살아나지 않을 때

저금리 상황이 지속된다 하더라도 경기가 활성화되지 않을 수 있다. 즉, 사람들이 금리가 낮은 상태인데도 돈을 보유만 하고 시장에서 돌리지 않을 수 있기 때문이다. 그렇게 되면 기업의 생산과 투자 그리고 가계의 소비가 늘지 않아 경기가 나아지지 않는 **유동성 함정**이 생겨난다.

유동성 함정은 일반적으로 자산 버블이 붕괴되어 경기가 급강하 하고, 국가가 이를 해결하기 위해 시중에 유동성을 확대했으나 기업의 설비투자, 고용, 개인들의 소비가 살아나지 않아 경기가 쉽사리 회복되지 못하는 상태다.

유동성 함정은 경제주체들이 경기회복에 대한 확신을 가지지 못하는 심리적인 원인에서 비롯된 것이 크다. 유동성 함정의 대표적인 사례로 1990년대 초 일본의 잃어버린 10년과 2008년 미국의 서브프라임 모기지 사태로 촉발된 금융 위기 이후 서구 선진국들의 더딘 경제회복 상황이 있다.

이렇듯 금리는 나라의 경제를 좌지우지하는 보이지 않는 손이다. 금리가 변동하면 주가, 부동산, 채권 등 자산의 가격뿐만 아니라 기업과 국가의 경제 정책이 큰 영향을 받을 수밖에 없다. 더 나아가서 금리는 국가 안의 돈뿐만 아니라 해외로부터 오는 자금의 양까지 영향을 미쳐 환율을 변동시키는 요인이 된다. 금리의 흐름을 따라 시장경제가 움직이기 때문에 금리는 자본주의 경제라는 차량의 운전기사와 같다고 볼 수 있다.

돈줄을 쥐고 있는
기준 금리와 콜금리

_ 한국은행은 물가에 대한 목표를 정해놓고 이를 임의적으로 조절한다.

_ 한국은행과 금융기관 간에 설정한 채권 이자율을 기준 금리라고 하는데, 기준 금리의 이자율을 조절해서 시장의 통화량을 조절한다.

_ 금융기관 간에 돈을 빌리는 데 붙는 금리를 콜금리라고 하는데, 누구나 싼 곳에서 돈을 빌리고 싶은 마음은 같기 때문에, 콜금리에 따라 돈이 유통되는 양이 달라진다.

● 　시장경제를 채택하고 있는 모든 나라는 매년 이루고자 하는 경제적 목
표를 설정하고 이를 달성하기 위해 여러 가지 경제 정책을 편다. 행정부는 안
정적인 ‘경제성장’을 이루기 위해 재정지출과 조세정책 등의 재정정책을 시
행하고 있는 반면, 한국은행과 같은 중앙은행은 금리로 통화량을 조절해 최대
목표인 ‘물가 안정’을 달성하려 한다.

한국은행의 목표는 물가 안정

한국은행은 통화정책의 궁극적 목표를 물가 안정에 두고 명시적으로 인플
레이션 목표를 사전에 설정하는 물가안정목표제(Inflation Targeting)를 운용하
고 있다. 이를 위해 한국은행이 사용하는 가장 핵심적인 정책 수단이 바로
‘정책 금리’ 조절이다.

우리나라의 정책 금리는 한국은행이 사용하는 **기준 금리**다. 한국은행은 매
월 둘째 주 목요일에 ‘금융통화위원회’를 열어 기준 금리를 결정한다. 기준
금리는 금융회사 간에 단기간 서로 자금을 빌리는 데 적용하는 **콜금리**의 기준
이 된다. 기준 금리는 금융회사가 한국은행에 단기채권을 매각하거나 한국은
행에서 자금을 차입할 때 적용되는 고정 금리의 역할을 한다.

2008년 2월까지는 금융통화위원회에서 ‘정책 금리’라는 이름으로 콜금리
운용 목표치를 두어 단기자금 시상의 수급을 조절하여 왔으나, 2008년 3월
이후부터 보다 원활한 단기자금 시장의 수급을 위해 7일 만기 **환매조건부채권**
(RP, Repurchase agreement) 금리를 기준 금리로 정하였다.

그 이유는 일부 금융기관들이 금리의 변동폭이 크지 않은 콜금리를 이용하
여 이자율이 좋은 다른 채권에 투자해 이익을 올렸기 때문이다. 콜금리는 한

국은행이 관리했기 때문에 시장의 자금 사정과 관계없이 하루 변동폭이 0.05%P 수준밖에 되지 않았다. 금융기관의 입장에서는 큰 폭으로 이자가 변동할 리스크가 사라진 것이다. 그래서 일부 금융기관들이 레버리지 개념을 활용하여 이익을 보았었다.

그래서 한국은행은 이러한 한계를 극복하고자 이른바 RP의 이자율을 '기준 금리'로 책정하고 공개시장조작(open market operations)를 통해 통화량을 조절한다.

RP는 국·공채 등을 담보로 확정된 금리대로 이자를 지급하고 향후 조금 높은 가격을 주고 다시 사는 조건으로 발행한다. 쉽게 말하면 일정 기간 뒤에 지금 파는 가격보다 몇 % 더 높은 값으로 다시 사들일 것을 약속하고 판매하는 채권이다. 시중 은행들은 RP 금리가 높으면 많은 이자를 받을 수 있으므로 가지고 있는 자금으로 한국은행의 RP를 매입한다.

기준 금리가 어떻게 통화량을 결정하는가?

만일 한국은행이 목표 기준 금리를 연 2%로 책정했다고 가정해보자. 한국은행은 7일 만기 RP의 환매 가격을 연 2% 이율로 정하고 시장 상황에 따라 RP를 사고판다. 쉽게 설명하면, 시중 자금 수요에 따라서 1주일 기간으로 연 2%의 이자율로 자금을 '대출' 하거나 '예금' 을 받는 것이다.

만일 시장 금리가 높으면 시중은행은 한국은행에서 돈을 대출받아 민간에 대출한다. 이와 반대로 시중 금리가 오히려 기준 금리인 2%보다 더 낮다면 일반 은행은 시중의 대출을 한국은행의 '기준 금리 예금' 으로 전환할 것이므로 시중 통화량 가운데 그만큼이 한국은행으로 환수된다. 그래서 금융통화위원회의 기준 금리 결정은 바로 통화량 결정으로 직결된다. 통화량은 기준 금리를 인상하면 감소하고 인하하면 증가한다. 한국은행은 이러한 공개시장조작을 통해 유동성을 조절한다.

금융통화위원회에서 결정한 기준 금리가 인상되거나 인하되면 시장 금리로 대변되는 콜금리 등에 직접적인 영향을 주는데, 기준 금리가 결정되면 1일짜리 초단기금리인 콜금리로 연동된다.

기준 금리에 영향을 받는 콜금리

콜금리는 일반 시중은행 간에 초단기로 돈을 빌리는 데 적용되는 금리이다. 돈을 빌려주는 것을 '콜론(call loan)', 빌리는 것을 '콜머니(call money)', 콜이 거래되는 시장을 콜시장이라 한다.

금융기관의 입장에서 보면 콜금리보다 높은 다른 금리는 조달할 필요가 없기 때문에 단기성 자금들은 콜금리를 중심으로 회전된다.

콜금리는 한국은행이 기준 금리를 정하는 데 참고가 되는 매우 중요한 지표다. 왜냐하면 콜금리가 금융기관 간의 돈 거래의 기준일 뿐 아니라 콜금리의 오르내림이 가계나 기업의 예금·대출금리와 연동되기 때문이다.

콜금리로 거래하는 주체들이 대개 금융기관이므로 다른 예금금리처럼 많은 사람들이 관여하지 않는다. 즉, 거래에 관여하는 사람이 적어 훨씬 수월하게 금리를 조절할 수 있다. 콜금리는 일반 고객들의 예금금리, 대출금리를 책정하는 기준이 된다. 따라서 금융기관은 콜금리만 조절하면 다른 단기금리를 간접적으로 조절할 수 있다.

만일 콜금리가 0.5% 올랐다고 한다면 은행들은 단기 거래 시 더 높은 이자로 콜자금을 빌려와야 한다. 그 빌려온 자금으로 고객들의 자금을 인출 혹은 대출을 해준다. 그런데 올라가기 전의 금리를 적용하게 되면 결국 그 차이만큼 금융기관은 손해를 봐야 한다. 금융기관이 손해를 보지 않기 위해서는 개인이나 기업에 단기로 자금을 빌려주면서 금리를 인상해 더 많은 이자를 받아야 한다. 이러한 단기금리 인상이 중기 또는 장기채권의 금리 인상으로 이어진다.

금융통화위원회의 결정에 따라 기준 금리가 인하되고 이와 연동하여 콜금리가 낮아지면 은행 대출금리의 기준이 되는 CD(양도성 예금증서)금리도 낮아진다. 대출금리가 하락하면 이자 부담이 줄어 기업의 신규 투자가 활발해지고, 시장에 유동성이 확대되어 경기가 활성화된다. 반대로 콜금리가 높아진다면 유동성은 줄어들어 경기는 하강하게 된다.

금리 변동 필승 투자법, 코스톨라니의 달걀 이론

_ 경기는 언제나 좋아졌다 나빠졌다 하며 순환한다. 경기 순환의 원리를 알고 있으면 투자에 실패할 일은 줄어든다.

_ 코스톨라니의 달걀 이론은 경기에 한 발 앞서 투자하는 법을 설명하는 이론이다. 정확하게 이론대로 돌아가지야 않겠지만 이런 원리를 알면 군중심리에 휩쓸리지는 않을 것이다.

● 2006년~2007년의 부동산 가격 급등과 주식·펀드 투자 열풍, 그리고 이어서 터진 2008년 말~2009년 초의 주식·부동산 대폭락으로 발생한 자산 디플레이션, 마지막으로 코스피 지수 2200P를 돌파한 2011년의 경기변동 때문에 투자자들은 5년 동안 천국과 지옥을 오갔다.

그런데 이러한 급등과 급락의 소용돌이 속에서 최우선적으로 고려해야 할 사항이 있다. 바로 '금리의 흐름'에 따른 투자법이다. 금리의 흐름을 따르는 경기변동을 제대로 이해하고 투자를 해야만 성공할 수 있는데, 유럽의 전설적인 주식 투자자 앙드레 코스톨라니가 제시한 **코스톨라니의 달걀 이론**이 바로 그것이다.

경기순환 및 금리의 흐름에 대해 잘 알지 못하는 일반 투자자들은 주로 눈에 보이는 경제적 현상과 사회적 분위기에 편승하여 투자하게 마련이다. 그러나 코스톨라니는 금리의 변화를 주목하여 부동산, 주식, 채권, 예금 상품을 적절한 시점에서 사고파는, 이른바 '군중심리'에 이끌리지 않는 투자 방법을 제시하고 있다.

코스톨라니의 달걀 이론에 의한 투자법

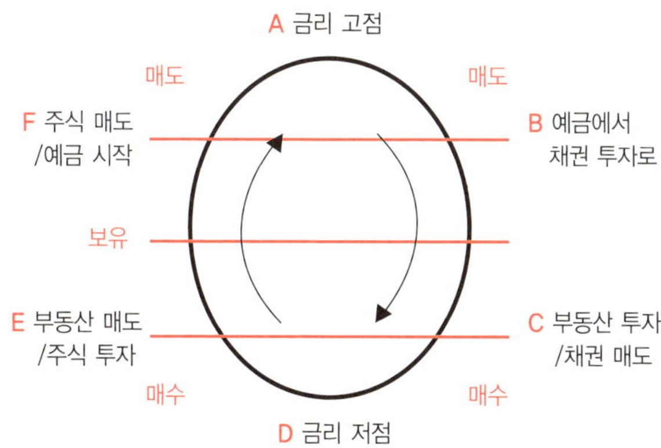

금리 고점에서 시장은 침체하기 시작한다

그림에서 보는 바와 같이, 시장에 돈이 많이 풀려 경기가 과열될 경우 한국은행과 같은 중앙은행은 꾸준히 금리를 인상함으로써 금리는 A의 최고치에 이르게 된다. 지난 2008년 봄~여름 정도의 시기라고 보면 된다. 이 당시 한국은행의 기준 금리는 5.5%까지 치솟았다. 그러나 금리가 상승할 경우 대출 금리도 같이 높아져 주택담보 대출자들의 이자 부담이 많아지고 이에 따라 소비가 저하되므로 시장엔 돈이 줄어들게 되면서 경기는 침체 국면으로 접어든다.

A → B : 금리인하 시기엔 채권에 투자한다

만일 경기가 계속해서 하강하게 된다면 중앙은행은 점진적으로 시장에 유동성을 공급하기 위해 금리 인하를 하기 시작한다. 이 구간에서 현명한 부자들은 예금에서 돈을 인출해 예금 금리보다 더 수익성이 높은 **채권**에 투자하기 시작한다. 경기가 하강하면서 침체 상태에 있고, 예금 금리가 정체되어 있거나 다소 하락하는 초기 단계가 채권에 투자하기 좋은 시점이다. 왜냐하면 채권은 이자율이 확정인데다 고금리 때 상대적으로 저렴해진 채권을 사두면 향후 금리가 인하되었을 때 높은 채권수익률까지 노려볼 수 있기 때문이다.

B → C → D : 채권을 팔고 부동산에 투자한다

만일 점진적인 금리 인하 조치에도 경기가 살아나지 않을 경우, 중앙은행이 공격적인 금리 인하를 단행하는 B → C → D 국면으로 접어들게 된다. 이 국면에 이르면 주식시장도 하락하게 되는데, 증권사는 이 시기에 채권 투자를 권유한다. 왜냐하면 이 시기에 일반인들이 표면 금리가 예금보다 높은 채권에 관심을 갖게 되고, 증권사는 고객을 끌어 수탁 잔고를 늘리려 하기 때문이다. 그러나 현명한 부자들은 상대적으로 가격이 높아진 채권을 시장에 매도하고 수익을 올린다. 그리고 상대적으로 가격이 낮아진 **부동산에 투자**하기 시작한다. 강남과 같은 우량 지역의 아파트, 경매시장에 나온 상가 등 임대수익형 부동산을 헐값으로 사들이는 것이다.

2009년 1월~3월이 이 시기에 해당되었는데, 강남의 블루칩 재건축 아파트와 역세권 재개발 지역의 지분 가격이 최저 시세로 하락했으나, 역설적으로 이 시기에 거래량은 더 늘어났다. 부자들은 항상 한 발 앞서가는 투자를 하는 것이다.

D → E : 금리 최저 시기 부동산을 처분한다

금리가 최저에 이르는 D → E 구간에서 현명한 부자들은 부동산을 매도하고 **주식을 매수**하기 시작한다. 이 구간에서 일반 대중들은 최저 금리 상태에 이른 부동산 대출을 활용하여 부동산 투자에 뛰어들고, 부동산 가격은 오르기 시작한다. 이 시기에 예대마진으로 수익을 올리는 은행은 적극적으로 마케팅을 펼치며 주택담보대출 상품 판매에 열을 올린다. 그리고 이 시기부터 경기 회복에 따른 페이스 조절 차원에서 중앙은행은 금리 인상 카드를 만지작거리기 시작한다. 이 구간에서 현명한 부자들은 일반 대중들이 올려놓은 가격에 부동산을 매도하며 시세 차익을 거둔다. 그리고 그 현금을 가지고 불확실성이 사라진 주식시장에서 상대적으로 저평가된 우량주를 매수한다.

경기가 회복되어 본격적으로 경기 상승이라는 국면에 접어든 E → F 구간에서는 부동산, 주식 할 것 없이 늘어난 유동성 때문에 과열 양상으로 치달으면서 자산 가격은 가파르게 상승한다. 2006년~2008년 중반까지 우리나라의 경제가 이 구간에 해당되었다고 볼 수 있다. 이 시기에 금융 당국은 과열된 경기를 진정시키기 위해 계속적으로 금리 인상을 하게 된다. 이 시기에 현명한 부자들은 주식을 매도하고 높은 이자를 주는 정기예금 등의 **안전 자산**에 다시 돈을 예치한다.

물론 이 이론이 지금에 와서 아주 정확하게 적용되는 것은 아니다. 실제로 C → D → E 구간에서 만일 대중들의 투자 심리가 얼어붙을 경우 금리가 낮아졌더라도 부동산 투자에 적극적으로 나서지는 않는다. 그리고 각 구간별 진행 과정이 반드시 순차적으로 이루어지는 것도 아니다.

코스톨라니 달걀 이론의 중요한 의미는 현명한 부자들은 일반 대중과는 달리 분위기에 휩쓸리는 투자가 아닌, 금리 변동에 따른 **거시경제의 흐름**을 예견하고 맥(脈)을 짚는 투자를 한다는 점이다. 이것이 일반인들과는 다른 투자 행태를 보이기 때문에 '역발상 투자'처럼 보일 뿐이다. 수익을 좇는 재테크 투자가 아닌, 잃지 않으면서 적정한 이익을 추구하는 원칙을 갖고 이 이론을 활용해야 할 것이다.

04 경제의 기본 원리, 수요와 공급

_ 수요와 공급이 정상적으로 이루어진다면, 가격은 가장 합리적인 지점에서 정해질 것이다. 하지만 시장은 비합리적이다.

_ 20세기에 들어서면서부터 정부가 시장에 적극적으로 관여하기 시작했다. 이것을 케인즈 주의라고 한다.

_ 정부가 직접 지출을 해서 경제를 조절하는 것은 한계가 있다. 그래서 금리를 높이거나 내려서 시중에 돈이 유통되는 양을 조절하는 방식을 많이 취한다.

● 자본주의 시장경제에서 특정 재화의 가격은 수요·공급의 법칙으로 결정된다. 시장경제가 제대로 된 기능을 하기 위해서는 재화의 수요와 공급이 큰 흔들림 없이 균형을 이루어야 한다. 그 균형은 하나의 재화가 경제주체들 간에 시장에서 거래되는 가격을 통해 맞춰진다.

즉, 본래적 의미에서의 시장경제는 수요와 공급의 균형점인 가격을 통해 경제주체 간에 자율적으로 거래가 이루어진다는 합리적인 경제이론이다.

시장은 비정상적으로 움직인다

자본주의 경제체제에서 개인과 기업의 이윤 추구 행위는 경제 발전을 이끄는 당연한 행위다. 가격이라는 '보이지 않는 손'에 의해 시장이 항상 합리적으로 움직인다는 관점 때문이다. 시장경제에서 개인은 매우 합리적이기 때문에 상품의 가격이 오르면 수요가 줄고, 그것 때문에 기업은 가격을 낮추기 위해 원가절감과 같은 노력을 계속한다고 생각했다.

그러나 시장은 '보이지 않는 손'의 원칙대로 흘러가는 것은 아니었다. 때로는 수요와 공급의 균형이 깨져 상품 가격이 급등하는 현상이 나타나고 이를 이용해 폭리를 취하는 개인과 기업이 생기곤 하였다. 특히 자본력이 크고 상품을 주도적으로 생산해내는 대기업은 매점매석과 독점 혹은 과점으로 비정상적으로 가격을 올려 경제의 또 나른 주체인 가계에 상대적인 피해를 입히곤 했다. 또한 기업은 계속적으로 이윤을 추구하기 위해 상품을 수요 이상으로 과잉 공급해 비(非)생산성, 비효율성을 초래하여 국가 경제에 큰 부담을 주었다.

시장경제의 폐해와 정부의 역할 확대

그래서 20세기 들어 시장경제를 이루는 경제주체 중 커다란 한 축이라 할 수 있는 '정부'의 역할 및 기능이 커지게 되었다. 즉, 기업과 가계 사이를 조율하거나 경제적 강자인 자본력이 큰 기업을 견제하는 역할을 하게 된 것이다. 특히 자유방임 시대에 소극적인 조율 기능을 하던 정부의 역할은 1930년대 이후 '케인즈 주의'를 받아들여 보다 적극적인 개념으로 바뀌게 된다.

케인즈 주의는 정부가 적극적으로 시장경제에 뛰어들어 재정지출을 늘리고 이를 통해 시장에 유동성을 공급함으로써 가계의 소비와 투자를 유도해 경제를 활성화시킨다는 논리다.

기업의 이윤 추구 경쟁이 과잉 생산을 낳았고, 제품의 원가를 줄이기 위해 근로자들의 임금을 줄이자 근로자가 소비를 억제함으로써 '대공황'이 발생한 것으로 보고, 이를 유효 수요를 늘리고 소득 재분배를 강화하는 것으로 극복하자는 것이었다. 시장에서 원하는 수요를 충족하기 위해 정부가 재정지출을 늘려 많은 돈을 시장에 투입함으로써, 소비와 투자를 유도해 경제성장을 이룬다는 '공공에 의한 공급 확대' 이론이라 할 수 있다.

이러한 케인즈 이론이 자본주의 경제의 대세로 자리 잡아감에 따라 정부의 역할이 물가관리 수준에서 유동성을 공급해 경기부양책을 지원하는 것으로 확대되었다. 과거 1980년대 미국의 레이건 행정부가 표방한 레이거노믹스(Reaganomics)가 그 대표적인 예라 하겠다. 레이건 정부는 정부의 공급자 역할을 강조하면서 법인세 등의 세금을 인하해주었다. 세금을 인하하면 기업이 투자를 늘리고, 투자를 늘리면 고용이 촉진되어 경제가 성장할 것이므로 조세 금액이 늘어나, 결국 재정적자를 줄일 수 있을 것이라는 논리다. MB정부의

경제의 활성화로 미국의 재건을 주창하여, 세출의 삭감, 소득세 인하 등의 정책을 펼친 것

경제 정책이 레이거노믹스와 많은 부분이 유사하다고 볼 수 있다.

정부의 공공 지출에는 한계가 있다

그러나 유동성 공급으로 수요를 증대시킨다는 정책은 일정 부분 한계가 있다. 공급 확대 정책은 균형잡히고 공정한 시장 경쟁이 이루어져 과잉 생산이 발생하지 않는다는 조건하에서 그 효과를 발휘할 수 있다. 고전 경제 이론인 '세이의 법칙(Say's Law)' 처럼 자유경쟁 체제에서 과잉 생산이 일어나지 않는 가운데 공급이 그 스스로의 수요를 만들어 내어 초과 공급이 발생하지 않으면 된다.

그러나 이러한 공급 확대 정책이 시장에서 항상 합리적으로 작용하는 것은 아니다. 특히 레이거노믹스와 같은 '기업에 의한 공급 확대 정책' 은 기업이 이익을 수요자인 가계에게 합리적인 형태로 재분배하지 않는다면, 빈익빈 부익부의 양극화가 심화되는 부작용이 발생한다.

또한 정부가 직접적인 공공 지출을 확대해 수요 창출을 도모한다고 해도 모든 것이 해결되지는 않는다.

시장의 실패를 보완하기 위하여 추진되고 있는 많은 국책 사업들이 바로, 공급이 수요를 창출할 것이라는 가설에 근거한다. 그러나 공공 부문의 국책 사업에서 정부는 독점적 지위에 있기 때문에 공급이 그 수요를 제대로 충족시켜 주지 못한다면 오히려 재정 적자가 심화될 수 있다. 무리한 경기부양책 때문에 증가한 재정 적자는 결국 세금 인상에 대한 우려로 이어져 소비자들의 신뢰를 떨어뜨린다.

공급확대가 합리적으로 돌아가지 않는 이유

결국 자본주의에서 수요(소비) 극대화를 통한 공급 확대는 재정지출을 통한 공공 부문의 역할을 강조한 케인즈 이론이나 기업의 공급이 수요를 창출한다는 세이의 법칙에서 말하는 대로 바람직하게 나타나지 않는다. 왜냐하면 인간의 모든 행동이 컴퓨터처럼 늘 정확하거나 **합리적이지는 않기 때문**이다. 정부는 계속적인 정권 유지를 위해 국민의 표를 획득하려고 공급 확대를 포퓰리즘으로 변질시킬 가능성이 높고, 기업은 공급 확대 덕에 수요를 창출하여 부를 축적했지만, 이를 다시 가계에 재분배하기를 꺼리는 것에 그 이유가 있다.

05

경제의 필요악(必要惡), 인플레이션

_ 경제가 발전하면 물건을 좀 더 많이 구입하려는 사람이 늘기 때문에 수요와 공급의 법칙에 따라 물건의 값은 자연히 오른다. 물건의 값이 오르면 기업의 이익이 늘어나 질 좋은 제품을 더 많이 만들게 되고, 국민의 소득도 늘어나 더 많은 물건을 구입한다. 따라서 경제가 발전할 때 발생하는 인플레이션은 긍정적이다.

_ 진정한 수요가 아닌 가수요 때문에 자산의 가격이 비정상적으로 올라가는 자산 인플레이션은 경제에 크나큰 부담을 준다.

● 2009년 글로벌 금융위기 이후, 세계 각국 정부는 시장에 통화를 늘리는 '유동성 공급 확대'를 통해 경기 하강을 막고자 하였다. 이후 경제가 다시 회복 기미를 보이자, 늘어난 통화량 때문에 인플레이션이 발생하지 않을까 하는 우려가 다시 고개를 들고 있다. 최근 들어 경제의 화두로 다시 대두되고 있는 인플레이션은 우리나라에서 고유가와 더불어 경제를 가장 어렵게 만드는 걸림돌로 작용하고 있다.

고 인플레이션의 무서움

인플레이션의 사전적 의미는 수요가 공급을 초과하여 물가 수준이 지속적으로 상승하면서 화폐가치가 하락하는 현상을 말한다. 그러나 현대에 와서는 물가가 빠른 속도로 단기간에 상승하는 현상으로 이해하는 것이 맞을 것이다.

지금처럼 세계 경제가 글로벌화되지 못한 20세기 초·중반에는 전쟁이나 가뭄, 풍수해와 같은 재난이 있고 난 후에 식량과 연료 등이 부족해져서 초(超)인플레이션이 발생하였다. 실제로 2차 세계대전 직후인 1946년, 헝가리에서는 물가가 15시간마다 올라 무려 4만2000%에 달하는 엄청난 인플레이션이 있었다. 1980년대 중반 볼리비아와 아르헨티나는 2만%, 1990년대 러시아와 브라질은 각각 2000%, 6000%의 살인적인 인플레이션을 경험하였다.

이러한 극단적인 인플레이션이 일어나면 결국 화폐가치가 크게 하락해 '현금을 가지고 있으면 손해'라는 인식이 확산된다. 실제로 1차 세계대전 후 독일에서는 노동자들이 하루에 몇 차례씩 나누어 임금을 받았다. 하루에도 몇 번씩 화폐가치가 계속해서 하락했는데, 그 받은 임금으로 저축을 하는 것이 아니라 물건으로 계속 바꾸는 현상이 벌어졌다. 현금을 가지고 있는 것보다는 차라리 소비를 하거나 시간이 가도 가치가 크게 변하지 않을 금 등의 현물로 바꾸는 것이 더 나았던 것이다. 물론 이러한 극단적인 '초(超)인플레이션'은 지금 시대에 들어서는 여간해서는 일어나지 않는다. 그만큼 각국 정부의 중앙은행이 인플레이션을 억제키 위해 시스템상으로 많은 노력을 기울이기 때문이다.

어느 정도의 인플레이션은 필요하다

그러나 인플레이션이 무조건 나쁜 것만은 아니다. 자본주의 경제에서는 일정 부분 물가가 상승해야 한다. 한 나라의 경제는 반드시 성장을 해야 하기 때문이다. 경제가 성장해야 국민소득이 늘어나고 경제주체들이 원하는 서비스와 재화를 풍족하게 구입하고 누릴 수 있다. 이에 제품을 만들어 내는 기업들도 이익이 증가하면서 질 좋은 상품을 더 많이 만들어 내려는 동기를 부여받는다. 즉, '소비가 미덕'인 경제가 되는 것이다. 일반 개인들이 소비를 많이 해주어야 기업의 이익이 늘고, 고용 및 설비에 좀 더 적극적으로 투자할 수 있다. 이러한 인플레이션 초기 단계에 바로 '경제의 선순환' 구조가 나타난다. 이렇듯 적당한 인플레이션은 초기 상황에서 일정 부분 경제에 순기능 역할을 한다.

경제가 성장하는 과정에서는 물가 상승이 뒤따르기 마련이다. 그 이유는 주로 통화량 증가에서 비롯된다. 시장에 돈이 많이 풀리면 개인의 명복소득이 증가한다. 소득이 증가하면 역시 소비를 늘리게 되는데, 여기서 말하는 소비는 반드시 써서 없어지는 사전적 의미의 소비뿐만이 아닌 주식 혹은 부동산 시장, 심지어 원자재에 투자하는 것까지 포함될 수 있다. 수요가 늘어나므로 수요와 공급의 원칙에 따라 물가가 상승한다. 경제가 성장하는 범위

내에서의 자연스러운 물가 상승은 피할 수 없다. 경제가 약 5% 정도 성장했는데 물가가 3% 정도 올랐다면 경제에 그다지 부담이 되지 않는다.

인플레이션은 뜻대로 되지 않는다

인플레이션은 우리의 바람처럼 진행되지 않는 경우가 대부분이다. 경제가 성장하는 경기 활황기에는 필연적으로 **가수요**라는 것이 생긴다. 가수요는 '가격 상승에 대한 기대심리' 라고도 볼 수 있다. 물가가 더 오를 것 같은 심리 때문에 당장 필요가 없다 하더라도 구입하려 하는 것이다.

과거와 달리 전쟁이나 지진 등의 천재지변 때 나타났던 생필품에 대한 가수요는 현대의 경기 활황기에는 나타나지 않는다. 그대신 시중에 풀린 통화가 주식, 부동산, 원자재 등의 투기성(?) 자산에 집중된다. 왜냐하면 주식, 부동산과 같은 자산의 가격이 더 오를 것 같다는 기대 심리가 있기 때문이다.

자산 버블과 금리 인상

그런데 자산 시장에 투자되는 돈이 개인의 순수 자기자본만 있는 것이 아니다. 사람들은 기대 심리 때문에 은행의 대출을 활용하여 투자에 나선다. 이 과정에서 **버블(거품)**이 발생한다. 물가가 오르면 현금은 그 가치가 하락하지만 부동산과 주식 가격은 가수요가 주도하는 투기성 자금이 집중되면서 급등하기 때문이다. 더욱이 이 시기에는 항상 가수요를 부추기는 세력이 나타난다. 대부분의 가수요는 '군중 심리' 에 의해 한 방향으로 쏠리기 때문에, 이러한 세력들은 분위기를 이용하여 주식이나 부동산을 낮은 가격에 대량으로 선점한 후 각종 세미나 혹은 강연회를 통해 투자자들을 끌어들여 과도한 이윤을 붙여서 거래한다. 특이한 점은 금리는 이 시기에도 꾸준히 상승한다는 점이다. 가수요로 촉발된 자산 시장의 가격 버블을 진정시키기 위해 중앙은행은 계속적으로 금리를 인상할 수밖에 없다. 이러한 가운데 일정 기간 동안 주식, 부동산 가격은 계속적으로 오른다. 투자자들이 은행 대출금리보다 더 많은 수익을 올릴 것이라 기대하고 더욱더 투자에 열을 올리기 때문이다.

버블은 붕괴한다

이러한 가수요는 길게 지속될 수 없다. 실제로 가수요에 의해 인플레이션이 발생한 상황에서는 개인의 '자기자본 투자' 보다 담보 혹은 신용대출에 의한 레버리지(지렛대) 투자가 대부분이기 때문이다. 인플레이션이 심화될수록 금리 인상은 계속적으로 이루어지고, 자산의 물량과 투자자의 수, 투자 금액의 정체 현상이 나타나면 가격 상승에 대한 기대 심리가 꺾이게 된다. 이와 더불어 서서히 오른 자산을 팔아 이익으로 남기려는 물량이 시장에 나오며 자산의 가격이 급격히 하락하는 상황이 벌어진다. 이에 대출로 투자했던 개인들이 자산을 계속적으로 매도하면서 '버블 붕괴' 가 일어난다. '기대 심리' 가 가격이 계속 하락할 수 있다는 '공포 심리' 로 변하면서 투매 현상이 일어나는 것이다.

결론적으로 경제성장에 의한 자연적 인플레이션은 일정 부분 순작용이 있고 자본주의 경제에서는 불가피한 현상이나, 가수요가 주도하는 '자산 인플레이션' 은 급격한 자산 가격 상승으로 이어져 결국 거품 붕괴에 따른 경기침체를 가져올 수 있다.

대출로 자본을 마련해 대출이자보다 높은 이윤이 날 곳에 투자하는 것

06

인플레이션보다 더 지독한
스태그플레이션

_ 경기 침체기에도 물가가 오르는 현상을 스태그플레이션이라고 하는데, 이런 상황이 오면 경기도 부양해야 하고, 물가도 잡아야 하는 어려움을 겪게 된다.

_ 스태그플레이션은 나라 자체의 경기보다 원자재 가격 상승 등 국제적인 문제에 영향을 많이 받는다.

● 자본주의 경제에서 경기가 활성화되고 시장에 통화량이 많아지면 필연적으로 인플레이션이 발생한다. 만일 경제가 계속적으로 성장한다면 자연스러운 물가 상승에 편승해 이윤을 추구하려고 기업은 더 적극적으로 공급을 늘리게 된다. 그러나 시장경제가 언제나 합리적으로 움직이는 것은 아니다. 물가는 계속 오르는데 이에 따른 경제는 성장하지 않고 정체되는 상황에 놓일 수 있다. 바로 자본주의 시장경제에서 최대의 불청객이라 할 수 있는 **스태그플레이션(Stagflation)**이 발생한 것이다.

경기 침체 + 인플레이션 = 스태그플레이션

스태그플레이션의 사전적 의미는 정체와 부진을 의미하는 스태그네이션(stagnation)과 물가 상승을 의미하는 인플레이션(inflation)이 합쳐진 단어다. 즉, 경기 침체와 물가 상승이 동시에 일어난다는 의미다.

일반적으로 경제가 성장하여 시장이 활기를 띠는 호황기에는 물가가 상승하는 반면, 돈이 잘 돌지 않고 시장이 침체하는 불황기에는 물가가 하락한다. 그러나 최근 들어서 경기 침체기에도 물가가 상승하는 스태그플레이션 현상이 나타난다. 스태그플레이션의 주 원인은 환율 및 유가 급등이다. 국제 원유 가격이 지속적으로 오르거나 갑작스러운 환율 급등으로 해외에서 수입되는 원자재 및 부품 가격이 인상될 경우 국내 상품 가격은 직접적인 영향을 받는다.

원자재 가격이 급등하면 기업 입장에서는 제조 원가에 부담을 받으므로 공급을 줄이거나, 설령 공급을 한다 하더라도 제품 가격에 원자재 가격 상승분을 반영시키기 때문에 상품 가격이 오르면서 소비자들 역시 소비를 줄이게 된다. 소비가 활성화되지 못하면 그 결과 경기는 침체하게 된다. 우리나라 경제는 과거 1,2차 오일쇼크 시기에 스태그플레이션을 경험하였다.

제 1,2차 오일쇼크 당시의 한국경제 주요지표

(단위: %, 억 달러)

구분	1973	1974	1975	1976	1977	1978	1979	1980
실질경제성장률	12.0	7.2	5.9	10.6	10.0	9.3	6.8	△1.5
민간소비증가율	8.5	6.4	5.2	8.0	5.1	7.8	7.8	△0.2
설비투자증가율	21.8	16.7	11.3	38.1	37.3	51.0	18.0	△19.8
경상수지	△3.1	△20.2	△18.9	△3.1	0.1	△10.9	△41.5	△53.1
외환보유고	10.9	10.6	15.5	29.6	43.1	49.4	57.1	65.7
소비자물가상승률	3.2	24.3	25.3	15.3	10.1	14.5	18.3	28.7
생산자물가상승률	6.9	42.1	26.5	12.1	9.0	11.7	18.7	39.0
실업률	3.9	4.0	4.1	3.9	3.8	3.2	3.8	5.2
어음부도율	0.16	0.11	0.14	0.15	0.13	0.08	0.10	0.17

출처 : 한국은행

표에서 보듯 오일쇼크가 일어났던 1975년과 1980년의 실질 경제성장률은 큰 폭으로 성장을 계속하던 전년도에 비해 하락한 반면 소비자 물가는 25%, 28% 급등한 것을 알 수 있다. 이 시기에 중동 지역의 산유국들이 석유 생산량을 줄이자 국제 유가는 급등했고, 이것과 연관되어 다른 원자재 가격들도 같이 상승하였다.

원유값이 급등하여 전 세계 각국에 경제적 타격을 준 석유파동

스태그플레이션은 악순환한다

수출을 주력으로 하는 우리나라 기업들은 원가 상승 압력이 높아지면 수출 가격 경쟁력이 떨어져 수출이 감소하고, 채산성이 악화되면서 어음부도율이 늘어나 파산하며 고용이 둔화된다.

한 나라의 경제가 본격적으로 스태그플레이션으로 진입하게 되면 정부 및 금융 당국으로서도 매우 난감한 처지가 될 수밖에 없다. 스태그플레이션 상황에서는 금리를 인하하는 경기부양책이나 금리를 인상하는 통화긴축정책을 함부로 쓸 수 없기 때문이다. 스태그플레이션은 경기가 침체하면서 물가가 상승하는 현상이기 때문에 금리를 인하하면 시중에 돈이 더 많이 풀려 물가가 더욱 상승할 것이고, 금리를 인상하면 이에 따라 대출금리가 오르기 때문에 기업의 원가비용이 상승해 결국 상품 가격도 상승한다. 또한 가계는 대출이자 부담 때문에 더욱더 소비를 자제하게 된다.

미국 경제의 영향을 받은 스태그플레이션

1970년대에 경험했던 오일쇼크에 의한 스태그플레이션이 공급 충격이라면, 앞으로 발생하게 될 스태그플레이션은 더블딥 가능성이 도사리고 있는 미국 경제가 어떻게 되느냐에 달려있다. 지난 글로벌 금융 위기 이후 적극적으로 시장에 유동성을 확대 공급했던 미국이 물가 상승을 억제키 위해 금리 인상을 통한 출구 전략을 실시한다면 미국 경제의 회복이 더뎌지며 다시 침체에 빠져들 가능성이 높기 때문이다. 세계 경제에서 미국이 차지하는 비중이 높고 우리나라의 주 수출 대상국인 중국도 현재로서는 미국에 대한 의존도가 높다. 그래서 미국 경기의 침체는 우리나라의 경제성장률에 직간접적으로 큰 영향을 준다. 이미 경제지표 전반의 물가가 크게 오른 상황에서 미국의 더딘 경제 회복과 경기 침체 가능성은 경제성장률 하락까지 불러와 스태그플레이션을 유발할 수 있다.

스태그플레이션은 어떻게 해결하나

스태그플레이션을 해결하기 위해서는 경기를 활성화시키기 위한 급격한 경기부양책 혹은 물가를 잡기 위한 금리인상책 어느 하나만을 펼쳐서는 안 되고 물가 상승 요인을 먼저 잡아야 한다. 국내경제에서 물가 상승의 주 요인인 제품 가격 상승 및 공공 요금의 상승을 막는 데 먼저 주력해야 한다. 근로자는 생산성을 초과하는 임금 상승 요구를 자제하고, 기업은 늘어난 원자재 가격 상승분을 국민에게 전가시키기보다는 내부적으로 혁신적인 구조 조정을 통해 해소해야 할 것이다.

또한 국가는 공공요금의 인상 요인이 있다 하더라도 재정지출을 통해 단계적인 인상 방안을 마련해야 한다. 이렇듯 스태그플레이션 문제를 해결하는 방법이 그리 간단치는 않다. 스태그플레이션이 경기 침체와 인플레이션이 복합되어 일어나는 문제인 만큼 먼저 물가 상승 요인부터 차근차근 해결하면서 그 후에 경기부양책 등의 경기 침체를 해결하는 과정을 거쳐야 할 것이다.

주식 및 부동산 가격의 폭락과 자산 디플레이션

_ 디플레이션은 공급이 수요보다 과다하게 많아져서 물건 값이 떨어지는 경제현상이다. 2차 대전 후, 전쟁 준비를 위해 생산했던 물자를 전쟁이 끝난 후 소비할 수 없게 되자 발생한 급격한 디플레이션이 바로 대공황이었다.

_ 자산 디플레이션은 가수요가 부풀려 놓은 자산 가치 거품이 붕괴되며 발생하는 현상이다.

_ 자산 디플레이션은 저금리 상황에서 발생한 인플레이션을 바로 잡고자 고금리로 정책을 바꾸는 순간에 발생한다. 저금리 때 받은 대출을 감당하지 못해 자산을 매도하기 시작하면서 발생하는 것이다.

● 지난 2008년 10월 미국에서 비롯된 글로벌 금융 위기의 영향으로 국내 경기도 급속도로 하강하면서 그동안 상승일로를 보여 왔던 강남, 서초, 송파 등의 부동산 가격이 급락하고야 말았다. 이와 더불어 2007년 10월 코스피 지수 2085P에 다다랐던 국내 주식시장 주가도 장중 한때 890P까지 추락하면서 주식과 부동산의 가치가 모두 폭락하는 이른바 **자산 디플레이션**이 현실로 다가왔다. 지난 1990년대 초반 '잃어버린 10년'의 계기가 된 일본 부동산의 거품 붕괴와 1998년에 외환 위기로 발생한 우리나라의 무시무시한 자산 가치 폭락 현상이 다시 재현되었던 것이다.

자산 디플레이션의 의미

자산 디플레이션을 한마디로 정의하면 주식, 채권 등의 금융자산과 부동산과 같은 실물자산의 가격이 지속적으로 하락하는 현상을 말한다. 자산 디플레이션이 일어나면 자본시장에 있던 유동성(통화량)이 급격히 줄어들어 시장에 돈이 돌지 않게 되고 부동산 및 주식시장을 상승시킬 만한 여력이 부족하게 된다. 그리하여 '자산 가격 하락 → 부(富)의 감소 → 소비 부진 → 경기 위축'으로 이어지는 악순환을 걷게 된다. 이런 상황에서 정부와 중앙은행 등의 경제 당국이 재빨리 금리를 인하하고, 시장에 충분한 유동성을 공급하지 않는다면 '자산 디플레이션'은 더욱더 심화된다.

자산 디플레이션과 디플레이션의 차이

자산 디플레이션은 경제학에 나오는 '디플레이션(deflation)'과는 용어 면에서 비슷하지만, 실질적인 내용으로는 다소 차이가 있다. 자산 디플레이션이 자산에 초점을 맞추어 그 가치가 하락하는 것이라면, 디플레이션은 인플레이션의 반대 개념으로 공급이 수요를 초과하여 물가가 하락하는 현상이다. 1930년대 그 유명한 미국의 '대공황(the Great Depression)'의 원인이 디플레이션이었다.

디플레이션이 나타나면 기업들이 제조한 상품의 판매가 부진해지면서 재고가 쌓이게 되고, 기업들은 이를 극복하게 위해 가격 인하 정책을 펼친다. 소비자들은 여전히 상품의 가격이 계속 하락할 것으로 예상해 소비를 미룬다. 이에 기업은 더욱더 상품의 가격을 내리려 할 것이고, 결국 채산성이 악화되면서 폐업을 하거나 부도를 맞는 회사가 늘어나게 된다. 그 결과 실업이 증가하고 개인의 경제적 소득이 점차 줄어들게 된다. 그리고 다시 소비 침체는 투자 및 생산 감소로 이어지는 악순환에 빠지게 된다.

이와는 대조적으로 자산 디플레이션은 부동산과 같은 실물자산 가치의 하락으로 역(逆)자산 효과가 발생함으로써 경제 침체 현상이 가속화되는 것을 말한다. 디플레이션이 기업이 제품을 과잉 생산해 수요가 부족해서 발생한 것이라면, 자산 디플레이션은 '레버리지'에 의해 증가한 가수요의 거품이 붕괴되면서 일어나는 현상이라고 할 수 있다.

자산 디플레이션의 원인은 저금리

자산 디플레이션이 발생하는 근본적인 원인은 바로 '저금리'에 있다. 1990년대 초 일본의 자산 디플레이션도 1985년 플라자 합의(Plaza Agreement)에서 비롯된 저금리 정책 때문이었다. 1980년대 중반, 엔화 가치가 높아지면서 일본의 경제성장률이 둔화되자 당시 일본 정부는 바로 경기부양책을 추진한다며 금리를 2%P 인하해 유동성을 확대시키기에 이른다. 이 과정에서 신용 규모가 급증하고 주식과 부동산의 자산 가치가 폭등하였다. 주식과 도시의 주택 가격은 1985년부터 1989년까지 4년 동안 약 3배가량 올랐다. 이에 일본 중앙은행은 인플레이션을 막아보고자 1년간에 걸쳐 기준 금리를 2.5%에서 6%까지 급격하게 인상하였다. 그러자 대출이자 부담을 견디지 못한 개인 및 기업이 파산하고, 연쇄 부도로 금융기관이 도산하였으며, 부동산과 주식 가격이 폭락하면서 자산 디플레이션이 일어났다.

지난 2008년 말, 미국의 서브프라임 모기지 사태에서 촉발된 자산 디플레이션도 따지고 보면 2002년~2004년 사이의 1~2%대의 낮은 기준 금리가 원인이 되었다. 특히 신용과 소득이 부족한 중하위 계층이 대출업체(우리나라의 저축은행)의 서브프라임 모기지를 활용해 주택을 급격히 구매하였고, 대규모 은행 등의 금융기관은 이러한 주택담보대출을 증권화한 '모기지담보증권(MBS, Mortgage-Backed Securities)'을 상품화하여 투자자들에게 판매함으로써 거대한 수익을 올렸다. 그러나 일본과 마찬가지로 2004년 이후, 자산 가격이 급등하면서 불거진 인플레이션을 막고자 미국 연방준비제도이사회(FRB)는 2005년부터 계속적으로 금리를 인상하였고, 급기야 2007년 기준 금리가 5.5%P에 이르면서 주택담보대출 부실화로 이어져 결국 리먼브러더스가 파산하고 신용이 경색되어 자산 디플레이션 현상이 일어나게 되었다.

유동성 공급 과잉을 막는 것이 숙제

미국과 일본의 예에서 볼 수 있듯이, 경기를 부양시키기 위한 저금리 정책은 유동성을 과도하게 늘려 결국 부동산과 주식시장 가격의 거품을 만들어 낸다. 그 후 인플레이션 억제를 위해 금리를 인상하면 대출이자 부담으로 금융기관

> 차상위 신용 등급 계층에게 고 이율로 대출해주는 주택담보대출

> 1850년에 생긴 미국의 대표적인 국제금융회사

이 부실화되어 연쇄적인 자산의 가치 하락을 불러온다.

자산 디플레이션이 독(毒)이 되느냐 아니냐는 그 폭과 속도에 따라 다르다. 완만한 자산 가치 하락은 경제의 장기 펀더멘털을 강화하는 약(藥)이 될 수도 있다. 그러나 자산 디플레이션이 급속하게 진행될 경우 미국과 일본의 예처럼 경제 전반의 위축으로 이어진다. 급격한 자산 디플레이션에 따른 대재앙을 막기 위해서 유동성 과잉 공급이 되지 않도록 법적, 시스템적인 보완 장치를 시급히 마련해야 한다.

08

환율이 경제와 투자의 성패를 결정하는 이유

_ 환율이 오르면 수출기업의 실적이 좋아져 일반적으로 주식이 오르는 것이 추세였다.

_ 요즘은 외국인 투자자가 많아져, 환율이 오르면 환차손 때문에 손해를 볼까 봐, 주식을 팔고 외환을 보유하려 한다. 그래서 환율과 주식 가격은 반비례한다.

_ 환율이 오르면 외국인들의 자본이 이탈하기 때문에 시장에 유동성이 줄어들어 금리가 오른다. 금리는 우리나라 경제 모든 부분에 영향을 끼치므로 결국 환율은 우리나라 경제 전체에 영향을 끼친다고 봐야 한다.

● **환율**이란 우리나라의 돈을 외국 돈으로 바꿀 때 적용되는 상대적 교환 비율을 말한다. 즉, '1달러를 구입하는 데 우리나라 돈을 얼마를 줘야 하는가?'라고 이해하면 쉽다. 통상적으로 한 나라의 수출이 수입보다 많아 경상수지 흑자가 발생하거나, 외국인 투자자가 우리나라의 주식 혹은 채권 등에 투자하여 자본수지가 흑자가 될 경우에 국내에 유입되는 외환이 증가해 외화의 가치는 하락하고, 우리나라 화폐인 원화의 가치는 올라가게 된다. 이와는 반대로 지난 2008년에 있었던 글로벌 금융 위기와 같이 국내에 투자되었던 외국 자본들의 이탈 현상이 일어난다면 외화 수요가 늘어나 원화의 가치는 하락한다.

환율도 수요와 공급에 의해 결정된다

일반적으로 각국의 통화 가치가 고정되어 있지 않고 외환시장에서 외환의 수요와 공급에 의해 변동하는 지금의 **변동환율제**에서 환율은 외화의 수요와 공급에 따라 결정된다. 그리고 국제 정세, 각국의 금리 차이, 교역 조건이 영향도 받는다. 특히 외국과의 무역이 전체 GDP(국내총생산)의 80% 이상을 차지하는 우리나라로서는 환율의 오르내림이 거시경제에 주는 영향이 매우 크다.

환율이 오르면 원화의 화폐가치가 하락하는 것을 의미하므로 외국의 수입업체들은 똑같은 1달러를 가지고 우리나라의 상품을 더 많이 살 수 있을 것이다. 따라서 우리나라 기업들의 수출 실적이 증가하고, 기업들이 외환을 원화로 바꾸면서 국내에 통화량이 늘어난다. 늘어난 통화량은 물가 상승(인플레이션)을 유발하며 이를 억제하기 위해 정부는 금리를 인상하므로 가계의 실질소득은 감소한다.

또한 중동 지역의 혼란한 정치적 상황으로 국제 유가가 계속적으로 상승한다면 수입에 의존하는 우리나라로서는 원유를 안정적으로 더 확보하기 위해 달러를 더 사용해야 하므로, 이 과정이 원화 가치 하락, 환율 상승으로 이어져 물가 상승의 악영향이 경제 전반에 미친다.

환율은 주식 시장에도 영향을 준다

그렇다면 환율이 주식시장에 어떤 영향을 줄까? 환율과 주가는 서로 정비례한다는 것이 일반적이었다. 특히 수출 비중이 높은 정보기술(IT)이나 자동차 기업이 시가총액의 많은 비중을 차지하는 우리나라에서는 환율 상승이 증시를 끌어올리는 요인이 된다. 이러한 현상은 IMF 외환 위기로 환율이 상대적으로 상승했을 때 일어났었다.

하지만 최근에는 외국인 투자자의 비중이 늘어나 환율과 주가가 정비례한다는 공식이 깨지고 있다. 우리나라 주식시장 전체에서 외국인 투자자가 차지하는 비중이 약 30~40% 정도다. 환율이 오르면 외국인 투자자들은 주가 상승과 더불어 향후에 환율이 하락했을 때의 환차익까지 노리기 위해 주식시장에 대한 투자를 늘린다. 예를 들어 현재 1달러에 1200원이라고 가정해 보자. 현재는 12만 원을 100달러에 환전해 갈 수 있지만, 만일 환율이 하락하여 몇 달 후에 '1달러에 1000원'이 된다고 한다면 12만 원을 120달러로 환전해 갈 수 있다. 즉, 환율 차이 덕분에 결과적으로는 20달러를 번 셈이다.

그러나 환율이 지나치게 오랜 기간 동안 상승한다는 것은 국내 경제의 펀더멘털이 나빠지고 있거나 외국인 투자자금이 국내 주식시장에서 빠져나가고 있다는 것이어서 보다 길게 보면 주가에 부담을 준다.

　환율이 지속적으로 오르면 기업들의 수출실적이 호조되어 주가가 상승할 것 같지만, 최근에는 환차손을 우려한 외국인 투자자들이 주식시장에 투입된 자금을 회수하여 달러 등의 외환을 매수하려 하기 때문에 주가는 하락한다. 즉, 원/달러 환율이 지속적으로 급등할 경우 외국인은 주식 투자에서 이익을 보더라도 환율에서 손해가 발생하기 때문에, 주식이나 채권을 팔고 국내 자본시장을 떠나 버린다. 실제로 지난 2003년 코스피 지수가 1000P를 넘어선 이후 현재까지 환율과 주가 간의 상관관계는 서로 반대인 경우가 많았다. 반면 환율이 하락하면 외국인 투자자들에게 유리해져 해외 자금 유입이 늘며 주가가 올라간다.

환율과 부동산 시장

환율은 국내 경제에 중요한 부분을 차지하는 부동산 시장에도 일정 부분 영향을 끼친다. 그 이유는 환율의 오르내림이 국내의 유동성 증감과 밀접한 관계에 있기 때문이다. 만일 환율이 1100원대에서 1200원대 이상으로 가파르게 상승한다면 국내 금융시장에 투자되었던 외국인의 자본이 급격히 이탈하므로 시중의 유동성이 감소하여 시장의 금리는 상승하게 된다. 금리 상승과 부동산 가격은 통상적으로 반비례하기 때문에 급격한 환율 상승은 부동산 가격에 부정적인 영향을 끼치게 된다. 금리가 상승하면 곧 대출이자도 증가해 투자 심리를 급격히 위축시키기 때문이다.

환율은 금융 모든 분야에 영향을 끼친다

환율의 상승과 하락은 국내의 수출, 수입 기업에도 중대한 영향을 끼친다. 앞서 살펴본 바대로 환율이 적정 수준으로 상승하면 국내 수출 기업이 생산하는 제품의 가격 경쟁력이 좋아져 수출이 증가한다. 반면에 원자재를 수입하여 제품을 생산하는 기업은 상대적으로 수입 가격이 올라가 기업의 이익이 줄어들고, 결과적으로 물가 상승을 유발하는 원인이 되기도 한다.

이렇듯 외국과의 무역과 금융거래가 빈번한 우리나라의 경제구조에서 환율은 국내의 경제 흐름을 좌우하는, 무시해서는 안 될 경제지표다. 환율에 대해서 제대로 이해하지 못하면 주식을 비롯하여 펀드, 부동산 등을 투자하는데 자칫 큰 손실을 입을 수도 있다.

그래서 환율이 상승하거나 하락할 경우, 진행되고 있는 환율 변동이 부정적인 환율 변동인지 아니면 긍정적인 환율 변동인지를 파악하는 것이 중요하다. 통상적으로 외환시장은 주식시장과 달리 작전세력이 거의 존재하지 않으므로 환율이 변동하는 흐름만 이해한다면 일정 부분 투자 수익을 실현할 수 있다.

09

기름 값은
왜 오르는 것일까?

_ 기름 값은 상승할 때는 재빠르게 상승하고, 하락할 때는 천천히 하락한다. 국내 유통 구조가 과점 형태이기 때문에 단속이 쉽지 않다.

_ 정유회사에서 국내에 기름을 판매할 때는 실제 기름을 산 가격과 상관없이 싱가포르 국제석유시장의 가격에 따른다. 가격이 쌀 때 기름을 사두었다가 국제 가격이 비쌀 때 석유를 파는 배섬배식이 가능하다.

_ 기름 값에 포함된 세금의 비중이 높고, 국제 환율의 영향을 많이 받기 때문에 국제 유가로만은 국내 기름 값을 예측할 수 없다.

● 경기가 정점으로 치달았던 2008년, 이 당시 국제 유가는 한때 배럴당 140달러까지 치솟았다. 이에 따라 국내 휘발유 가격도 리터당 2000원선까지 육박하였다. 그러나 현재 WTI(서부텍사스산 원유)가 배럴당 100달러 안팎인데도 휘발유 가격은 평균 2000원 근방으로 2008년과 비슷한 수준에서 오르내리고 있다.

국내에서 판매되고 있는 휘발유 등의 석유제품의 소비자 가격은 복잡한 구조로 정해진다. 수입된 원유의 가격은 싱가포르 국제석유시장에서 거래되는 가격을 수입 원가로 삼는다. 여기에 정부가 부과하는 유류세와 소비자에게 직접적으로 판매하는 주유소의 영업이익이 합해져서 결정된다. 이 중 정부의 세금 및 부가가치세가 국내 휘발유 가격의 약 50% 정도를 차지한다.

그렇다면 지금 국제 유가가 2008년에 비해 배럴당 40달러나 가격이 낮은 상태인데도 불구하고, 국내 유가가 2008년과 비슷한 이유는 무엇일까?

미국 텍사스 주에서 생산되는 원유로 뉴욕상업거래소에서만 거래된다. 국제 유가에 많은 영향을 미친다

합리적이지 못한 국내 정유사의 유통

첫째, 석유 가격의 **비대칭성**이 존재하기 때문이다. 석유 가격 비대칭성이란 국제 유가가 상승할 때는 정유사들이 국내 석유제품 판매가에 반영하는 속도가 매우 빠르고 반영폭도 크지만, 이와는 반대로 국제 유가가 하락할 때는 상승 때보다 반영 속도도 느리고 반영 금액도 상대적으로 적은 것을 말한다. 즉, 과점을 형성하고 있는 국내 정유사(SK에너지, GS칼텍스, S-Oil, 현대오일뱅크)가 주유소와 수직 유통 구조를 형성해 실제적인 가격 경쟁이 이루어지지 않고 있으며, 국내 정유사가 대체적으로 매월 말에 판매량을 올리기 위해 '밀어내기식' 가격 인하를 단행하고, 다시 다음 달 초에는 판매가를 올리기 때문에 이

러한 비대칭성이 나타나는 것이다.

국제 제품 가격 방식의 문제

둘째, 국내 정유사의 수입된 원유의 가격 산정 방식이 '원유가' 방식이 아닌 **국제 제품 가격** 방식을 따르고 있다는 점 때문에 국제 원유 가격이 2008년 수준에 못 미침에도 불구하고, 국내 유가가 내려가지 않는다. 국제 유가의 가격 결정 방식은 크게 2가지로 나뉘는데, 30~45일 전에 선적한 원유를 정제해 판매하는 **원유가** 방식과 싱가포르 현물시장의 휘발유, 경유 등의 석유제품 가격에 따라 가격 구조가 결정되는 '국제 제품 가격' 방식이 그것이다. 만일 정유사들이 1달 전에 원유를 배럴당 90달러에 매입하였다 하더라도 싱가포르 국제석유시장의 가격이 배럴당 100달러라면 정유사들은 수입 원가 100달러로 국내에 석유를 판매할 수 있게 된다. 즉, 저렴할 때 기름을 사서 비쌀 때 팔 수 있다.

이렇게 되면 국내 수급 상황과는 무관하게 정유사의 이익이 증가하고 이것이 곧바로 국내의 일반 소비자가 지불해야 할 경제적 부담으로 전가된다.

국내 유가의 세금 비중이 높다

셋째, 국내 유가에 포함되어 있는 유류세 및 관세 등이 세금 비중이 높다는 의견이 제기되고 있다. 현재의 국내 휘발유 가격은 수입된 국제 석유 가격에 교육세, 주행세, 부가가치세, 관세 등의 각종 세금과 정유사, 유통업체, 주유소 간의 유통 마진이 포함된 구조다. 세금이 차지하는 비중은 약 53%에 이른다. 정유 업계에서는 세금 비중이 높아 국내 석유제품의 가격이 높아진 것이라 주장하고 있다. OECD 주요 회원국과 비교해 본다면, 영국(62%), 독일(60%), 프랑스(59%) 등 유럽 국가들의 세금 비중이 높은 반면, 미국(12%), 일본(45%), 룩셈부르크(51%) 정도가 우리보다 다소 낮은 편이다.

환율이 영향을 준다

이밖에도 환율의 오르내림이 국내 석유 가격에 일정 부분 영향을 미친다. 국제 원유 가격이 하락한다 할지라도 환율 상승폭이 더 크다면 국내 휘발유 가격은 오를 수밖에 없다. 환율이 상승하면 국제 석유의 수입 가격이 상승하기 때문에 기름 값이 오르는 것은 당연하다.

10

캐리트레이드가
왜 무서운 것일까?

_ 캐리트레이드란 이자율이 낮은 나라에서 돈을 빌려 이자율이 높은 나라에 투자하는 것을 말한다.

_ 캐리트레이드는 나라의 가치나 발전 가능성에 투자하는 것이 아니라 단지 이율에 따라 돈을 움직이는 것이므로 단기 투기 자금일 가능성이 매우 높다. 때문에 투자한 나라의 환율이 변동하거나, 금리가 변농하면 급격하게 돈이 이동히는 경향을 보인다.

● 2007년 3월, 연초에 1430P를 경신한 코스피 지수가 갑자기 1370P까지 급락하였다. 그 이유는 바로 경제신문의 금융 분야에 꽤나 떠들썩하게 회자되었던 바로 **엔 캐리트레이드 청산** 때문이었다. 갑자기 일본 중앙은행이 정책금리를 0.25%에서 0.5%로 인상하자, 그동안 일본의 저금리를 활용하여 한국과 중국 등의 이머징 마켓에 투자되었던 자금이 대출을 갚기 위해 일시에 빠져나간 것이다.

캐리트레이드란 무엇인가

캐리트레이드란 원래 국제금융시장에서 저금리 통화를 차입 또는 매도하여 고금리 통화 자산에 투자함으로써 수익을 추구하는 거래를 말한다. 즉, 금리가 싼 국가에서 자금을 빌려 그 금리보다 높은 다른 나라의 채권, 통화, 주식, 원자재 등에 투자해 이익을 얻는 것이다. 만일 일본 은행에서 0.1%의 대출금리로 1억 원을 빌려 상대적으로 금리가 높은 우리나라의 연 4% 이자의 1년짜리 정기예금에 가입했다고 가정한다면 1년 후에 정기예금 이자가 400만 원이 되므로 대출이자 비용 10만 원을 제하고도 390만 원이 남는다. 이처럼 캐리트레이드는 단순히 금리차를 활용하여 돈을 이동시키는 것만으로도 수익을 얻을 수 있기 때문에 단기 차익을 위한 투기성 자금의 성격을 띠어 한 나라의 금융시장을 교란시킬 수 있다.

일반적으로, 투자한 나라의 주식 혹은 채권의 수익률이 돈을 빌린 이자보다 높으면 이것을 **포지티브 캐리**(Positive carry)라 하고 반대로 빌린 이자보다 수익률이 낮으면 **네거티브 캐리**(Negative carry)라고 한다. 최근 10여년 동안 국제금융시장에서 캐리트레이드에 활용된 통화는 일본의 엔화나 스위스 프

랑이었다. 그리고 저금리로 조달된 자금의 주된 투자처는 기준 금리가 4.75%
인 호주나 2.5%인 뉴질랜드과 같은 금리 수준이 높은 나라와 브라질, 한국 등
의 신흥 시장 국가의 금융자산 및 원자재 등이었다.

금리가 높은 나라로 유동성이 쏠린다

일본에서 대지진이 일어난 이후 경기회복을 위해서 일본 은행은 금리를 인하
해 유동성 공급을 확대했다. 다시금 엔 캐리트레이드 자금이 국제금융시장의
변수로 떠올랐다. 일본 중앙은행은 대지진 이후 약 1조3천억 달러가 넘는 자
금을 시장에 풀었고, 이에 따라 글로벌 자금 흐름은 중장기적으로 엔화가 약
세를 면치 못할 수밖에 없게 되었다. 이럴 경우 세계적인 자본 흐름은 금리가
높은 나라로 쏠릴 수밖에 없다. 특히 글로벌 금융 위기 이후 미국과 유럽의 경
기가 서서히 회복되면 미국의 FRB와 유럽 중앙은행인 ECB가 통화 긴축 조치
를 취해 지속적으로 금리를 인상할 것이기 때문에 일본의 금융완화정책과 맞
물려 엔 캐리트레이드 현상이 심화될 수 있다.

일본과 같은 저금리 통화 국가가 금융완화정책을 지속해 통화가치 약세를
보이고 다른 국가가 경기회복을 위해 금리를 인상함으로써 금리 차가 발생하
면 캐리트레이드가 일어난다. 그렇다면 캐리트레이드가 반드시 수익만을 가
져다줄까? 반드시 그렇지만은 앉다. 왜냐하면 캐리트레이드의 수익률은 국가
간의 금리 차이뿐만 아니라 환율 변화에도 영향을 받기 때문이다.

만약 어떤 사람이 환율 1000원인 상황에서 미국에서 2.5%의 이자로 1000달
러를 빌려 한국에 4% 금리로 예치했다고 치자. 1년 후 이 사람이 예치금을 찾
을 때 환율이 1200원으로 오른 상황을 계산해보자. 환율 1000원인 상황에서

예치를 했으므로 100만 원이 예치금이다. 그러므로 이자 수익은 4만 원이다. 현재 환율 1200원으로 계산하면, 약 33달러 수익을 보았다. 미국 은행에 갚아야 할 이자가 25달러이므로 이 사람은 약 8달러의 이익만을 본 것이다. 환율 때문에 수익률이 크게 하락했다.

즉, 환율이 안정적인 기간에는 국가 간 금리 차에 따른 수익을 얻을 수 있으나, 2009년의 금융 위기와 같이 경제 상황이 불안정할 때는 통상 금리가 높은 국가의 통화가치가 크게 하락해 캐리트레이드의 수익률은 매우 악화된다.

그래서 비록 현재 금리가 높은 국가라도 실질 환율 수준이 과도하게 높다면 장래 통화가치가 하락할 가능성이 크므로 이를 감안해 오히려 금리가 높은 국가에서 자금을 조달해 현재 금리는 낮지만 장래 통화가치가 상승할 것으로 예상되는 국가의 자산에 투자하는 것이 합리적이다.

그렇다면 과연 우리나라 금융시장에 캐리트레이드 현상이 끼치는 부정적인 영향은 무엇일까?

캐리트레이드는 자산버블을 부른다

글로벌 헤지펀드들은 차익을 실현하기 위해 고금리 국가에 막대한 자금을 유입시킨다. 고금리 국가는 캐리트레이드 자금이 유입될 때마다 유동성이 급격히 증가한다. 그 결과 자산 가격이 비정상적으로 상승해 자산버블 현상이 일어난다. 캐리트레이드 자금은 모으는 데 다소 장기간이 소요된다. 그리고 중장기적으로 대상 국가에 투자하는 것이 아닌 단기적인 차익이 목적이다.

만일 일본 같은 저금리 국가가 금리 인상을 단행한다면 금리 격차가 축소하고 대출이자가 부담되므로 그 자금이 일시에 투자 대상 국가의 금융시장에서 이탈된다. 이른바 **캐리트레이드의 청산** 현상이 일어나게 된다. 이러한 청산은 단기간에 이뤄지기 때문에 캐리트레이드를 받아들인 국가의 환율과 금리가 크게 요동친다. 캐리트레이드에 활용되었던 엔화 혹은 달러화 등 외국 통화의 가치가 올라가면서 이것이 상승시켜 놓았던 국내 주식 및 채권시장의 가격 거품이 급격히 빠지므로 시장의 혼란이 가중된다.

외국인의 자본 비중이 적어도 30% 이상이고, 선진국보다 상대적으로 금리가 높은 우리나라의 금융시장은 달러화 혹은 엔화 캐리트레이드를 이용한 헤지펀드 세력의 좋은 목표가 되기 쉽기 때문에 주식이나 채권 등의 금융자산 투자 시 캐리트레이드 현상에 대한 체계적인 학습과 면밀한 주의가 요구된다.

11

금 값은 언제 오르는가

_ 금은 예전부터 안전 자산의 역할을 해왔다. 특히 미국 달러가 약세일 때는 달러보다 안전한 자산을 확보하기 위해 금의 수요가 늘어난다.

_ 금은 기본적으로 광물이라 수요가 늘어난다고 해서 생산을 늘릴 수 없는 물건이다. 따라서 금값은 오를 수밖에 없다.

_ 현금은 보유하고 있으면 물가상승 때문에 자연히 가치가 떨어질 수밖에 없다. 그에 대한 대비책으로 금을 보유하려는 움직임이 많이 있다.

● 고대 이집트인들은 대외무역을 할 때 주로 '금'을 화폐로 사용했다. 그 이전에는 단순히 '장신구' 역할밖에 하지 못했지만 이때부터 금은 물건을 교환할 때 지금의 돈의 구실을 하기 시작했다.

금이 본격적으로 경제의 전면에 등장한 시기는 16세기 이후 유럽 각국이 국력의 척도를 금으로 인식하면서부터이다. 이 당시 스페인과 포르투갈을 비롯한 유럽의 강국들은 금을 차지하기 위해 신대륙 정복에 열을 올렸다.

통화로서의 금

금이 진정한 통화로서 자리매김한 것은 18세기 산업혁명 전후라고 볼 수 있다. 그 당시 영국, 프랑스, 독일 등 강대국들은 금의 가치를 기반으로 자국의 통화 교환 비율을 정했다. 현재의 기축통화인 달러와 같은 기능을 한 것이다. 하지만 금 자체가 광물이다 보니 많은 물량을 확보하기가 매우 어려웠고, 금을 독점한 일부 국가의 경제적 발언권이 더욱 강화되어 대공황을 계기로 많은 나라들이 이른바 금본위제를 포기하기에 이른다.

1944년 브레튼우즈 체제로 다시 금본위제도로 회귀했지만, 결국 1971년 미국이 이를 중단함으로써 금은 화폐로서의 기능을 잃게 된다. 그러나 아직도 자본주의 경제에서 금에 대한 중요성은 절대 간과할 수 없다. 오히려 2009년의 글로벌 금융 위기를 겪으면서 금값 변화에 대한 앞으로의 전망이 더욱더 중요해졌다.

확실한 안전 자산으로서의 금

일반적으로 정기예금과 같은 금융자산을 안전 자산이라고 생각한다. 그러나 엄격히 말한다면 그렇지 않다. 인플레이션으로 물가가 상승하면 현금의 가치가 떨어진다. 더욱이 천재지변이 일어나거나 전쟁 등의 국가비상사태가 일어나 시장경제가 제대로 기능하지 못할 경우, 현금은 그야말로 휴지조각이 되어 버린다. 경제가 불안해지면 사람들은 현금보다는 현물을 구하려고 안간힘을 쓴다. 화폐로서의 기능은 상실했지만 화폐가 가진 불안감을 잠재워 줄 수 있는 현물이 바로 '금'이다. 혹자는 금을 '그림자 화폐'로 부른다. 결국 현금과 다름없다는 의미이다. 그래서 아직도 현금이 아닌 금을 최후의 안전 자산으로 여기는 것이다.

안정적인 외환 조정 수단으로서의 금

국가의 금 보유량은 매우 중요하다. 2009년 글로벌 금융 위기 당시, 외국 기관투자가들의 달러 수요가 최고조에 달해 환율이 급등했을 때 우리나라도 외환 부족을 걱정해야만 했다. 만일, 이때 우리나라가 안정적으로 금 보유량을 유지했더라면 달러 부족을 크게 걱정하지 않아도 되었을 것이다.

우리나라만큼 금을 적게 보유하는 국가도 없을 것이다. 2010년 4월 현재 **세계금위원회**가 발표한 나라별 금 보유량에서 우리나라는 14.4t으로 조사 국가 133개국 중 57위를 기록했다. 대부분의 국가들이 외환 보유액의 약 10~12% 정도에 해당하는 금액의 금을 보유하고 있지만, 우리나라는 그 비중이 0.2% 정도밖에 안 된다.

세계적인 금융 위기가 다시 우리나라를 강타한다면 금 보유고가 적어서 외환 부족 위기를 겪을 수밖에 없다. 더욱이 만일 미국의 달러화 위상이 추락하여 무역 상대국들이 달러화 결제를 거부한다면 무역에 커다란 피해를 볼 것이다.

이렇듯 금은 국제적으로 경제의 자율성을 확보하는 중요한 수단이 된다. 경제가 조금이라도 불안해지면 금을 더 선호하게 마련이다. 실제로 금융 위기의 여파 때문에 2007년 초 온스(ounce)당 600달러였던 금 가격이 2012년 현재 1640달러 수준에서 매매되고 있다. 그만큼 경제 위기 여파로 사람들의 금 수요가 늘어났다는 증거이다. 2009년 가을부터 터진 **두바이 사태**와 최근 **그리스 사태**로 야기된 이른바 소버린 리스크 때문에도 대표적인 안전 자산인 금에 대한 선호도가 더욱 증가하고 있다.

금 값에 영향을 미치는 것들

과연 금값은 언제 오르는 것일까? 무조건 경제가 불안할 때 금값이 오르는 것일까?

2009년 글로벌 금융 위기 당시 세계 각국의 중앙은행은 앞에서 설명한 **자산 디플레이션**을 막고 경기를 회복시키기 위해 '유동성 공급 확대' 정책을 취했다. 유동성 확대로 시장에 많이 풀린 돈이 주식과 부동산 등의 투자성 자산으로 몰리자 이제는 인플레이션 우려를 하고 있다. 이에 불안을 느낀 기관투자가들이 금 매입에 더욱더 박차를 가해 금값이 오르기도 했다. 금 자체의 공급량은 매우 적기 때문에 각국의 중앙은행과 기관투자가들이 일시적으로 금 매입에 나선다면 금값은 폭등하게 된다.

돈의 가치는 점진적으로 하락한다. 그 이유는 경제가 발전하면서 자산 가치가 더 커지고 이와 더불어 물가가 꾸준히 상승하기 때문이다. 경제가 디플레이션에 빠지지 않는다면 현금은 계속 그 가치가 하락할 수밖에 없다. 그래서 사람들은 그 돈을 그냥 보관만 하지 않고 어느 정도 위험을 감수하고서라도 주식이나 부동산 등 투자성 자산에 투자해 자산 가격 상승을 부추긴다. 사람들은 인플레이션에 대한 위험을 회피하려는 성향을 보인다. 그래서 가치가 귀하고 희소성이 있는 안전 자산인 금 가격이 상승하는 것이다.

금을 대량으로 확보하기 어려운 이유

그렇다면 최후의 안전 자산으로 각광을 받고 있는 금을 평소에 많이 확보하지 않는 이유는 무엇일까? 바로 **희소성**이 있기 때문이다. 그 희소성 때문에 조금의 수요 집중에도 가격이 폭등한다. 그래서 금을 대량으로 보유하기 어렵다. 만일 대량의 금 확보에 나서려면 시장이 요동치지 않는 상황에서 해야 하고, 그 재원을 확보하려면 우리나라가 보유하고 있는 미국 국가 채권을 대량으로 팔아야 하는데 이 역시 미국으로서는 달러화 가치를 하락시키는 것이기 때문에 그리 달가워하지 않는다.

12

브릭스(BRICS), 아직 갈 길이 멀다

_ 브라질, 러시아, 인도, 중국 등 성장 잠재력이 높은 나라를 묶어서 부르는 말이 브릭스다. 최근에는 남아프리카공화국도 포함해 지칭하고 있는 추세다.

_ 브릭스가 매년 뛰어난 경제 성장을 해왔지만, 국내 정치가 불안정하다는 공통적인 약점이 있고, 각 나라마다의 문제가 있으므로 투자 대상국으로 브릭스를 신봉해서는 안 된다.

● 현재의 경제 강대국인 미국은 심각한 재정 적자와 정체되고 있는 경제성장률 탓에 그 헤게모니가 서서히 약화되고 있다. 지금부터 10년 후에는 이른바 **브릭스(BRICS)**라고 일컫는 '브라질, 러시아, 인도, 중국' 등의 이머징 국가에게 미국의 지위를 내줄 것이라는 것이 전문가들의 대체적인 견해다.

세계 4위의 경제 대국으로서의 면모를 갖추면서 서서히 내수 성장을 꾀하고 있는 미래의 슈퍼파워 중국, 석유와 천연가스 등의 풍부한 지하자원을 바탕으로 중화학 공업을 중심으로 육성하며 내수 경제를 강화시키려는 러시아 그리고 유일하게 영어권 국가로서 미국과 연계된 IT산업을 기반으로 제조업과 서비스업의 발전을 이루고 있는 인도가 20세기 서구 국가들에게 뺏긴 주도권을 다시 되찾아 오려 하고 있다.

성장 잠재력을 가진 나라, 브릭스

브릭스라는 개념은 미국의 골드만삭스 보고서에서 처음으로 등장하였다. 21세기 들어 광활한 영토와 풍부한 자원, 많은 인구를 바탕으로 경제의 현대화를 추진하고 있는 **브라질, 러시아, 인도, 중국**의 영문 첫 글자들을 따서 이름을 만든 것이다. 이들 국가들은 1990년대 말부터 고속 성장을 해오면서 신흥 경제국으로 주목받기 시작하였다. 브릭스 국가의 인구를 다 합친다면 약 27억 명으로 전 세계 인구의 약 40%를 차지하고, 엄청난 내수 시장과 제조업 기반을 갖추고 있다.

그러나 브릭스 국가들도 미국과 일본, 영국, 독일 등 G7국가들처럼 진정한 경제 대국으로 가기 위해서는 해결해야 할 과제들이 산적해 있다. 단순히 경제 규모가 크다고 해서 경제 강국이 되는 것은 아니기 때문이다. 대외적인 교역 규모의 성장과 아울러 내수 경제를 보다 활성화시켜야 하고 지역 간의 불균형 및 정치적인 민주화 등을 이뤄내야 비로서 명실상부한 슈퍼파워로서의 지위를 갖게 된다.

브라질의 문제

브라질은 남미에서 베네수엘라 다음으로 많은 석유를 생산하는 산유국이다. 또한 세계 전체의 인구가 소비할 수 있을 만큼 농업 자원이 풍부한 나라다. 그리고 룰라 대통령이 이끌었던 좌파 정부는 그동안 친기업, 친자본주의 정책을 계속 유지하면서 고용 창출과 내수 경기 진작 등의 성장 위주의 경제 정책을 펼쳐 글로벌 금융 위기 속에서도 착실한 경제성장을 해왔다.

그러나 브라질 역시 다른 브릭스 국가와 마찬가지로 인플레이션 위험에 노출되어 있는 것이 사실이다. 그동안 석유 등의 천연자원과 곡물 가격의 급등 때문에 점차 늘어만 가는 **인플레이션** 압력과 브라질 레알화 강세가 고성장세를 둔화시키는 요인이 되어 왔다. 특히 브라질 정부는 물가를 잡기 위해 2008년 4월 금리를 인상하기 시작하면서 긴축정책을 실시했다. 이처럼 브라질이 수출 감소를 감수하면서까지 긴축정책을 단행해야 했던 이유는, 물가 상승률이 18%에 달했던 2003년도의 심각한 인플레이션을 다시 되풀이하지 않기 위해서였다. 이 밖에도 브라질이 앞으로 해결해야 할 문제점으로는 공공 지출 증대에 따른 재정 건정성 악화, 그동안 룰라 정권하에서 발생된 기득권층의 부정부패, 심해 유전개발 과정에서 이루어진 정부의 강도 높은 개입과 이 과정에서 불거진 중앙정부와 주정부 간의 수익배분 문제 등을 들 수 있다.

러시아의 문제

외환보유고 5810억 달러로 세계에서 4번째로 많은 외화를 보유하고 있으며, 세계 2위의 산유국이자 세계 1위의 천연가스 생산국인 러시아는 석유와 천연가스 가격 상승을 바탕으로 경제성장률이 지난 2003년도부터 6~7%대를 기록하는 등 꾸준한 성장을 이어 왔다. 원유 및 천연자원 판매로 거두어들인 외환보유액이 증가하여 탄탄한 유동성을 갖추고 있으며, 농업에서 건설업에 이르기까지 여러 산업이 발전할 기회를 마련했다. 그러나 러시아의 경제도 과열 양상을 보이면서 인플레이션의 위험을 맞게 되었는데, 실질 임금상승률이 약 16%로 노동생산성 증가율 6%를 크게 상회하기에 이르렀다.

러시아 경제의 문제점으로 지적되는 것은 석유와 천연가스 등의 지하자원 수출에 의존하는 경제구조다. 원유, 석유화학, 철강, 천연가스, 디젤연료 산업 등의 비중이 전체의 약 66%다. 러시아가 지금처럼 고도 성장을 계속 유지하려면 먼저 제조업과 건설업 등 부가가치를 높일 수 있는 산업으로 눈을 돌려야 한다. 핵심 기술 등의 고부가가치 산업이 동반되지 않은 채 지하자원에만 의존하는 경제는 언젠가 한계를 드러낼 수밖에 없다. 만일 국제유가가 하락세로 돌아설 경우 수출과 정부 재정수입에 타격을 줄 것이다.

인도의 문제

인도도 중국과 마찬가지로 지난 수년 동안 연 9% 가까이 고속성장한 것과 유가 급등 때문에 물가가 상승하기 시작한 것이 부담된다. 특히 2008년 6월 기준으로 물가 상승률은 2007년과 비교하여 약 11%나 급등했었고, 2010년 도매물가지수도 2009년 대비 10%에 육박했다. 물가를 잡기 위해 인도 정부도

금리 인상에 나설 수밖에 없으며 이러한 긴축정책은 수출을 위주로 하고 있는 인도 경제에 커다란 타격을 준다.

인도의 또 다른 문제점은 인구의 60% 이상을 차지하는 농민의 표를 잡기 위해 선거 때마다 각종 **선심성 정책**을 남발하다가 심각한 재정 적자가 발생한다는 점이다. 특히 GDP에서 재정 적자가 차지하는 비율이 4~5%에 달해 위험 수위에 육박하고 있다. 또한 고속 경제성장 속에 분배 구조가 지나치게 불균형화되었다. 경제성장의 혜택이 빈곤층에 별로 미치지 않았다. 하루 2달러 미만으로 연명하는 극빈층 인구가 11억 인도 인구의 거의 70%를 차지할 정도로 분배 구조가 극단적인 것과 도시 · 농촌 간 **빈부격차** 확대가 사회적 불만을 야기하여 경제성장에 커다란 걸림돌로 작용하고 있다.

중국의 문제

브릭스 국가 중 경제적인 발전 속도가 매우 빠른 중국은 2003년부터 해마다 거의 10~11%의 고속 경제성장을 해왔으나 2008년 이후에는 둔화되어 성장세는 8~9%에 그쳤다. 그래도 다른 선진국에 비하면 매우 높은 성장세이다. 그러나 이 눈부신 경제성장 속에 중국이 안고 있는 심각한 고민도 있다. 바로 경기 활황의 부작용에서 나온 **과잉병(過剩症)**이다. 고속 경제성장이 낳은 자산 버블이 현재의 중국 경제를 심각하게 만들고 있다.

중국은 2006년까지 10%대의 높은 경제성장률에도 불구하고 물가 상승률은 2% 미만에 불과하였다. 그러나 2007년도에 들어서 4.8%, 2008년에는 8%대까지 치솟는 등 과잉 성장으로 말미암은 부작용이 나타나기 시작했다. 중국 정부는 지급준비율과 정책 금리를 인상함으로써 과잉 유동성 억제에 나섰지만 오히려 이 조치가 핫머니(hot money)의 유입을 불러일으킬 수 있다. 즉, 유동성을 차단하기 위해 오히려 유동성을 더 키우는 결과를 가져올 수 있다는 말이다. 중국 정부는 위안화 절상을 통해 수출을 억제하고 수입을 늘려 유동성을 억제하는 조치를 계속 취하고 있는 중이다.

중국은 최근 출구 전략 시행에도 불구하고 10% 가까운 경제성장률을 보였지만, 이후에는 이러한 성장세가 감소될 가능성이 높다.

중국이 진정한 선진국으로 도약하기 위해서는 추가로 몇 가지 문제를 더 해결해야 한다. 전통적인 제조업이 아닌 반도체 등의 고부가가치 핵심 산업으로의 전환이 시급하고, 중국 사회 자체적으로 **경제적인 양극화**가 심화되어가고 있는 상황에서 동·서 지역 간의 빈부 격차를 반드시 해결해야 한다. 즉, 지역 간의 균형 발전을 토대로 수출이 아닌 내수의 비중을 얼마만큼 확대하느냐가 거대한 인구를 가진 중국이 선진국으로 도약하는 데 가장 큰 숙제라고 할 수 있다.

한국 경제 부동산이
빠질 수는 없지

_ 금리가 하락하면 대출을 이용해 부동산을 구입하려는 수요가 늘어나기 때문에 부동산 가격이 상승한다. 여기에 실제 부동산을 필요로 하는 사람이 아닌 가수요가 레버리지 효과를 보려고 부동산에 투자할 경우 부동산 가격은 급속도로 올라 버블이 형성된다.

_ 한국인의 재산 대부분을 부동산이 차지하기 때문에 금속도로 버블이 끼지기니 가치가 하락하면 국민 경제에 크나큰 타격을 주게 된다. 따라서 부동산 가격을 안정적으로 조절할 경제 정책을 강구하는 것이 필요하다.

● 일반인들은 부동산과 금융이 서로 동떨어진 영역이라고 생각한다. 투자의 관점으로 보았을 때 부동산은 주식과 펀드 등의 금융 상품에 비해서 환금성이 떨어지고 투자 기간도 일반적인 경기 주기에 비해 길다. 그러나 부동산과 금융, 더 나아가 경제와의 관계는 따로 구분지어서 논의할 수 없는 아주 밀접한 관계를 가진다. 부동산과 금융 그리고 정부의 정책은 상호 보완 관계라기보다는 상호 작용을 일으키며 물고 물리면서 서로 영향을 주는 관계라고 볼 수 있다.

저금리 상황에서 떠오른 부동산 시장

부동산은 예로부터 우리나라에서 가장 선호하는 투자 대상이었다. 좀 더 면밀히 애기한다면, 지난 IMF 외환 위기 이후 '고금리 정책'을 버리고 2000년도부터 '저금리' 상황이 오자 일반 대중들이 부동산 투자에 본격적으로 관심을 가지기 시작하면서 부동산 시장이 떠올랐다.

부동산 투자는 금융 상품과는 달리 투자 금액 규모가 적어도 1~2억이 되어야 하므로 자산이 많지 않은 일반 서민들의 소득만 가지고는 투자가 불가능하다.

부동산 투자를 위한 저금리 가계 대출이 확대되고, 부동산 구입에 대한 잠재 수요가 유효 수요로 전환되기 시작하면 본격적으로 부동산 투자가 활발해진다. 이때 만일 적당한 양의 공급이 따라주지 못한다면 부동산 가격이 상승한다. 실제로 2002년부터 서울뿐만 아니라 수도권으로 인구가 유입되면서 아파트 구입 수요가 증가했고, 2003년 도정법(도시 및 주거환경 정비법) 제정 이후 뉴타운·재개발·재건축 부동산에 대한 투자가 과열 양상으로 치달았다. 결국 2007년을 정점으로 부동산 가격은 최고조에 이르렀다.

부동산 가격 억제 정책

만일 부동산 가격이 급격히 상승해 버블이 발생한다면 중앙은행은 가격 상승을 억제하고자 금리를 인상해 시중 통화량을 조절하려고 한다. 또한 정부는 주택담보대출을 제한하고 부동산 관련 세금을 무겁게 함으로써 부동산 가격을 억제하고자 한다. 2005년 노무현 정부 당시 8 · 31 부동산 대책과 2010년 이명박 정부가 DTI 제도 강화를 골자로 하여 내놓은 10 · 29 대책이 바로 그것이다.

　금리가 상승되거나, 정부의 부동산 가격 억제 정책이 본격적으로 시행되면 부동산 거래가 급격히 줄어들고, 그동안 은행권의 대출을 이용해서 부동산 투자를 한 가계의 대출이자 부담액이 증가하게 된다. 또한 실제 부동산을 구입하려는 수요자의 입장에서는 그동안의 부동산 가격이 많이 오른 데다 대출금리 인상에 따른 이자 부담 때문에 부동산 구입을 미루거나 포기한다. 더욱이 정부가 부동산 관련 세금을 강화하면 이를 이겨내지 못한 가계는 급매로 싸게 매물을 내놓으며 이러한 가격 하락을 더욱 부채질하게 된다. 이에 부동산 수요자는 가격이 계속해서 하락할 것이라는 막연한 기대 때문에 부동산 구입을 주저하게 되는 악순환이 반복된다. 이러한 악순환이 결국 경제 및 금융 전반에 부정적인 영향을 끼친다.

매우 높은 부동산 자산의 비중

우리나라 서민의 자산에서 부동산이 차지하는 비중은 금융자산에 비해 상대적으로 크다. 2007년 현대경제연구원의 「한·미 가계자산 비교와 시사점」이라는 보고서에 따르면, 2006년 5월 현재 우리나라 전체 가구의 가구당 평균 총자산은 2억8112만 원이고 그중 부동산이 76%를 차지하고 있다. 여기에 전·월세 보증금을 다 부동산 자산으로 편입시킬 경우 그 수치는 81%에 이른다. 우리가 더욱더 눈여겨보아야 할 점은 바로 그 부동산 자산 비중 자체가 순수 자기자본에 의한 것이 아닌 **금융기관의 대출**로 이루어졌다는 점이다. 2010년말 기준으로 국내 가계 부채는 약 795조 원에 달한다. 이 중 은행 등의 예금 취급 기관의 가계 대출 잔액 중 주택담보대출이 차지하는 비중은 약 60% 정도다.

부동산 가격 하락과 경제 문제

이렇게 부동산 투자에 대한 가계 대출이 커진 상황에서 만일 부동산 가격까지 계속적으로 하락한다면 경제 상황과 별도로 가계 부채 문제가 폭발할 수 있다. 이와 더불어 만일 경제성장률이 둔화된다면 결국 고용 감소로 이어져 가계의 채무 상환 능력이 감소할 가능성이 크다. 그 결과, 금융기관의 대출회수율이 하락하면서 가계에 대한 채무 상환 압박이 커지고 결국 가계 부실로 이어진다. 이때 정부는 실질적인 대책을 내놓는 데 한계에 봉착한다.

실례로 정부가 2011년 3월에 발표한 3·22 부동산대책을 보면, DTI 규제 부활이라는 억제 정책과 더불어 취·등록세 등의 부동산 관련 세제 인하 및 분양가 상한제 폐지라는 활성화 정책을 동시에 내놓았다. 상호 모순된 두 가지 정책이 공존하는 어정쩡한 모습이었다. 그 이유는 주택 가격 상승은 막으면서도 주택 가격(주택 담보 가치) 하락이 곧 가계의 부채 상환 압박으로 이어져 가계 부실이 심화되는 최악의 상황은 방지해야 했기 때문이다.

이밖에도 부동산 가격 하락은 자칫 건설사의 도산으로 이어지고 이들에게 별다른 보증 없이 프로젝트의 사업성을 담보로 자금을 지원했던 부동산 관련 프로젝트 파이낸싱(PF, Project Financing)의 부실로 이어져 미국이 겪었던 신용 경색(Credit Crunch)이라는 파국적인 결과로 나타날 수 있다.

이렇듯 '저금리' 상황에서 비롯된 부동산 문제는 금융뿐만 아니라 경제 전반으로 엄청난 영향을 준다. 금리 변화는 돈의 가치에 대한 변화라고 할 수 있으며 이것이 결국 대중들의 투자 행태에 영향을 준다. '저금리' 시대에는 금리 이상의 수익을 실현하기 위해 은행의 대출을 적극적으로 이용하는 **레버리지 효과 전략**과 가격이 계속 상승한다는 **기대 심리**에 의해 부동산 버블이 필연적으로 형성된다. 그 버블이 꺼지는 과정에서 가계가 대출을 해결하지 못하게 되고 금융기관의 도산, 신용 경색의 확대, 소비 위축, 경기 하강의 단계를 거치면서 다시 '부메랑 효과'가 나타나며 금융과 경제에 악영향을 준다.

일반 서민들에게 부동산은 재산의 전부나 마찬가지다. 부동산 자산에서 대출이 차지하는 비중이 50% 이상이기 때문에 부동산 가격이 하락하는 것은 곧 가계의 파산으로 이어지는 심각한 후유증을 낳는다. 정부 및 중앙은행 등의 경제 당국이 금리 인상과 각종 부동산 규제 정책을 신중히 고려해야 하는 이유가 여기에 있다. 일반 서민 경제가 불안하면 그 나라의 빈부격차가 더 심해지고 사회 불안이 가중되어 결국에는 '식물인간' 상태의 경제가 되고 말 것이기 때문이다.

Chapter 2

은행과 금융

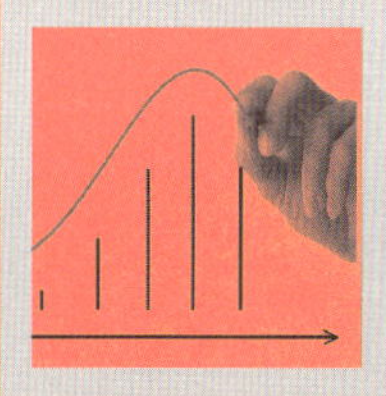

단리와 복리 계산은 금융의 기본

_ 단리는 이자에 이자가 붙지 않는 방식이고 복리는 이자에 이자가 붙는 방식이다.

_ 복리는 이자가 누적되기 때문에 만기 기간이 길수록 큰 효과가 난다. 그러나 국내 금융 상품 중에 복리의 효과를 볼 만큼 만기 기간이 길고 불입 금액이 충분한 상품은 실질적으로 없다.

● 금리의 기본적인 개념과 그 흐름에 따른 경제에 미치는 영향에 관해서는 앞서 자세히 살펴보았다. 이번 장에서는 일반 개인들에게 직접적인 영향을 줄 수 있는 은행 금리에 대해서 알아보도록 하겠다.

은행 금리를 이해할 때 먼저 선행되어야 할 것이 이자를 부여하는 방식인 **단리**와 **복리**의 차이를 이해하는 것이다. 단리는 납입하는 원금에 대해서 이자율과 기간만을 곱해서 이자를 계산하는 방식이다. 복리는 원금과 이자를 합한 원리금에 다시 이자가 붙는 것을 말한다. 현재 시중 금융기관에서 판매하고 있는 복리상품은 은행의 연금신탁저축과 공시 이율로 이자를 주는 보험사의 연금보험, 저축형 유니버셜보험 정도가 있다. 은행의 적금 및 일반 정기예금 상품은 복리가 아닌 단리 상품이다.

단 리 와 복 리 의 계 산

단리는 매년 이자가 발생하지만 이자에 이자가 붙지는 않는다. 은행에 3년 동안 적금을 부어도 그 원금이 증가하지 않는 것으로 계산된다. 즉, 투자 기간 중에 부여된 이자는 재투자되지 않는 것으로 계산되는 이자 계산법이다. 단리 계산법에서 원금은 그대로 있고 이자는 기간에 비례하게 되므로 매년 부리(附利)되는 이자는 일정하다. 만일 매월 90만 원을 연 6% 이자율의 1년 만기 적금 상품에 가입했다고 하자.

단리 계산공식

(총 불입금 + 매월 불입금) × 연이자율 × 기간 ÷ 2

그래서 총 불입금은 '12개월 × 90만 원 = 1080만 원'이 되고, 매월 불입금은 90만 원, 연 이자율은 6%, 기간은 1년이므로 '(1080만 원 + 90만 원) × 0.06 × 1 ÷ 2 = 35만1000원'이 된다. 이것을 실질이자율로 환산하면 '35만 1000원 ÷ 1080만 원 × 100(%) = 3.25%'가 나오게 된다. 그러나 우리는 흔히 1080만 원의 6%의 이율을 적용한 이자액을 '1080만 원 × 6% = 64만 8000원'으로 생각하기 쉽지만, 실제 이자는 32만5000원이므로 실질적인 이자율은 6%가 아닌 3.25%이다.

복리의 계산은 이자에 이자가 붙기 때문에 단기보다는 장기로 갈수록 유리하다. 만일 1000만 원을 연 6% 이자로 5년 동안 정기예금에 예치할 경우, 연 복리로 계산하면 '1000만 원 × $(1+0.06)^5$ = 1338만 원'이 나온다.

복리 계산공식

원금 × $(1 + 연이자율)^{기간}$

복리효과가 큰 상품이 거의 없다

요사이 은행들 사이에는 '월복리 적금'의 판매가 두드러지게 높다. 채권 금리의 하락으로 은행들의 정기예금 금리가 최저점에 이르면서 상대적으로 금리가 높은 월복리 예·적금 상품으로 논이 볼리고 있기 때문이다. 월복리는 매월 원금과 이자가 원금으로 되고 다시 이 원금에 이자가 붙는다고 이해하면 된다.

그러나 이러한 월복리 적금은 만기가 3~5년이 대부분이고 월 불입금액 한도도 30만~50만 원 사이이기 때문에 은행의 월복리 적금을 가입하려는 경우

각 은행별 불입 한도와 만기 등을 꼼꼼히 따져야 한다.

모 은행이 2011년 초에 야심차게 출시했던 'A 월복리 적금' 상품은, 3년 불입을 전제로 연 4.5%의 금리에 최대 0.5%의 우대금리를 적용받아 연 5.0%의 금리를 적용받을 수 있었다. 만일 이것을 단리 계산법으로 환산하면 연 5.2%의 이자를 적용받는 셈이다. 그러나 만기가 최고 3년밖에 안 돼 장기로 납입할 수 없고, 납입 한도도 월 30만 원이라는 점에서 실질적인 이자 수익은 크지 않았다. 여기에 세금을 제하고 나면 실질적인 이자는 그리 많지 않다.

실제로 매달 30만 원씩 3년을 납입했다고 가정해 보자. 실제 불입원금은 1080만 원이고 세금공제 전 이자는 87만4442원이다. 그런데 이자소득세 15.4%를 제하고 나면 실질이자액은 73만9778원이 된다. 만일 이것을 일반 은행 고유의 단리 상품으로 적용하면 70만4295원이 된다. 즉, 월복리 적금과 비교했을 경우 이자액의 차이는 17만 원밖에는 안 된다. 실질이자율의 누적치도 0.33%의 차이밖에 나지 않는다. 또 실질적인 우대금리 혜택을 보기 위해서는 스마트폰뱅킹을 이용하여 이체 거래를 한 적이 있거나 만기 지급액이 500만 원 혹은 1,000만 원 이상이 되는 등의 조건을 별도로 갖추어야 한다.

실제 은행이 판매하는 복리 상품은 예치 기간 혹은 불입 기간이 짧아 복리의 진정한 장점이 드러나지 않고 단리 적금 및 예금 상품의 이자액과 큰 차이가 없다는 점에서 실질적인 효용성은 떨어진다.

'장기주택마련저축'은 허황된 꿈일까?

_ 장기주택마련저축은 7년만 유지하면 이자 수익에 대해서 비과세 혜택을 주고, 소득공제 효과까지 있어서 직장인에게 유리한 상품이다.

_ 그러나 혜택을 받기 위해서는 7년 이상을 유지해야 하므로 장기투자 상품의 관점에서 보자면 수익률이 그리 높은 편은 아니다. 때문에 저축 이상의 뭔가를 생각하는 것은 투자적인 관점에서 솔직히 않다.

● 해마다 연말정산을 할 때 즈음이면 시중은행들이 홍보에 열을 올리는 금융 상품이 **장기주택마련저축**(이하 장마저축)이다. 장마저축은 7년 이상 매월 일정액을 불입하면 이자 차익에 대해서 비과세를 적용받는 장기 저축 상품이다. 특히 장마저축의 가입 조건이 만 18세 이상의 무주택자 세대주 또는 전용 면적 85㎡ 이하의 1주택 소유 세대주이기 때문에 주택 구입을 위한 목돈 마련용 금융 상품으로 직장인들 사이에 인기가 있다.

소득공제와 비과세 혜택

장마저축의 장점은 소득공제와 비과세 혜택을 동시에 받을 수 있다는 데 있다.

2003년 이전에는 직장인들의 중장기 목돈 마련을 위한 금융 상품으로 **근로자우대저축**이라는 것이 있었다. 연간 급여 총액이 2000만 원 이하인 근로자만 가입 가능하며 월 50만 원 이내로 자유롭게 적립할 수 있고, 이자소득세는 면제되었다. 그러나 이 상품이 2002년을 끝으로 폐지됨에 따라 장기주택마련저축은 일반 직장인들에게 소득공제와 비과세 혜택을 같이 부여한 은행의 마지막 중장기 저축 상품이 되었다.

장마저축은 개개인의 연봉 수준에 따라 납부하는 소득세의 과세표준에서 저축액의 일정 부분을 공제한 후 다음 해에 환급해준다. 8800만 원 이상의 연봉을 받는 고소득자는 매월 62만5000원을 불입하면 다음 해에 약 105만 원을 소득공제로 환급받는다. 다음 해에 받는 환급액만을 1년 수익률로 계산해 보면 불입하는 1년치 총 원금이 750만 원이니 약 14%의 수익률을 올리는 효과가 있는 셈이다.

> 수입액에서 비용을 뺀 금액에 종합소득세를 차감한 금액

장마저축의 단점

장마저축도 꼼꼼히 따져보면 단점이 존재한다. 장마저축의 장점인 소득공제와 비과세를 적용받으려면 최소 7년은 반드시 유지해야 한다. 그리고 소득공제의 효과를 실질적으로 얻기 위해서는 매월 62만5000원이라는 적지 않은 금액을 불입해야 한다. 불입액에 대한 소득공제 한도가 연간 불입액의 40%까지인 300만 원이기 때문이다. 만일 매월 30만 원을 불입한다면 연간 저축액은 360만 원으로 소득공제 대상금액은 '360만 원×40% =144만 원'이 된다. 즉, 매월 62만5000원을 불입하지 않으면 소득공제의 효과는 생각보다 크지 않다.

그리고 2009년도에 시행된 개정세법에 의하면 8800만 원 초과의 소득이 있는 사람들은 2009년에는 35%, 2010년에는 33%의 세율을 적용받는데, 연봉이 높은 사람들이 장마저축을 가입할 경우 공제받는 비율이 크므로 매우 유리하다.

장마저축은 비과세의 혜택을 보기 위해서는 7년이라는 세월을 유지해야 하므로 장기 상품의 관점에서 본다면, 수익률의 측면에서 소득공제 환급 효과는 그리 크지 않다. 이를 증명하기 위해서 하나의 예를 들어 보기로 하자.

7년간 장마저축 가입 시 얻게 되는 수익률 예시

구분	내용	비고
월 불입액	62만5000원	
세율	35%	과세표준 '8800만 원 초과' 라고 가정함
저축기간	7년	7년 이상 유지해야 비과세 혜택이 주어짐
금리	5.5%	가입 후 3년까지만 확정금리, 그 이후에는 실질변동금리 적용 '복리' 가 아닌, 단리적용
총 불입원금	5250만 원	62만5000원 X 7년 X 12개월
총 이자액	1022만6563원	단리금리 적용
소득공제 환급액	735만 원	연간 소득공제 대상액 300만 원 X 세율 35%
총 수익액	1757만6563원	총 이자액 + 소득공제 환급액
7년 누적수익률	33.5%	총 수익액 ÷ 총 불입원금
연평균 수익률	4.8%	33.5% ÷ 7

표에서 보는 바와 같이 연봉 8800만 원을 초과하는 고소득자가 최대 소득공제 효과를 적용받을 수 있는 금액인 62만5000원을 7년간 매월 불입하면 소득공제 환급액과 이자액을 감안했을 경우 원금대비 연간 4.8% 정도의 수익률을 거두게 된다.

장마저축은 실익을 따져봐야 한다

1년을 불입했을 경우 얻게 되는 연 수익률은 무려 17%에 달한다. 그러나 이자 차익에 대한 비과세 혜택은 7년 후에나 발생하므로 연평균 수익률은 불과 4.8%이다. 더욱이 확정 금리가 아닌 변동 금리이므로 금리가 낮아진다면 수익률은 더 낮아진다. 또한 장마저축은 '단리' 상품이다. 매월 불입되는 금액에 대해서만 이자가 불입되고, 쌓인 적립액은 복리 이자가 부여되지 않는다.

장마저축은 그 이름에서 보듯 '장기간' 저축을 해야 하는 상품이지만, 소득공제의 효과 및 수익률 측면에서 그 실익은 크지 않다. 장기로 가면 갈수록 '단리' 이자라는 제약 조건 때문에 오히려 효율성이 떨어지는 상품이라고 할 수 있다.

03

물가상승률 반드시 계산하라

_ 복리는 72계산법을 이용하여 간단하게 계산할 수 있다. 72계산법이란 복리수익률로 원금의 2배를 모을 수 있는 기간을 계산하는 방법을 말한다. 보통 복리수익률이 14.4% 정도 되면 5년 후에 원금의 두 배가 된다.

_ 요즘 저축형 보험이란 것을 홈쇼핑에서 많이 판매한다. 복리로 계산하여 20년 후에는 얼마를 주겠다는 형태가 많다. '복리'라는 말과 금액에 현혹되지 말자. 20년 후의 1억은 매년 물가상승률을 3%로 감안할 경우 현재의 6800만 원 정도 가치밖에 안 된다. 모든 계산에는 물가상승률을 끼워넣자.

● 2006년 이후부터 주식시장의 상승에 힘입어 시중은행들은 펀드 판매에 열을 올렸다. 그러나 2008년 말부터 시작된 글로벌 금융 위기로 주식 가격의 대폭락 현상이 일어나자 투자심리가 급격히 얼어붙어 은행의 펀드 판매는 급감하게 된다. 그리하여 시중은행들은 방카슈랑스를 통해 이른바 '복리' 상품인 '저축형 보험'을 대대적으로 홍보, 판매하기에 이른다. 주식과 부동산 가격이 대폭락하며 안전 자산으로 대중들이 쏠리는 현상을 교묘히 이용한 것이다. 왜냐하면 재테크에서 '복리'만큼 매력 있는 단어가 없기 때문이다.

72법칙

흔히들 복리의 장점을 얘기할 때 '72법칙'을 얘기한다. 72법칙이란 복리수익률로 원금의 2배를 모을 수 있는 기간을 계산하는 방법인데 **72 ÷ 복리 연수익률 = 기간**으로 구할 수 있다. 만일 복리수익률이 8%라면 원금의 2배가 되는 데 필요한 시간은 9년이다. 만일 5년에 걸쳐서 목돈을 2배로 만들고 싶다면 공식은 '72 ÷ 기간 = 복리 연수익률'이므로 72 ÷ 5 = 14.4%가 된다.

물가 상승률을 감안한 계산

이렇듯 장기간 복리 투자는 분명 큰 메리트임에 틀림없다. 그러나 복리 투자에는 함정 또한 역시 도사리고 있다.

첫째, 물가 상승률을 감안한 화폐가치 하락을 간과하고 있다. 72법칙에 의해서 연 7.2%의 복리수익률이라면 1억 원의 돈이 2억 원이 되는 데 10년이 걸린다. 그러나 10년 후의 2억 원이 현재의 2억과 같은 가치라고 볼 수 없다. 자본주의 경제에서 인플레이션은 필연적인 현상이다. 돈의 가치는 물가가 상승함에 따라 하락하기 마련이다. 연간 물가 상승률을 3%로 가정한다면 10년 후에 2억이라는 돈의 가치를 현재가치로 환산하면 약 1억4800만 원이 된다. 이것을 다시 연 수익률로 환산하면 연평균 약 4.9%가 된다. 연 복리수익률 7.2%가 물가 상승을 고려하면 실질 가치 수익률 4.9%가 된다는 뜻이다.

TV홈쇼핑에서 판매하는 '저축형 보험' 상품을 예로 들어보자. 매월 30만 원을 연 5%의 복리 이자율로 20년 동안 저축하면 약 1억2000만 원이 넘는 금액을 받을 수 있다고 광고한다. 금융에 대한 지식이 많지 않은 일반 시청자들로서는 한 푼도 쓰지도 않고 원금을 그대로 모으면 7200만 원이지만, 매년 5%의 복리이자를 적용하면 1억2000만 원으로 약 5000만 원 정도의 이익이 발생한다는 것이 놀라울 수도 있다.

그러나 이것은 물가 상승률을 전혀 감안하지 않은 수치이다. 20년 후의 1억 2000만 원의 가치를 매년 3%의 물가 상승률로 감안할 경우 현재 가치로 6800만 원 정도밖에 안 된다. 20년 동안 매월 납입하는 30만 원도 시간이 갈수록 물가 상승률만큼 **화폐가치가 하락**하기 때문에 20년 동안 매월 30만 원을 납입할 경우 원금 7200만 원의 진짜 가치는 약 5516만 원이 된다. 그리하여 현재시점의 화폐가치 기준으로 계산하였을 때 누적 수익률은 24%에 불과하고 이것을 연 단위로 환산하면 연평균 수익률은 약 1.2%에 불과하다. 명목적인 1억2000만 원이라는 금액이 지금은 크게 느껴질 수도 있지만 계속적인 물가 상승을 감안한다면 20년 후 가치는 그만큼 떨어진다고 할 수 있다.

복리 투자는 장기적으로 길게 투자한다면 매우 좋은 결과를 가져올 수 있다. 그러나 투자 후의 화폐가치는 원래 투자했던 시기의 화폐가치와 차이가 있다는 점을 유념해야 한다.

내집 마련 만능 통장, 주택청약종합저축

_ 주택청약종합저축은 누구라도 자유롭게 가입할 수 있고, 청약 시점에 가서 집의 평수도 결정할 수 있기 때문에 인기가 아주 높아 천만 명이 넘게 가입했다.

_ 청약저택, 청약부금, 청약예금 등 기존 청약 금융상품의 가입자가 아직 있고, 주택청약 가입자의 수가 워낙 많아 실제 주택청약에서의 경쟁력은 조금 떨어지는 편이디. 민영공급지의 특별 공급분을 염두에 두는 편이 좋다.

● 전세 가격 급등 때문에 아예 주택을 구입하려는 사람들이 늘면서 은행에서 판매하고 있는 청약통장에 대한 일반 대중들의 관심이 커지고 있다.

아파트 분양 신청 시 공공 국민주택, 민영아파트 등 면적과 시행 주체의 성격에 따라 청약저축, 청약부금, 청약예금 등으로 분리되었던 아파트 청약통장이 지난 2009년 5월 6일 **주택청약종합저축(이하 청약종합저축)**이 도입되면서 통합되었다. 이후 가입자 수가 2년 만에 1000만 명을 넘어설 정도로 청약통장의 수요가 해마다 증가하고 있다. 특히 '만능 통장'으로 알려진 청약종합저축이 출시 2년째를 맞이하면서 2011년 4월말 기준으로 최초 가입자 중 약 580만 명이 청약 1순위 자격을 갖게 되었다.

주택 청약 저축의 특징

기존 청약저축은 무주택 세대주로서 1세대 1계좌만 가입할 수 있었고, 청약예금과 청약부금은 만20세 이상의 개인만 가능했던 것과는 달리, 청약종합저축은 미성년자와 유주택자도 자유롭게 가입할 수 있다. 하지만 **청약할 수 있는 자격**은 기존 통장과 같은 규정에 따르므로 주의해야 한다.

즉, **국민주택 및 민영주택** 모두 최초 입주자 모집 공고일 현재 해당주택 건설지역에 거주해야 하고, 전용면적 85㎡ 이하 공공주택은 무주택 세대주만 청약할 수 있다. 그러나 민영주택은 1인 1주택 청약이 허용된다. 여기서 공공주택이라 함은 주로 LH공사 혹은 SH공사 등 국가나 지방자치단체 산하 공공기관이 시행자가 되어서 건설한 주택을 말한다. 민영주택은 민간 건설사가 지은 주택이다. 그리고 국민주택은 주택법상 전용면적 85㎡ 이하의 주택을 말한다. 즉, 전용면적 85㎡ 이하 공공주택은 세대원 중의 그 어느 누구라도 주택을 소유하고 있을 경우 청약을 할 수 없다는 뜻이고 반드시 세대주만 청약할 수 있는 자격이 있는 것이다. 그러나 민영주택은 주택청약종합저축 통장을 가지고 있는 세대원이 있을 경우 국민주택 규모의 공공주택을 제외하고 1인당 1주택을 청약할 수 있다는 의미이다.

또한 청약종합저축은 1인 1통장 제도가 적용되므로 기존의 청약저축·청약예금·청약부금에서 전환 가입은 허용되지 않고 반드시 신규로 가입하여야 하며 기존 청약통장의 가입 기간이나 금액을 인정하지 않는다. 또한 2개 이상의 은행에 중복 가입하는 것도 허용되지 않는다. 실제 청약 자격을 얻는 1순위 요건이 되기 위해서는 가입 후 2년이 지나야 한다. 그리고 20세 미만의 가입자는 1순위가 되더라도 청약할 수 없다.

기존에는 청약저축, 청약예·부금을 가입할 때 청약할 아파트의 면적이 사실상 결정되지만, 청약종합저축은 가입할 때가 아닌 최초 청약 시점에 희망 주택 유형을 선택하면 된다.

청약종합저축의 납입 방식과 금리

청약종합저축의 납입 방식은 일정액 적립식과 거치식을 병행하여 할 수 있다. 금액은 매월 2만 원 이상 50만 원 이내에서 5000원 단위로 자유롭게 불입할 수 있으며, 납부 종액이 1500만 원에 이를 때까지는 50만 원을 초과한 금액도 자유롭게 적립할 수 있다. 그러나 20세 미만의 미성년 가입자는 20세까지 납입한 금액 중 일부 금액만 인정받을 수 있다. 특히, 공공주택 청약 시 20세 이전 납입 횟수는 금액이 많은 순으로 **최고 24개월**만 인정이 된다. 예를 들어 17세에 통장에 가입한 미성년자가 17세에 10만 원, 18세 5만 원, 19세 2만 원을 1년을 단위로 총 36개월을 납입한다고 가정할 경우, 전체 납입액인 200만 원이 적용되지 않고, 연간 불입 합계금액이 많았던 17세의 120만 원과 18세의 60만 원을 합한 180만 원만 인정금액으로 적용받는다. 그리고 청약가점제가 적용되는 민영주택에 청약할 때도 가점제 계산에서 **미성년 가입 기간은 24개월까지만** 적용된다.

대중들의 관심이 제일 많은 청약종합저축의 금리는 가입일로부터 1년 미만은 2.5%, 1년 이상 2년 미만은 3.5%, 2년 이상은 4.5%를 적용한다. 은행에서 판매하는 장기주택마련저축과 비교해 보면 매우 높은 이자다. 장기주택마련저축은 대부분이 5년 이상이 지난 뒤에야 4% 이하 이율을 반영한다. 청약종합저축은 예금자보호법에 의한 보호 대상이 아니다. 그러나 국민주택기금의 조성 재원으로 정부가 관리한다.

청약종합저축은 청약 시점에 희망 주택 유형과 규모를 마음대로 선택할 수 있지만, 선택한 뒤 2년이 경과할 때까지는 바꿀 수 없다. 더욱이 2년이 지난 뒤 희망 청약 규모를 전환하고 싶어도 중대형 면적을 중소형 면적으로 변경할 때에만 즉시 청약이 가능하다. 만일 중소형 면적에서 중대형 면적으로 바꾸려면 1년이 지나야 한다.

청약종합저축은 누구에게 유용한가

만능 통장으로 불리는 청약종합저축도 시행된 지 2년 만에 1순위자가 폭발적으로 늘어나 2011년에 가입자가 1천만 명이 넘어섰다. 일각에서는 청약통장 무용론이 제기되고 있는 상황이다. 또한 우선 LH나 SH공사 등이 공급하는 공공주택에 청약할 때는 주택청약종합저축이 기존 청약저축에 비해 경쟁력이 없는 것이 사실이다. 왜냐하면, 공공주택은 같은 1순위 내에서도 무주택 기간, 납입횟수, 저축 총액이 많은 사람이 유리하기 때문에 청약종합저축 가입자가 기존 청약저축 가입자에 비해 불리할 수밖에 없다.

그래서 청약종합저축 1순위자는 공공주택보다는 민영주택을, 일반공급보다는 특별공급을 염두에 두는 것이 더 바람직하다. 민영주택은 1, 2순위일 경우 전용면적 85㎡ 이하 주택 일반공급 물량의 75%(보금자리주택지구 내에서는 100%)가 가점제이며 25%가 추첨제이고, 85㎡ 초과 주택은 가점제와 추첨제가 50%씩 배정되기 때문에 공공주택보다는 당첨 확률이 높다.

05

주택담보대출, 고정 금리냐 변동 금리냐

_ 변동 금리는 시중 금리에 따라 이자율도 따라서 움직이는 것이고 고정 금리는 처음 계약했을 때의 이자율이 그대로 유지되는 것을 말한다.

_ 일반적으로 금리 인상폭보다는 부동산의 가격 상승폭이 더 클 것이라고 믿고 있는 우리나라 사람들은 변동 금리를 선호한다.

_ 일반적으로 변동 금리가 고정 금리보다 이자율이 저렴하기 때문에 1년 이내 단기 대출일 때는 변동 금리가, 장기 대출일 때는 고정 금리가 유리하다.

● 우리나라 서민들이 내집 마련을 할 때 가장 먼저 머릿속에 떠올리는 것이 바로 **주택담보대출**이다. 서울 지역만 하더라도 109㎡(33평형)의 아파트를 장만하려면 최소 5억 원 이상이 소요되기 때문에 자기 자본이 충분치 않은 서민들은 은행의 주택담보대출을 필수적으로 이용할 수밖에 없다. 그러나 '가계 부채 1000조 원' 시대를 맞아 가계 부채 관리에 비상이 걸린 상황에서 금리 변화에 따라 어떠한 대출 상품이 유리한지 꼼꼼히 따져보아야 한다.

변동 금리와 상품의 특징

은행에서 판매하는 주택담보대출 상품에는 **변동 금리**대출과 **고정 금리**대출이 있다.

변동 금리 대출은 CD(양도성예금증서) 금리 혹은 코픽스(COFIX) 연동 상품으로 대출금리가 3개월~1년 단위로 변하는 대출 상품을 말한다. 즉 CD금리가 상승할 경우, 금리 인상에 대한 부담을 은행이 지지 않고 대출받은 사람이 모두 지게 되는 구조다. 시중은행이 판매하고 있는 주택 대출 상품의 대부분이 변동 금리 대출 상품이다. 변동 금리 상품은 저금리 상황이 계속 유지될 경우 고정 금리 대출 상품에 비해 이자가 낮은 편이다. 만일 저금리가 계속 유지될 것이라고 예측된다면 금리 위험을 줄이기 위해 변동 주기를 길게 가져가는 것이 유리하다.

그러나 변동 금리 대출은 금리 인상기에는 대출받는 사람의 이자 상환 부담이 늘어나 자칫 가계 부실의 원인이 된다는 단점이 있다.

우리나라의 변동 금리 대출이 국내 주택담보대출 시장에서 차지하는 비중은 92%로 미국(26%), 프랑스(30%), 영국(28%), 일본(20%) 등의 선진국과 비교해 볼 때 고정 금리 상품에 비해 압도적인 우위를 보이고 있다. 여타 선진국에 비해 변동 금리 대출이 절대적인 이유는 그동안 '부동산 구입 = 자산 가치 증가'라는 인식이 있었기 때문이다. 즉, 부동산 가격이 지난 2000년 이후 2008년 중반까지 계속해서 상승하면서 부동산 구입을 대출을 활용한 '레버리지 투자'로 이용해왔다. 집을 구입하기 위해 저금리로 3~5년 동안 돈을 빌리고, 집값이 오르면 집을 팔아 시세 차익을 올리면서 일시에 대출금을 상환하는 투자 행태가 계속 이어져 온 것이다.

고정 금리 상품의 특징

고정 금리 대출은 상품에 가입한 기간에 시중금리가 아무리 큰 폭으로 변하더라도 이자율이 변하지 않는다. 그러므로 대출을 받는 사람은 금리 변동에 대한 위험 부담을 지지 않아도 된다. 대표적인 고정 금리 대출 상품으로는 주택금융공사가 시중은행을 통해 판매하는 **보금자리론**이 있다.

보금자리론은 비교적 낮은 최저 5.3%의 금리가 적용된다. 금리가 상승하더라도 최초에 고정 금리로 정한 이자율대로 대출금을 상환하면 된다. 따라서 금리 인상에 따른 이자 증가 부담이 없고, 10년, 15년, 20년, 30년 등으로 분할 상환이 가능할 뿐 아니라 **설계형**의 경우 거치 기간 중 변동 금리를 설정할 수 있다. 특히 정부가 부동산 경기를 활성화시키기 위해 비거치식·고정 금리 대출을 받으면 총부채상환비율(DTI)을 최대 15% 높여주는 정책을 내놓으면서 일선 은행들이 앞다투어 고정 금리 대출 상품을 출시하고 있는 상황이다. 그러나 일반적으로 은행들은 고정 금리 대출 상품 판매보다는 변동 금리 대출 상품 판매에 더 적극적이다. 그 이유는 변동 금리 대출은 금리가 오르면 인상

총소득(총수입)에서 부채의 연간 원리금(원금+이자)상환액이 차지하는 비율

된 이자를 대출받은 고객이 내지만 고정 금리 대출은 비용 부담 리스크를 금융기관이 지기 때문이다. 특히 보금자리론은 판매이익이 낮고 은행 자산으로 잡히지 않기 때문에 판매에 소극적인 경향이 있다.

고정 금리 대출은 일반적인 저금리 상황에서 변동 금리보다 금리 부담이 높다는 것이 약점이다. 고정 금리가 변동 금리보다 1%P 이상 높고 대출 기간이 짧다면 효용성은 떨어진다.

경기회복과 함께 금리 상승이 계속적으로 이루어진다면 변동 금리 대출 이용자들은 대출이자 상승에 대비하는 차원에서 고정 금리 대출로 갈아타는 것이 바람직하다. 실제로 기준 금리가 최고조에 이르렀던 지난 2008년 중반, 시중은행의 변동 금리 상품의 대출금리가 6~6.5%였다. 앞서 언급한 보금자리론의 최저 금리가 5.3%였으므로 금리가 인상되면 될수록 변동금리 대출은 불리해진다.

가계 부채 증가라는 심각성을 인식한 정부도 고정 금리로 대출을 받으면 DTI를 5% 늘려주고, 비거치식·분할 상환 방식으로 상환하면 추가적으로 DTI를 10% 더 늘려주는 등 고정 금리 대출을 활성화시키기 위해 노력하고 있다.

그러나 대출 기간과 상환 계획 등을 종합적으로 감안해 대출 만기가 단기이거나 적어도 1년 이내 단기간에 대출을 다 갚을 여유가 있는 사람이라면 고정 금리 대출보다는 변동 금리가 유리하다. 대출을 갈아타면 중도상환 수수료를 물어야 하기 때문에 꼼꼼히 그 실익을 따져보아야 한다.

06

레버리지 효과,
화살이 되어 돌아온다

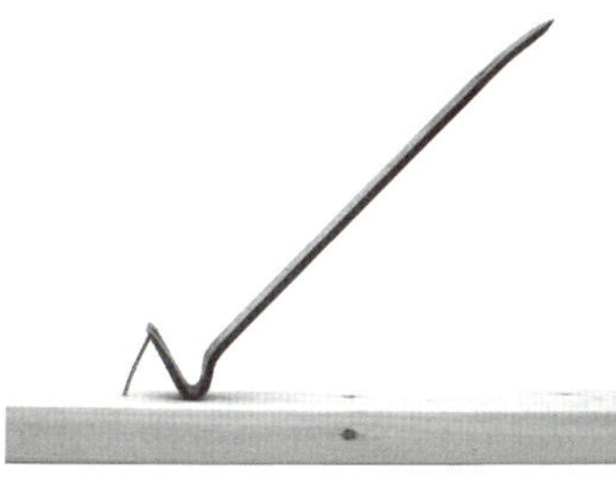

_ 레버리지 효과란 저금리 상황에서 저렴한 이자로 돈을 빌려 고수익을 올릴 수 있는 곳에 투자하여 수익을 극대화하는 것을 말한다.

_ 과도하게 돈을 빌려 투자하는 것은 항상 위험하다. 금리 기조가 바뀌거나 투자가 제대로 되지 않았을 때는 크나큰 손실을 볼 수 있다.

_ 레버리지 투자를 할 때는 이자 비용이 월수입의 30%를 넘지 않도록 조심해야 한다.

● 고대 그리스의 물리학자인 아르키메데스는 지렛대 원리를 발견한 뒤 왕 앞에서 "나에게 설 땅과 충분히 긴 지렛대를 주면 이 지구도 움직여 보이겠다"고 호언장담을 하였다. 이것은 어떠한 무거운 물건이라도 지렛대를 이용하면 쉽게 들어 올릴 수 있다는 지렛대(레버리지, leverage) 효과를 말한 것이다. 다른 힘을 잘 이용한다면 충분히 무거운 물건을 들어 올릴 수 있다는 이야기다.

적은 비용 큰 효과

레버리지 효과를 금융 상품에 적용시켜 보자. 만일 누군가가 '돈 3억을 10년간 빌려줄 테니 매년 6%의 이자만 지급하라' 고 한다면 우리는 돈을 빌려준 이에게 매년 1,800만 원의 이자만 지급하면 되므로 1,800만 원보다 많은 수익을 내는 금융 상품에 투자하려 할 것이다. 여기서 이자는 고정되어 있으므로 그 이상의 수익을 거둘 수만 있다면 결과적으로 투자자한테 유리하다. 바로 이것이 레버리지를 활용한 투자다.

레버리지 효과는 기업 경영에서 비롯된 말이다. 기업이 새로운 사업을 추진하는 데 자기 자본이 부족하다면 은행의 대출과 사채를 이용할 수밖에 없다. 이렇게 확보된 부채를 잘 활용하여 신규 사업 투자를 성공적으로 이끌어 많은 영업이익을 벌어들인다면 기업에게 도움이 된다. 레버리지를 잘 이용한다면 자기자본이 많지 않더라도 수익을 많이 낼 수 있어 기업 경영이 원활해진다.

특히, 투자 분야에서 레버리지 효과가 그 실효성을 거두기 위해서는 '저금리' 라는 환경이 조성되어야 하고 많은 수익을 거둘 만한 투자 대상이 있어야 한다.

저금리 상황에서 활발해지는 레버리지

2000년 이후 본격적으로 '저금리' 기조가 유지됨에 따라 보다 고수익을 낼 수 있는 투자 방법으로 레버리지를 이용한 투자가 자리 잡았다. 이 시기부터 실질 은행 금리가 3%대밖에 안 되었기에 예·적금에서 주식과 부동산으로 투자 패턴이 옮겨 가게 된다. 특히 일반 서민은 자기자본이 많지 않기 때문에 낮아진 은행권의 대출을 활용해 이자 비용을 훨씬 상회하는 고수익 상품에 투자하려는 시도가 많아졌다. 실제로 이러한 레버리지 효과를 이용해 주식과 부동산에 투자해 수익을 올린 사람들이 많아졌다.

2000년대 초·중반까지 레버리지 효과를 이용한 투자가 성공했던 이유는 유례없는 세계 경제 호황으로 주식과 부동산 가격이 급등했기 때문이다.

레버리지 효과의 위험성

자기자본을 일정 부분 확보하지 않은 상태에서 레버리지를 활용해 투자하는 행위는 한편으로 상당한 위험이 따른다. 자산 가치가 상승하면 그만큼 시장에 통화량이 많아져 물가가 상승하고 경기가 과열되기 쉽다. 그 결과 중앙은행은 금리를 올려 물가 상승을 억제하고 유동성을 조절하려 할 것이다. 금리 상승은 대출이자 부담을 부르고 그 화살이 투자자에게 돌아와 주식 혹은 부동산을 헐값에 투매해야 하는 상황이 올 수도 있다. 따라서 레버리지 효과를 이용한 투자를 할 경우 금리 및 경기 순환 흐름을 주도면밀하게 파악하는 것이 무엇보다도 중요하다. 레버리지 투자에 실패하는 대부분의 원인이 수익률이 높다는 것만 예측하고, 잘못하면 손실을 입을 수 있다는 부(負)의 레버리지 효과를 간과하기 때문이다.

금리 부담이 발생 수익보다 적은 상태

그렇다면, 안전하게 레버리지 효과를 보려면 어떻게 해야 할 것인가?

우선 일정 부분 자기자본을 구축해 놓는 것이 바람직하다. 레버리지 투자를 위해서는 금융기관의 대출을 활용할 수밖에 없다. 이럴 경우 대출금액은 적어도 그 대출이자를 무리 없이 감당하는 수준으로 한정해야 한다. 특히 부동산 투자에서는 더 신중을 기해야 한다. 6억 원의 주택을 구입하는 데 2억 원의 부족 자금을 대출로 감당한다고 가정해보자. 2억 원을 6% 금리로 빌린다면 연간 약 1200만 원을 이자로 지출해야 한다. 매달 이자로만 100만 원을 지출해야 하는데 생활비 지출도 발생하기 때문에 월수입이 적어도 400만 원 이상이 되지 않으면 자칫 월 현금 흐름이 마이너스가 되어 현금 유동성이 좋지 않게 된다. 만일 대출 상환 기간에 실직이나 감봉 등의 변수가 발생한다면 대출이자 상환을 하지 못해 주택이 경매로 넘어가거나 싼 가격의 급매로 내놓을 수밖에 없는 상황이 발생한다.

실패하지 않는 레버리지 투자가 되기 위해서는 적어도 60~70% 이상의 자기자본 비율을 구축해 놓아야 하고, 레버리지 투자를 하기 위해 차입했던 대출의 이자 비용이 월수입의 30%를 넘기지 않아야 한다.

레버리지 투자는 단기간의 수익을 거두기 위한 투자가 아니라, 시간에 투자하여 수익을 올리기 위해 기다리고 참아내는 가치투자와 같다. 그렇게 하기 위해서는 그 기간까지 현금 흐름을 원활히 할 충분한 자기자본이 확보되어야 할 것이다.

Chapter 3

증권회사와 금융

적립식 펀드는
이제 한물갔나

_ 적립식 펀드란 예금을 하는 것처럼 일정 기간, 일정 금액을 정기적으로 펀드에 투자하는 것을 말한다.

_ 일정액을 분할하여 투자하는 것이기 때문에 매수 단가가 낮아진다는 장점이 있다. 이것을 코스트 에버리징 효과라고 한다.

_ 그러나 적립식 투자는 주식 가격이 계속적으로 상승한다는 보장이 있어야 하며, 3년 이상 적립식 투자를 하면 거치식 투자와 별반 다를 바가 없어진다. 무조건 적립식 투자가 답이 되는 것이 아니라 상황에 따라 다르다는 것을 염두에 두어야 한다.

● 펀드 투자에서 적립식 투자 방법이 본격적으로 대중들에게 알려지기 시작한 시기는 2004년부터다. 이후 2007년 코스피 지수가 2000P를 돌파하여 사상 최고치에 이르렀고, 중국, 인도 등의 이머징 국가에 투자하는 펀드의 수익률이 연 70%를 뛰어넘자 일반인들 사이에서는 이른바 '적립식 투자' 열풍이 불었다.

2009년 이후 글로벌 금융 위기로 주식 가격이 폭락해 고점에서 펀드에 투자했다가 손실을 크게 본 투자자 사이에서 적립식 펀드 투자는 한물간 '구시대의 유물(?)' 취급을 받았다.

그리고 2010년 말부터 본격적인 상승세를 탄 주식시장 가격이 2011년 4월 2200P라는 사상 최고치에 이르자 투자자들은 펀드를 환매하기 시작했다. 일부 투자자는 지난 금융 위기 때 손실이 났던 펀드가 원금에 이르자 환매하는 움직임을 보였고, 일부는 지난 금융 위기 때의 학습효과로 현 시점이 고점이라고 판단했기 때문에 차익 실현을 위해서였다. 일반인들은 이 상황에서 더 투자를 해야 할지, 하지 말아야 할지 판단이 쉽게 서지 않는다.

적립식 펀드의 코스트 에버리징 효과

일부 전문가들은 '적립식 펀드'가 최선의 답이라고 이야기한다. 실제로 2008년 5월부터 3년간 매달 30만 원씩 적립식 펀드에 투자했다면 2011년 4월말 기준으로 45.40%의 수익률을 기록했을 것이다. 2008년 말과 같은 주가 하락을 고려한다면 같은 기간 거치식으로 투자한 사람보다 약 16% 정도 수익률이 더 나왔다는 이야기다. 물론 맞는 말이다. 지금까지 코스피 지수가 단기간의 등락은 있지만 계속적으로 상승하였음을 감안하다면 쉽게 납득할 수 있다.

증권사 PB나 펀드를 판매하면서 판매 수수료의 일정 부분을 인센티브로 받는 일부 재무설계사들이 적립식 투자의 장점을 얘기할 때 빼놓지 않고 언급하는 부분이 바로 **코스트 에버리징 효과**다. 이는 매월 일정한 금액을 분할하여 투자해 평균 매수 단가를 낮추는 것을 의미한다. 즉, 주가가 낮을 때는 매월 일정한 금액을 투자해 많은 수량의 주식을 매입하고 주가가 높을 때는 상대적으로 적은 주식을 매입함으로써 평균 매입가를 평균 주가보다 낮추는 것이다. 또한 개별 종목 하나에 투자하면 변동성에 크게 노출되지만 적립식 투자는 시간과 금액의 분산이 가능하기 때문에 효율적으로 리스크를 관리할 수 있다는 장점이 있다.

적립식 투자도 결국 개인의 선택

그러나 적립식 투자가 100% 해답이 될 수는 없다. 개개인의 투자 스타일, 자금 상황, 각자의 투자심리에 따라 적립식 펀드로 수익을 낼 수도 있고, 손실을 볼 수도 있다. 앞의 상황과 대조적으로, 만일 2005년도 1월에 국내 주식형 펀드에 매월 30만 원을 적립식으로 투자하여 주가가 대폭락했던 2008년 말에 환매하였다면 오히려 −25%로 손실을 볼 수도 있는 것이다.

똑같은 적립식 펀드에 3년을 투자했더라도 앞의 경우는 45%의 이익을, 뒤의 경우는 25%의 손실을 입는다. 결국 펀드를 가입하는 시점과 환매하는 시점이 어떻게 되느냐에 따라 달라진다.

만일 적립식 펀드에 가입 후 '先 주가 상승, 後 주가 하락' 상황이 일어난다면 코스트 에버리징 효과에 의한 수익률 극대화는 일어나지 않는다. 가입 후 일정 기간 동안 주가가 오른다면 표면상으로는 수익률이 플러스(+)로 나온다. 하지만 2~3년이 지난 후 적립액이 꽤 많은 금액이 되어 있는 상황에서 주가가 급락한다면 적립액 총액이 큰 폭으로 줄어들기 때문에 자칫 손절매 시기를 놓쳐 마이너스(–)수익률로 전환될 위험이 있다. 만일 이때 매월 일정 금액으로 많은 좌수를 매수한다 하더라도 적립액에 비해 아주 적은 비중일 뿐이라서 코스트 에버리징 효과의 장점을 누릴 수 없다. 적립식 펀드 자체도 2~3년 이상의 중장기 투자를 할 경우 거치식과 마찬가지가 되기 때문이다.

펀드를 세는 기본 단위

적립식 투자의 성공 조건

적립식 펀드 가입 후 주가가 'V자형 혹은 U자형 패턴'을 보일 수 있고, 이와는 반대로 'Λ자형 혹은 ∩자형 패턴'이 나타날 수 있다. 코스트에버리징 효과를 충분히 누리기 위해서는 V자형 혹은 U자형의 패턴이 나타나 주어야 한다. 만일 Λ자형 혹은 ∩자형 패턴이 나타나면 손실을 볼 위험이 크다. 일반인들의 적립식 펀드 투자 기간은 통상적으로 2~3년 정도가 대부분이다. 적립식 투자를 하는 동안 계속적으로 주식시장의 흐름이 V · U인지 Λ · ∩인지를 파악해야 한다. 그래서 주가가 급등할 경우 일정 금액 만큼 부분 환매하고, 하락 시 적극적인 추가 매수를 통해 수익률을 계속적으로 관리해 나가야 한다.

증권사에서
CMA를 권하는 이유

_ CMA는 은행 예금처럼 입출금이 자유롭다. 고객이 예치한 자금을 국채 등에 투자하여 그 수익을 되돌려주는 형태이기 때문에 은행 예금에 비하여 수익률도 높다.

_ 결국 CMA도 투자 상품이기 때문에 투자 성격에 따라서 손실이 발생할 수도 있다.

● CMA(종합자산관리계좌, Cash Management Account)는 국내에 2004년 4월 처음으로 도입된 것으로 고객이 예치한 자금을 국채와 우량 회사채, 어음 등에 투자하여 그 수익을 고객에게 돌려주는 **실적 배당 계좌**이다. 어떻게 놓고 보면 CMA는 증권사가 운용하는 '예금 통장' 이라고 볼 수 있다.

CMA의 성격

CMA의 주된 기능은 주식과 펀드 등 증권사 투자를 위한 돈을 유동적으로 사용할 수 있는 중간 다리 역할이다. 은행 계좌를 주거래 계좌로 사용한다 하더라도 주식과 펀드를 거래하기 위해서는 기본적으로 CMA 계좌를 마련해야 한다.

CMA의 강점은 은행의 보통예금이 이자를 거의 주지 않는 것이나 다름없는 데 비해 지급 결제 및 수시 입출금이 가능하면서도 상대적으로 높은 금리를 적용한다는 데 있다. 수시로 돈을 넣거나 뺄 수 있어서 사용하기 편리한 은행의 '보통예금 통장' 과 높은 금리를 적용하는 '채권 · 기업어음 투자' 의 장점을 결합한 상품이라고 볼 수 있다. 주로 1년 이내 활용을 목적으로 한 단기성 여유 자금을 넣어두는 데 적합하다. 또한 주식과 펀드에 투자할 자금을 일시적으로 예치할 수 있는 자산 관리 기능과 신용카드 및 체크카드 기능, 급여 통장으로 활용, 자금의 이체 기능을 가지고 있어 활용 가치가 높은 금융 상품이다.

그러나 이렇듯 장점이 많은 CMA라고 해서 단점이 없는 것은 아니다. 즉, CMA는 투자 성격에 따라 손실이 발생할 수 있는 금융 투자 상품이다. CMA의 종류도 매우 다양하다. 크게는 종금사에서 판매하는 CMA와 증권사에서 판매하는 MMF형, RP형 등이 있다

MMF : 만기가 1년 이내의 상품에 집중 투자하는 단기 상품
RP : 일정 기간 후에 일정 가격으로 다시 사들이기로 조건이 붙은 채권 상품

CMA에는 어떤 종류가 있나

종금사에서 판매하는 CMA는 고객에게 예탁금을 받아 주로 기업어음에 투자하여 수익을 올려 고객에게 되돌려주는 계좌이다. 종금사의 CMA는 예금자 보호가 된다.

증권사에서 판매하는 CMA 중 MMF형 CMA는 입금한 금액을 MMF에 투자하여 그 수익을 돌려주는 상품으로 주로 1년 미만짜리의 기업어음이나 양도성 예금증서 등의 단기 금융 상품에 집중투자해서 얻은 수익을 고객에게 되돌려주는 만기 30일 이내의 초단기 금융 상품이다. MMF는 시중 금리변동 및 운영성과에 따라 다른 CMA 자동 투자 상품에 비해 높은 수익도 기대해 볼 수 있는 실적배당형 상품이다. 운용사와 수탁사에 자금이 들어가고 국공채 및 채권과 어음에 투자되어 수탁회사에 자금이 있기 때문에 예금자보호대상에서 제외되더라도 원금은 찾을 수 있다.

RP형 CMA는 일반적으로 투자자에게 약속한 금리를 주고 판매사인 증권사는 국고채, 통안채, AAA 신용등급의 우량 금융기관에서 발행한 채권에 투자하여 운용 결과를 책임지는 금융상품이다. 금리는 증권사마다 조금씩 차이는 나지만 연 2.8~3.4% 정도로 보면 된다. MMF형과 비교할 경우 채권금리 상황에 따라 유동적이지만 대체적으로 수익률이 0.2~0.4%P 낮다. 단기 금융상품인 점을 감안하면 이 정도 수익률 차이는 상당히 큰 수준이다.

그리고 2011년 이후부터 서서히 인기가 높아지고 있는 MMW(Money Market Wrap)도 역시 CMA의 한 유형이다. 이 상품은 고객이 자산을 증권사에 맡기면 증권사에서 한국증권금융에 예탁금을 예치하여 이 예수금으로 돈을 굴려 투자자에게 수익을 주는 상품이다. 이 상품 역시 우량한 금융기관의 예금, 채권, 발행어음, 콜론(call loan) 등 단기 금융 상품에 투자하고, 그에 따른 실적을 지급한다. MMW의 수익률은 한국은행의 기준 금리나 시장금리에 연동되기 때문에 금리 인상 시기에 유리하다.

이러한 여러 종류의 CMA 상품들 간의 차이점은 분명히 존재한다. 그래서 투자자는 이들 상품의 특성을 잘 파악하여 투자하는 것이 매우 중요하다.

대체적으로 종금형 CMA는 예금처럼 5000만 원까지 예금자보호가 되기 때문에 안정성을 중시하는 투자자라면 종금사 CMA를 선택하는 것이 좋다. 만일 증권사의 CMA를 이용한다면 공격적인 투자자는 매매차익을 통해 수익을 지급하는 MMF형을, 확정금리를 선호한다면 RP형을 선택하는 것이 좋다. RP형과 MMF형은 확정금리와 실적배당이라는 방법의 차이는 있지만, 투자처는 모두 채권으로 안정적이라고 말할 수 있다. 투자 기간으로 볼 때 초단기는 MMF형이 유리하고 3~6개월 이상의 예치를 할 예정이라면 RP형이 유리하다.

종전의 예금을 관리하는 기능만을 하던 CMA는 자본시장통합법 시행을 계기로 지급 결제 서비스까지 할 수 있게 되었다. 이에 따라 2009년부터 증권사들은 자금유치를 위해 CMA 판매에 적극적으로 나서면서 은행과 경쟁하기 시작했다. 그러나 2008년 말 글로벌 금융 위기로 한국은행이 계속적으로 기준 금리를 2%대까지 인하하자 한때 40조 원까지 치솟았던 CMA 잔액이 37조까지 줄어들었다. 2011년 들어서 한국은행이 기준 금리를 점진적으로 인상해 조금씩 CMA에 대한 수요가 증가하고는 있으나 예전의 인기에 비해서는 다소 시들해졌다.

그러나 여전히 증권사의 입장에서 CMA는 중요하다. 은행이 저금리 상황에서 다소 높은 이자를 주는 특판 예금을 통해 예치금을 늘리려 하는 것과 마찬가지이다. 고객의 예탁금이 적다는 얘기는 증권사로서 그 돈을 가지고 다른 대출이나 주식 운용 등의 수익 사업을 하는 데 제한적이란 말이기 때문에 고객 예탁 금액을 유지하는 중요한 수단임에는 틀림없다.

돌돌 싸니까
랩어카운트

_ 랩어카운트는 고객이 맡긴 돈을 주식과 채권 등, 상황에 따라 다방면에 투자하여 수익을 내는 상품이다. 어느 한 분야에 국한되지 않기 때문에 수익률이 높다는 장점이 있다.

_ 일정 이상의 금액이 되어야만 투자사에서 랩어카운트 계정을 열어주기 때문에 일반인들이 접근하기 어렵다는 단점이 있고, 수수료가 상당히 높다.

● 2010년 중반 이후 주가지수가 계속적인 상승세를 이어가면서 원금 회복과 차익 실현을 목적으로 펀드 환매가 계속되고 있는 것과는 달리, 자문형 **랩어카운트** 수익률이 코스피 수익률을 상회하자 고수익을 좇는 일반 개인투자가들의 자금이 랩어카운트로 유입되고 있다.

랩어카운트는 무슨 뜻?

랩어카운트는 '포장하다'라는 뜻의 'Wrap'과 '계좌'를 의미하는 'Account'가 결합된 용어로, 고객이 예탁한 재산을 전문 운용자가 고객의 투자 성향에 따라 주식·채권·펀드 등의 금융 상품에 투자하고 이를 적절히 운용해주는 **종합 자산 관리 서비스**를 말한다.

랩어카운트는 1975년에 미국의 후튼사에 의해 처음으로 만들어졌다. 상품이 처음 만들어진 당시의 미국은 고금리 상황이어서 대중들의 주목을 끌지 못했다. 그러나 1987년의 주가 대폭락을 계기로 증권사들이 주식 중개 수수료 위주의 영업 방식에서 탈피하여 고객들의 자산을 관리하는 방식으로 전환하면서 투자자들의 관심을 끌게 되었다.

우리나라에는 2001년에 도입되었으나 당시 기본 가입 금액이 1억 원 이상이었기 때문에 일반인들이 쉽게 접근할 수 없었다. 그러나 2008년 글로벌 금융 위기 이후, 체계적인 수익률 관리를 받을 수 없었던 펀드의 인기가 시들해지고 대신 고객의 자산과 투자 성향에 따라 투자 포트폴리오를 세워 체계적으로 운용하는 랩어카운트가 인기를 얻었다. 주식시장의 변동성이 계속해서 커짐에 따라 주가 상승률이 두드러지는 종목에 투자하여 수익을 극대화하고, 시황이 좋지 않을 때에는 운용 전문가가 투자자와 상의해 분산투자를 해 손실

위험을 줄이는 등의 방식으로 금융자산 관리에 지식이 많지 않은 대중들의 욕구를 랩어카운트가 잘 채워주었기 때문이다. 더욱이 최근 랩어카운트의 최저 가입 금액이 3000만 원~5000만 원으로 낮아지면서 목돈이 그리 많지 않은 대중들의 접근이 가능해졌다.

집중도가 높은 랩어카운트

랩어카운트가 일반 주식형 펀드에 비해 인기가 높은 이유는 펀드가 가지고 있지 못한 '집중성'과 '유연성' 때문이다. 주식형 펀드는 기본적으로 '벤치마크'를 추종해야 하기 때문에 코스피200 구성 종목에 대부분의 자산을 투자한다. 그리고 30~100여 개의 종목을 가지고 포트폴리오를 구성한다. 만일 주식시장의 모든 종목이 고른 상승을 하는 것이 아닌 일부 업종에 편중되어 상승장이 이어질 경우 탁월한 수익을 낼 수 없다.

이에 비해 랩어카운트는 시장의 주목도가 높은 10~20개의 종목에만 집중투자함으로써 시장 평균을 크게 웃도는 수익을 거둘 수 있다. 즉, 강한 상승세가 일어나고 있는 핵심 주도주를 중심으로 소수의 종목에 집중해서 투자하는 방식으로 주도주의 주가가 상승할 경우 주식형 펀드보다 훨씬 더 많은 수익을 얻을 수 있다. 또한 랩어카운트는 벤치마크 추종이 아닌 '절대 수익'을 추구하기 때문에 현금 비중을 탄력적으로 조절할 수 있다. 주식형 펀드는 주가가 하락할 때도 일정 수준의 주식 비중을 유지해야 하지만 랩어카운트는 주식 비중을 0%로 가져갈 수도 있고 상황에 따라 채권 시장 등 다양한 상품에 분산투자할 수 있으므로 주식시장이 조정을 받더라도 탄력적인 대응이 가능하다.

랩어카운트의 최대 장점인 소수 핵심 종목에 대한 집중 투자가 반대로 단점이 될 수 있다. 랩어카운트가 소수 종목에 집중하다 보니 투자 비중이 높은 종목 중 하나라도 급락하는 경우 전체 수익률이 큰 폭으로 하락한다. 시장에서 반응이 좋은 종목을 위주로 투자하기 때문에 일부 종목들의 대량 환매가 발생할 경우 수익률 급락을 피할 수 없다.

또한 비중이 적다고 하지만 랩어카운트도 펀드와 마찬가지로 대부분의 기초 자산이 주식이다. 때문에 가입 시점에 따라 10~15%씩 수익률 차이가 벌어질 수 있고, 설정액이 작을수록 변동성이 커진다.

그리고 수수료가 높다. 일반적으로 주식 매매 거래 시의 수수료는 0.1~0.2%대이고, 펀드 수수료 또한 운용 수수료와 판매 수수료를 합해도 1%밖에 되지 않는다. 하지만 랩어카운트는 기본 2% 정도의 수수료에 증권사가 자문사에 주는 수수료까지 지불해야 한다.

일반 대중들에게 랩어카운트는 분명 실질적인 자산 관리를 할 수 없는 펀드에 비해 획기적인 상품이다. 그러나 현재 대부분의 랩어카운트 상품은 핵심 주도주 위주의 투자 전략을 고수하고 있어 주가 하락 시 수익률 급락의 위험을 피해갈 수 없다. 그래서 가입 전에 반드시 개인의 투자 성향에 맞는 운용방식을 선택하고 석성한 기대 수익률을 반드시 설정하는 능 중분히 고민해볼 것을 요한다.

04

사모펀드, 헤지펀드
파헤치기

_ 사모펀드와 헤지펀드는 모두 거액을 투자할 수 있는 소수 사람들이 자금을 모아 높은 수익을 올릴 수 있는 투자처에 투자하는 것을 말한다.

_ 사모펀드가 투자자의 조합 같은 성격을 띤다면, 헤지펀드는 환율 등에 투자해 투자의 위험을 회피하려는 목적으로 태어났다는 차이점이 있다. 헤지펀드가 막대한 자금을 이용해 환율과 주가 차익만을 노려 시장을 흐리는 경우가 많아 규제가 필요하다.

● 2011년 12월 23일 한국에도 **헤지펀드**가 출범했다. 헤지펀드는 **사모펀드**의 일종으로서 일반 투자자들로부터 모집한 자금을 자국뿐만 아니라 국제 주식시장이나 외환시장, 원자재 시장에 투자하여 단기간에 고수익을 추구하는 투자 자본을 말한다. 그러나 조성된 자금을 조세회피지로 옮기고, 이것을 기반으로 파생 금융 상품을 교묘히 조합해 투기성이 높은 신종 펀드를 만들어 투자 시장에 투입함으로써 금융시장을 교란시키는 원인이라는 부정적인 시각을 받고 있다.

헤지펀드의 세계

전 세계 헤지펀드 자산 규모는 2010년 기준으로 약 2조 달러 정도다. 대략적으로 우리나라 국내총생산(GDP)의 2배다. 반면 아시아 지역의 헤지펀드는 1500억 달러 규모이다. 그리고 우리나라의 헤지펀드는 2012년 1월 현재 설정액 기준으로 2700억 원 정도다. 1990년부터 2010년까지 20년간 미국 헤지펀드들의 연간 평균 수익률은 12.7%로 미국의 일반 주식시장 8.4%보다 4.3% 앞섰다. 특히 헤지펀드는 시장이 호황일 때보다 약세일 때 뛰어난 수익률을 올렸고, 이 기간 동안 마이너스 수익률은 2번밖에 없었다.

  '헤지(hedge)' 란 말이 원래 '위험을 분산시킨다' 는 뜻이지만, 지금의 헤지펀드는 위험 회피보다 투기적인 성격이 더 강하다.

  뮤추얼펀드가 소액의 많은 투자자를 공개로 모집하여 투자하는 것임에 비해, 헤지펀드는 소수의 고액 투자자를 대상으로 하는 사모펀드의 일종이며, 주식·채권뿐만 아니라 금융 파생 상품, 원자재, 곡물 등에 투자하며 레버리지를 일으키거나 공매도를 활용하는 등 고위험을 무릅쓰고 공격적으로 투자

한다. 투자 대상과 투자 기법의 다양성은 헤지펀드가 시황에 상관없이 절대 수익률을 추구할 수 있는 이유다. 그리고 뮤추얼펀드와 달리 공개되는 정보도 많지 않다. 즉, 일정 부분 제한된 수준의 공시를 할 뿐 일반 펀드처럼 운용 보고서를 작성할 의무는 없다. 그리고 투자에 대한 책임은 전적으로 개인에게 지워진다.

사모펀드란 무엇인가

헤지펀드가 사모펀드(PEF, Private Equity Fund)의 일종이긴 하지만 투자 기간, 투자 대상 측면에서 다소 차이가 있다. 여기서 잠깐 사모펀드에 대해 자세히 얘기해보면, 사모펀드는 소수의 기관투자가와 **고액의 투자자**들로부터 수백억 원 이상의 자금을 모아 특정 기업의 지분 혹은 경영권을 일부 혹은 전부를 인수한 뒤 다시 매도하여 이익을 올리는 형태이다. 일반적으로 국내에서는 50명 미만의 투자자로부터 자금을 모으는 펀드를 사모펀드라고 정의내리고 있으며, 투자의 주체는 주로 보험사, 은행, 금융지주회사 등 거액의 자금력을 갖춘 **기관 투자자**들이다. 사모펀드는 투자 주체들이 위험도에 대한 지식과 이해력이 높기 때문에 전적으로 투자자가 책임을 지는 구조로 되어 있어 공모 펀드에 비해 규제가 약하다.

　공모 펀드가 펀드 규모의 10% 이상을 한 주식에 투자할 수 없고, 주식 외 채권 등 유가증권에도 한 종목에 10% 이상 투자할 수 없는 등의 제한이 있는 반면, 사모펀드는 동일 종목에 대한 투자 제한이 신탁 재산의 50%까지 확대되므로, 시가총액 규모가 작은 특정 기업의 주식을 100%까지도 취득할 수 있다.

최근에 와서는 IFRS(국제회계기준) 도입에 따라 사모펀드의 투자 주체이자 보험사와 은행 등 거액의 자금을 움직이는 기관투자자들이 자금의 성격이 노출되는 것을 꺼려해서 사모펀드에서 랩어카운트로 자금을 이동함으로써 사모펀드의 설정액이 줄어들고 있다. IFRS가 도입되면 특정 투자자의 지분율이 50%가 넘는 사모펀드는 **연결 재무제표 작성과 공시**를 의무적으로 해야 하기 때문이다.

헤지펀드의 특징

사모펀드는 투자 기간이 중장기이고 그 투자 주체가 주로 기관투자가로 이루어져 있어서 투자 대상이 주로 구조 조정 기업이나 벤처기업이라면, 헤지펀드는 투자 기간에 제한 없이 단기 투자가 가능하며 투자 대상도 주식, 채권, 파생 상품, 원자재, 곡물 등 다양하다.

헤지펀드는 일반 펀드처럼 운용사, 프라임브로커, 사무 관리 회사, 증권 수탁 회사에 의해 운용 · 관리된다.

운용 회사는 전략적 자산 배분을 정한다. **프라임브로커**는 헤지펀드를 대상으로 유가증권 대여, 대출, 청산 및 결제 제공, 펀드 관리 등의 서비스를 제공한다. **사무 관리 회사**는 거래 기록과 같은 운영 서비스를 제공하고 펀드 순자산 가치를 산정하는 기능을 한다. **증권 수탁 회사**는 증권, 현금 등을 수탁하고 관리하며 마진콜 충족 여부에 대해 관리하는 업무를 한다.

헤지펀드는 자기자금 출자가 가능하기 때문에 주주들로부터 규제를 받게 된다. 또한 기존 인식과는 달리 투기적인 성격과 안정적인 성격을 모두 갖고 있는 헤지펀드가 존재한다.

헤지펀드는 투자자들의 자금을 일정 기간 환매할 수 없도록 하기 때문에 오히려 유동성이 매우 낮은 자산에 투자하는 것이 가능하다. 우리가 인식하는 것과는 반대로 헤지펀드들의 상당수가 단기 거래보다는 장기투자를 하며, 다른 투자자들의 유동성 낮은 자산을 매입함으로써 시장에 유동성을 제공하는 기능을 하고 있다.

헤지펀드가 안정적 운용으로 절대 수익을 추구하기는 하지만 그 방식이 훨씬 복잡한 만큼 **적격 투자자**(Accredited Investors)에 대한 규정을 엄격히 한다. 해외에서는 보통 100만 달러 이상을 보유하고 2만달러 이상 수입을 3년 연속 올릴 수 있는 투자자들을 적격 투자자로 규정하고 있다. 현재 국내 상품에는 5억 원 이상 투자해야만 개인이 가입할 수 있다. 따라서 5억 원 정도의 투자는 감내할 수 있는, 금융자산 30억 이상인 투자자들이 투자할 전망이다. 연기금과 금융회사 등 기관은 적격 투자자로 분류돼 투자에 제한을 받지 않는다.

05

채권, 반드시 안전한 자산은 아니다

_ 채권은 비교적 안정적이고 수익률이 예금에 비하여 높기 때문에 부자들이 분산 투자처로 주로 이용한다. 하지만 변동성은 존재하므로 손해를 볼 위험이 있다는 것은 항상 생각해야 한다.

_ 금리가 오르면 채권 가격은 떨어진다. 그러므로 금리가 최고조에 이르렀을 때 채권에 투자하는 것이 올바르다.

_ 만기가 긴 채권은 시중금리 변화에 따른 변화율이 커지므로, 채권은 장기가 단기보다 위험하다.

● 　시중은행 정기예금 금리가 저금리 기조로 이어지면서 이자 수익에 대한 기대감이 떨어졌고, 물가 상승률을 감안하면 실질 이자는 마이너스인 시대다. 주식시장도 변동성이 커지는 불안한 장세가 지속될 경우 일반 투자자들은 과연 어느 쪽에 투자를 해야 할지 갈피를 잡지 못할 것이다. 주식 투자는 위험하고 은행 이자는 성에 차지 않는 투자자들에게 어울리는 상품이 바로 **채권**이다.

채권은 주식과 달리 어떤 채권이 있는지조차 파악하기 어려울 정도로 일반인들이 정보를 얻기가 쉽지 않다. 또한 채권 수익률이 정기예금 금리보다는 높지만 자칫 잘못하면 손실을 볼 수 있기 때문에 쉽게 접근하기 어려운 금융 상품으로 알려져 있다.

채권은 주식과 비교했을 때 가격 변동성이 적은 상품이다. 그래서 부자들은 주로 주식과 채권을 적절히 분산하여 리스크를 최소화하는 데 활용하고 있다. 거액의 현금 자산을 가진 부자들은 기본적으로 30~40%의 비중으로 채권에 투자하고 있는 것으로 알려져 있다. 또한 채권은 원할 때 되팔아 유동성을 확보할 수 있으며 정기예금에 비해 이자도 1~2%가량 높다.

일반적으로 채권은 그 발행 주체에 따라 국채, 지방채, 회사채 등으로 나뉘나, 일반인들이 수익성을 보고 투자할 경우 선호하는 것은 대부분이 회사채다.

회사채는 일반 기업이 자금 마련을 위해 발행하는 채권이다. 삼성전자, 현대자동차 등 공신력을 갖추고 신용도가 높은 대기업들이 발행하는 회사채는 비교적 안전하다. 신용 등급이 좋은 회사채는 수익률이 다소 낮지만 안전하

고, 반대로 신용 등급이 좋지 않은 회사채는 수익률은 높지만 안전성이 떨어
진다.

금리와 채권

채권은 보통 쉽게 접할 수 있는 투자재가 아니기 때문에 채권과 금리의 상관
관계에 대해서 일반인들이 잘 모르는 경우가 많다. 채권을 보다 명확히 이해
하기 위해서는 금리와 채권과의 상관관계를 파악해야 한다.

만일 안정적인 수익이 나오는 곳이 있다면 투자자는 손실을 감수하면서 투
자하려고 하지 않는다. 시중금리가 올라 은행의 예금이자가 계속적으로 오른
다면 사람들은 위험 자산인 주식이나 펀드보다는 확정 이자를 주는 예금에 돈
을 예치하려 한다. 그래서 금리가 오르면 주식의 가격이 하락하는 것이 원칙
이다. 이것은 금리와 채권의 관계에도 적용된다.

시중금리가 오르면 채권 가격이 하락한다. 만일 채권을 구입한 이후 시중
금리가 채권의 표면 이자율보다 더 크게 상승할 경우, 매도 시점에서의 채권
가격은 하락하여 구입 시점의 채권 가격보다 낮아지므로 손실을 보게 된다.

이와는 반대로 채권을 구입한 이후의 시중금리가 하락하게 될 경우, 채권
의 가격은 상승하여 매도 시점에서의 채권 가격이 구입 시점의 채권 가격보다
더 높으므로 채권 수익률은 상승하게 된다.

만일 시중금리가 계속적으로 상승하고 있는데 채권의 만기를 길게 가져간
다면 어떻게 될 것인가? 당연히 금리는 계속 상승하고, 채권의 가격은 계속 하
락할 것이므로 만기 시의 채권 가격이 구입 당시의 채권 가격보다 내려가게 되
므로 손실을 보게 된다. 즉, 채권의 만기가 길어진다면 시중금리의 변화에 따

른 채권 가격의 변화율이 무척 커지므로 금리가 상승할 때 수익률은 크게 하락한다. 그래서 채권은 오히려 장기 채권이 단기 채권보다 위험성이 훨씬 크다.

채권에 언제 투자해야 할까?

결론적으로 말하면 시중금리가 거의 최고조에 달해 있을 때 채권을 매입해야 한다. 금리가 최고조로 오르는 순간은 시장에 돈이 많이 풀리는 시기, 즉 유동성이 확대되는 시기이다. 이때에는 부동산과 주식 등의 자산 가치가 급등하므로 기준 금리가 계속적으로 상승하게 된다. 이때는 상대적으로 채권 이자의 수익이 낮으므로 채권 가격은 하락하게 된다. 바로 이때가 채권 투자의 적기이다. 채권을 접하기 어려운 일반인들은 '채권형 펀드'에 투자하는 것도 하나의 방법이 될 수 있다.

그렇다면 과연 채권을 매도할 때의 시점은 언제가 될까? 바로 시중금리가 채권의 표면 금리 이하가 되는 시점이다. 왜냐하면 시중금리가 채권의 표면 이자율보다 낮아지면 수익이 낮은 예금보다는 수익이 높은 채권에 대한 수요가 높아지기 때문이다. 이때 채권을 매도하면 수익을 볼 수 있다. 실제로 시중금리가 최고에 달했던 2008년 8월에 채권형 펀드에 투자한 사람들의 수익률은 1년 후에 10%에 달했다. 2008년 말의 금융 위기 때문에 기준 금리가 무려 3% 가까이 하락하였고, 주식시장의 불안에 영향을 받아 채권에 대한 수요가 높아져 채권 가격이 올라갔기 때문이다.

그러나 이때 반드시 선행되어야 할 조건이 있다. 주식시장이 매우 불안정하고, 폭락 이후 일정 기간 동안 조정을 받아 박스권 장세에서 있어야만 한다는 것이다. 만일 주식 투자 수익률이 안정적으로 채권 수익률보다 상회한다면 역시 높은 수익률을 기대할 수 있는 주식시장으로 자금이 쏠리기 때문이다.

결론적으로 채권은 일반인들이 생각하는 것처럼 확실한 안전 자산은 아니다. 금리의 변화, 이에 따른 주식과 부동산 등의 여타 투자자산의 가격 동향과 밀접한 관계가 있다. 흐름을 따르지 못한다면 비교적 안전 자산인 채권에 투자한다 하여도 손실을 볼 위험이 크다는 점을 명심해야 한다.

06

주식처럼 거래되는
상장지수펀드

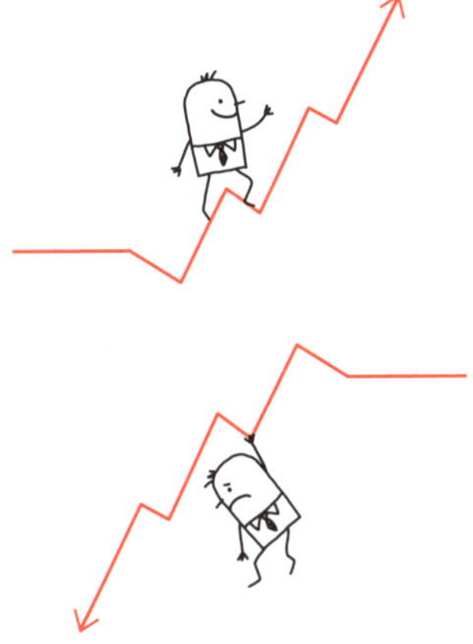

_ 상장지수펀드는 특정 종목이 아니라 주가 자체에 투자하는 상품이므로, 주식에 대한 세부적인 지식이 없는 일반인이 투자하기 적합하다. 또한 주식처럼 사고팔 수 있으므로 유동성도 확보된다.

_ 인기 있는 일부 상장지수펀드를 제외하고는 거래량이 충분치 않는 경우도 많으므로 유동성이 필요할 때 주의해야 한다.

● **상장지수펀드**(ETF, exchange traded fund)란 특정 주가지수의 움직임에 따라 수익률이 결정되는 지수형 펀드이며 주식처럼 증시에 상장돼 있어 언제든지 사고팔 수 있는 상품이다.

분산투자하는 효과

상장지수펀드는 지난 2002년 10월에 처음 출시되어 코스피200과 섹터 지수 등 특정 지수를 추종하였다. 처음에는 코스피200지수와 연동된 것이 많았으나 자본시장통합법을 계기로 채권이나 금, 원자재 등 다양한 기초 자산을 기반으로 하는 상장지수펀드도 나오고 있다.

상장지수펀드의 시장 규모는 우리나라 주식시장의 전체 시가총액 대비 작은 수준이다. 우리나라 주식시장의 규모가 1200조 원에 이른 것을 놓고 볼 때 상장지수펀드 시장은 7조5천억 원 정도로 전체 시가총액에서 차지하는 비중은 0.5%를 조금 넘고 있다.

상장지수펀드의 가장 큰 장점이라고 한다면 주식과 같이 주식시장에서 거래가 가능하고, 코스피200지수를 추종하는 지수 연동형 상품이기 때문에 다수의 우량 종목에 분산투자하는 효과가 있다는 점이다. 또한 펀드이면서도 시장 전체 또는 업종 상황을 반영하며 움직이고, 장중에 실시간 매매가 가능해 탄력적인 시장 대응이 가능하다.

일반 펀드는 가입하거나 환매할 때 다음 날의 기준가로 가격이 결정되는데 비해, 상장지수펀드는 실시간 가격으로 매매가격이 결정되는 것이 특징이다. 즉, 펀드는 그날의 종가 기준으로 매수하고 매도하지만 상장지수펀드는 **원하는 시점**에 거래할 수 있다.

상장지수펀드는 거래소에 상장돼 있어 유동성이 탁월하다. 즉시 현금화가 가능하다는 얘기다. 해외 펀드에 투자한 일반 주식형 펀드는 환매 후 환매 금액을 찾는 데까지 약 10일 정도가 소요된다.

접근하기 쉬운 상장지수펀드

일반 주식형 펀드와 비교하여 상장지수펀드가 가지는 또 하나의 장점은 투자 비용이 상대적으로 저렴하다는 데 있다. 주식과 마찬가지로 차익에 대해 세금을 내지 않아도 된다(국내에 상장되어 있는 상장지수펀드만 해당, 해외에 상장되어 있는 상장지수펀드는 양도소득세가 부과됨). 더욱이 주식처럼 주기적으로 배당금도 부여한다.

지수 묶음의 1주당 가격은 1만 원이고 매매 가능한 최소 단위는 10주이기 때문에 10만 원 이상만 있으면 펀드 투자가 가능하다. 수수료도 일반 펀드는 운용 보수와 판매 보수를 포함해 2% 내외 수준이지만, 상장지수펀드는 연 0.5% 내외로 일반 펀드와 비교했을 때 매우 저렴하다. 최근에는 0.15%를 받는 상장지수펀드도 나와 있다. 그리고 일반 주식거래에는 0.3%의 증권거래세 및 농어촌특별세가 부과되지만 유가증권시장에서 거래되는 국내주식형 상장지수펀드는 현재 증권거래세가 부과되지 않고 있다.

초기 상장지수펀드는 코스피200지수나 KRX100지수 등 전체 시장을 대표하는 지수를 추종하는 상품과 섹터지수를 추종하는 상장지수펀드가 주종을 이루었다. 코스피200지수를 추종하는 상품들은 변동성이 높지않아 리스크를 최소화하면서 안정적인 수익을 기대하는 투자자들에게 적합한 상품이다. .

섹터지수 상장지수펀드는 자동차, 반도체, IT, 조선, 미디어통신, 은행, 증권

증권거래소와 코스닥을 망라해서 한국증권을 대표하는 100개 종목을 선정한 것

등 특정 업종에 소속된 기업에 분산투자하는 상품이다. 동일 산업에 소속된 기업들의 주가는 업황이나 계절적 수요에 따라 같은 방향으로 움직이는 경향이 있기 때문에 섹터지수 상장지수펀드의 변동성은 코스피나 KRX를 추종하는 것에 비해 높은 편이다.

그러나 장점만 있는 것은 아니다. 상장지수펀드는 개별 종목과 달리 대규모 차익 거래를 소화할 만큼 거래량이 충분치 않아 유동성 확보가 쉽지 않다. 즉, 거래하기 전에 반드시 해당 상장지수펀드의 유통 물량을 확인해야 한다. 일부 상장 지수펀드는 시장에서 거래되는 물량이 100~200주 정도밖에 안 되는 것도 있어 매도 물량이 많을 경우 매도하고자 하는 시점에서 거래가 성립되지 않을 수도 있다.

07

가격을 예측하라, 선물과 옵션

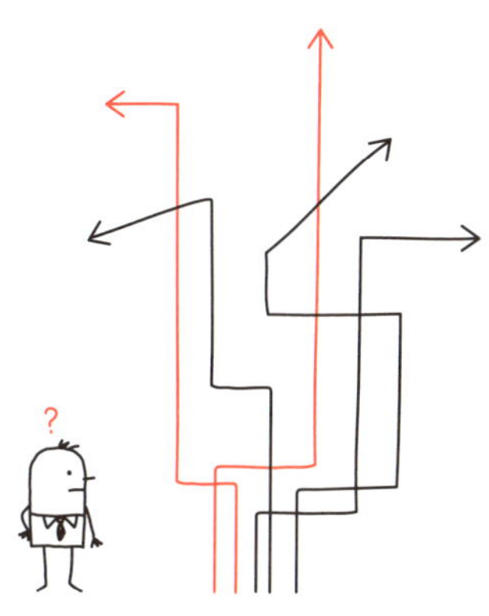

_ 선물은 물건의 값을 예상해 미리 그 가격에 물건을 사는 것을 말하고, 옵션은 그 가격에 물건을 살 수 있는 권리만을 사고파는 것을 말한다는 차이가 있다.

_ 선물과 옵션의 장점은 하락장에서도 수익을 낼 수 있다는 것이다. 앞으로 물건의 가격이 떨어질 것으로 예상한다면 그보다 비싼 가격에 '미리' 물건을 팔거나, 그 가격에 물건을 팔 권리를 사두면 된다는 개념이다.

● 주식시장에서 선물거래란 미래의 정해진 일정 시점에 선물거래소에서 주식을 현재 합의된 가격으로 서로 사고팔 것을 약속하는 계약을 말한다. 이와 비슷한 개념으로 옵션거래가 있다. 옵션거래란 해당 주식 혹은 주가지수 등의 기초 자산을 미래 일정 시점에 지정된 가격으로 사거나 팔 수 있는 권리이다.

적은 비용으로 투자하는 선물, 옵션

선물은 해당 주식의 매수 금액 전체를 지불하는 것이 아니라 계약금 형식으로 일부만 지불하고 나머지는 만기일에 지불하기 때문에 적은 돈으로 많은 주식을 살 수 있다. 해당 주식의 가격이 100만 원이고 계약금이 3%라고 하면 3만 원만 주고 해당 주식을 살 수 있다. 만일 그 주식의 가격이 오르면 이익을 많이 볼 수 있지만, 반대로 주가가 하락할 경우 수십 배의 손해를 볼 수 있다. 현재 주식 선물시장은 개인이 70%, 외국인 12%, 증권사의 자기자본 거래가 8%, 투신사가 2%로 개인의 거래 비중이 높다.

옵션은 투자자가 자신에게 유리한 경우에만 매매를 행사할 수 있는 권리이다. 옵션의 원래 영어적 의미인 option(선택)에서 비롯된 것이라 이해하면 된다.

옵션거래는 특성 주식을 살 수 있는 권리인 콜옵션과 팔 수 있는 권리인 풋옵션으로 구분된다. 특정 주식을 정해진 가격에 매수할 권리는 콜(Call)옵션이고, 정해진 가격으로 매도하는 권리는 풋(Put)옵션이라 한다. 콜옵션에서 해당 주식이나 주가지수의 값이 행사가격 이하로 하락할 경우, 풋옵션에서 행사가격 이상으로 가격이 오를 경우에는 손실을 보게 된다.

선물과 옵션거래의 장점으로는 큰 돈을 들이지 않고 적은 돈으로 '레버리지 효과'를 활용할 수 있다는 점이다. 투자자가 선물·옵션거래 시 증권사에 총 거래대금의 15%만 위탁증거금으로 납입하면 매매를 할 수가 있다. 즉, 투자자가 1억 원 규모로 계약할 때 맡겨야 하는 위탁증거금은 1500만 원이 되는 셈이다.

레버리지 개념을 쉽게 이해하기 위해 '코스피200지수' 선물거래를 예로 들어보자. 코스피200 선물거래는 코스피200이라는 주가지수를 대상으로 하는 선물거래로 계약 당시에 정한 주가지수의 수치(선물약정지수)와 장래 일정 시점(최종거래일)의 최종 코스피200 현물 주가지수의 수치(최종결제가격)와의 차에 50만 원을 곱하여 산출한 금액을 수수하여 결제한다.

만일 현재 코스피200지수가 250P이고, 코스피200의 지수 상승을 예상하여 10계약을 250P에 매수한다고 할 때 거래의 총금액은 '250P × 10계약 × 50만 원 = 12억5000만 원'이다. 여기서 선물투자는 총금액의 15%의 증거금만 내면 되므로 전체 12억5000만 원의 15%인 1억8750만 원의 증거금을 내고 거래를 할 수 있다. 그런데 최종거래일의 코스피200 지수의 종가가 270P가 되었다고 한다면 투자이익은 '(270p − 250p) × 50만 원 × 10계약 = 1억 원'이 된다. 즉, 1억8750만 원을 투자하면서 전체 12억5000만 원에 해당되는 금액을 운용하여 1억 원의 수익을 얻게 되므로 수익률은 약 53% 정도다. 고도의 레버리지 투자인 셈이다. 실제로 투자금액의 15%로 선물을 하고 나머지 85%의 여유 자금은 현금 운용 구좌에서 이자 수익을 올리는 합리적인 레버리지 이용자들도 많다.

그러나 주가가 예상하는 대로 오르지 않고, 예를 들어 코스피200지수가

230P로 하락한다면 반대로 1억 원의 손실을 보게 된다.

옵션투자의 증거금은 선물과는 약간 다르다. 옵션은 일종의 권리 개념으로 콜옵션과 풋옵션을 거래하기 위해서는 옵션 가격을 지불해야 한다. 이를 옵션 프리미엄이라 부르는데 '옵션프리미엄 × 10만 원 × 계약 수'의 금액을 지불해야 한다.

선물·옵션거래의 또 하나의 장점은 주가 상승 시기뿐만이 아닌 하락 시에도 수익을 낼 수 있다는 점이다. 원래 선물과 옵션은 위험 회피 수단으로 개발된 것이다. 그리고 주식거래와는 달리 거래세가 존재하지 않는다. 주식을 매매하는 사람이라면 누구나 알겠지만 0.3%에 달하는 거래세는 매매를 하면 할수록 손실을 키우는 원인이다.

하지만 이런 달콤한 유혹에 끌려 무작정 선물옵션 투자를 시작해선 안 된다. 레버리지를 많이 사용하기 때문에 높은 수익을 얻을 수 있겠지만 그만큼 큰 손실을 볼 수도 있기 때문이다.

선물·옵션거래는 상품 자체가 레버리지를 바탕으로 만들어져 있다. 적은 금액으로 투자자 자신이 예측한 방향으로 주가가 형성될 경우 큰 이익을 거둘 수 있지만 투자자 자신의 자금을 담보로 몇 배 이상의 베팅을 하는 개념이기 때문에 전업 투자자가 아닌, 일반인은 자신이 가지고 있는 금융자산의 10% 이내의 금액으로 투자하는 것이 좋다.

08 상환조건을 살펴봐야 하는 ELS

_ ELS는 특정 주가가 미리 정해놓은 수준 이하로 떨어지지 않으면 원금을 보장해 준다는 상품이다.

_ 지금 보기에는 안정적으로 보이는 주가가 언제 어떻게 하락할지 자신할 수 없으므로, 안정적인 자산에 투자한 ELS를 고르고 국제적으로 금융이 혼란할 때는 투자하지 않는 것이 좋다.

● 2008년 3월, 코스피지수가 미국의 서브프라임 모기지 사태의 여파로 하락했을 때 투자자들은 서둘러 펀드를 환매하기 시작했다. 펀드 환매로 예탁 잔고가 줄어들자, 시중 증권사들이 앞 다투어 "코스피200 등 설정 자산의 수익률이 30% 이상 하락하지 않으면 연 20%의 수익률을 보장합니다"라는 홍보와 함께 'ELS(Equity Linked Securities, 주가연계증권)'라는 파생상품을 판매하기 시작했다.

ELS의 구조

ELS는 투자 자금의 대부분을 안정적인 채권에 투자해 원금을 확보하고 일부를 주식에 투자해 수익을 얻는 구조이다. 그래서 ELS는 장외 파생상품 취급 인가를 받은 증권사에서만 발행이 가능하다. ELS의 상품 구조는 표면적으로 단순하다고 생각할 수 있지만, 실제로는 금융 공학에 의해 복잡하게 설계된 상품 중의 하나이다. 만일 100만 원을 투자했다고 한다면 그중 적게는 20만 원부터 많게는 50만 원을 들여서 주식에 투자하고 나머지는 안전 자산인 채권에 투자함으로써 수익을 내는 상품이라고 이해하면 된다.

증권사에서 판매하는 ELS 상품 중 일반적으로 가장 많이 판매하고 있는 종류는 **스텝다운(Step-down)형**이다. 이 유형의 특징은 해당 ELS가 투자하는 주식 가격이 가입일을 기준으로 정해진 조기상환 시점까지 만일 "20% 이상 하락하지 않는다면 연 15%에 해당되는 수익률을 지급하고, 투자 만기 시에 주식 가격이 가입 시 가격보다 30%까지 하락하지 않는다면 원금을 보장"한다. 다소 운(運)에 맡기는 투자 상품이라고도 볼 수 있는데 투자자의 입장에서 보자면 얼핏 원금을 잃을 염려가 없고, 주식시장이 하락하고 있는 상황에서도 나름대로 수익을 주는 아주 좋은 상품으로 느껴질 수 있다.

스텝다운(Step-Down)형 ELS의 상품내용과 수익률 구조

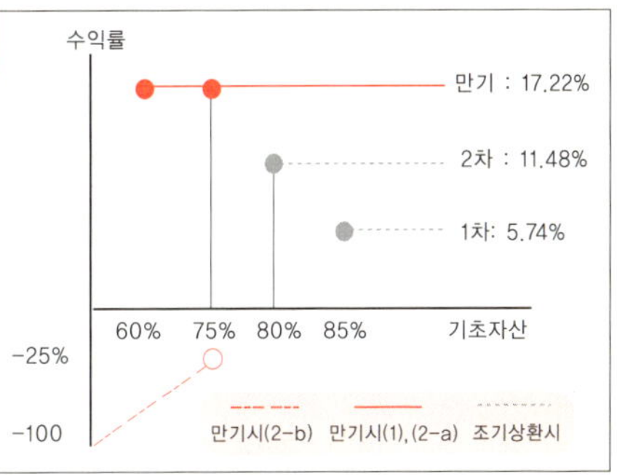

원금 비보장형 ELS	
기초자산	KOSPI 200지수, HSCEI 지수
만기	2008. 8. 1 ~ 2009. 8. 9
최초기준가격	2008. 08. 07년의 각 기초자산 종가
자동조기상환 평가가격	1차 : 08. 12. 4, 2차 : 09. 4. 6 기초자산 종가
연 수익률	17.22%
만기평가가격	2009. 08. 06 각 기초자산 종가

예를 들어 그림의 ELS는 원금을 보장하지 않는 '비보장형'이며 만기는 약 1년으로 되어 있다. 주식에 투자하는 자산은, 코스피 200지수와 HSCEI으로 되어 있다. 그림 오른쪽의 그래프를 보면 1차 조기 상환일인 2008년 12월 4일에 기초 자산인 코스피200지수와 HSCEI지수가 각각 가입일 기준으로 15% 이하로 떨어지면 5.74%의 이자로 조기 상환을 하면서 상품을 종료시킨다. 만일 이것이 이루어지지 않을 경우 그 다음 2차 조기 상환일인 2009년 4월 6일에 기초 자산 각각의 가격이 가입일 가격 대비 20% 이하로 떨어지면 11.48%의 수익률로 조기상환 하는 것이다. 만일 이 두 가지의 경우에도 해당되지 않고 주가가 계속 하락하여 결국 만기까지 갈 경우 코스피200지수와 HSCEI지수의 가격 모두 가입 시점 가격과 대비하여 25% 이상 떨어지거나(1), 두 개의 가격 중 어느 하나의 가격이 40% 이상 떨어지지만 않으면(2-a) 만기 약정 수익률인 17.22%를 준다. 그런데 만일 두 지수의 가격이 만기까지

홍콩의 주식시장에 상장되어 있는 중국 본토 기업들 중 상위 32개 품목으로 구성된 지수

가입 시점 대비 모두 25% 이상 하락하거나 어느 지수 하나라도 가격이 장중(場中)에 한 번이라도 40% 이상 떨어지면(2-b), 즉 40% 이상의 손실을 낸다면 만기 시에 두 지수 중에 가장 낮은 가격을 기준으로 가입 시점 가격 대비 수익률을 주겠다는 것이다.

이러한 ELS에 투자할 경우 2차 조기 상환일에 두 기초 자산의 가격이 가입 시점의 가격과 대비하여 20% 이상 손실이 나지 않도록 하거나 만기 시의 가격이 25% 이상 떨어지기 않기를 바라야 한다. 만일 가격이 계속해서 하락한다면, 일반 펀드는 자유롭게 환매를 할 수 있지만, ELS는 중도환매를 신청할 경우 **중도상환 수수료**를 물어야 하고 이것은 평가 금액에서 공제한다.

ELS 투자 시 눈여겨보아야 할 점

ELS의 상품 구조는 어떻게 보면 '복불복(福不福)' 개념이라고 할 수 있다. 즉, 상환 조건에 만족하면 약정한 수익률을 주고 상환 조건에 만족하지 못하면 원금 손실을 볼 수 있는 구조로 되어 있기 때문이다. 그래서 몇 가지 주의가 필요하다.

첫째, 2008~2009년의 경우처럼 세계 경제의 대혼란기에는 ELS가입을 되도록이면 자제하는 것이 좋다. 주식시장은 논리가 지배하는 시장이 아니라, 투자자의 심리가 지배하는 시장이다. 그래서 되도록 1년짜리 ELS상품은 가입에 신중을 기해야 하고 차라리 만기수익률이 적다 하더라도 원금 보장이 되는 ELS를 가입하는 것이 좋다.

둘째, 안정적인 기초 자산에 투입되어 있는 ELS를 고르는 것이 최선이다. 즉, 변동성이 상대적으로 적은 기초 자산에 투입되어 있는 ELS상품을 골라야 한다. 개별 기업 주식에 투자되어 있는 ELS는 해당 종목에 대한 지식이 없다면 가입하지 않는 것이 바람직하다.

마지막으로, 투자하는 시기가 주식시장의 변동성이 큰 시기라면 "연수익률 최대 ~%로 조기 상환"이라는 표면 수익률에 대한 광고 문구에 현혹되지 않아야 한다. 상품에 나와 있는 수익률은 연수익률이기 때문에 만일 6개월 만에 조기 상환이 된다면 약정한 연수익률의 절반 정도 수익밖에 주지 않는다.

09

환율을 모르면
낭패 보는 역외펀드

_ 역외펀드는 해외의 펀드에 투자하는 것이므로 환율에 민감하게 반응해야 한다.

_ 역외펀드에 투자할 때는 일반적으로 선물환 계약으로 안전장치를 마련한다. 선물환 계약은 주식 선물처럼 미래 특정 시점에 특정한 환율로 환전할 수 있도록 확정하는 것을 말한다. 1달러 당 차액에 대하여 계산하기 때문에 환율이 급변하면 선물환만으로도 큰 이익이나 손해가 발생한다.

● 역외펀드는 국내가 아니라 해외에 조성된 펀드를 말한다. 해외에 조성된 펀드이기 때문에 원화가 아니라 외화로 투자해야 한다.

환율에 영향받는 역외펀드

2007년 3월 평소 해외 펀드에 관심이 많던 A씨는 브라질을 비롯한 멕시코, 칠레 등의 중남미 국가의 향후 경제성장에 높은 기대를 걸고 이른바 '라틴아메리카'에 투자하는 해외뮤추얼펀드(일명 역외펀드라고도 한다)에 원/달러 환율이 940원일 때 1만 달러를 투자했다. 이때, 미국의 달러가 계속 약세일 것이라는 주변 전문가들의 전망을 참고하여 달러의 가치가 더 하락할 것을 우려해 환헤지를 하기 위해 선물환 계약도 같이 하였다.

그러나 2008년 미국의 금융 위기로 경기 하강과 주가 폭락이 일어나 중남미 국가에 투자하는 라틴아메리카 펀드의 수익률이 −50%에 이르렀다. 그런데 문제는 2008년 2월까지 그나마 1000원 미만으로 유지되었던 원/달러 환율이 미국 본토의 신용 경색과 경기 침체로 달러의 수요가 폭등하자, 11월에 이르러 1500원까지 치솟고 말았다.

A씨는 3년 전 부동산 구입을 위해 이용한 은행의 주택담보대출의 거치 기간이 만료되어 원리금 상환의 부담이 커지자, 일부 대출금을 갚기로 결심하고 환매를 하려고 은행에 갔다. 순간 A씨는 더 황당한 소식에 놀라고 말았다. 어차피 펀드 자체의 수익률이 −50%이므로 잔고는 1만 달러에서 5천 달러로 줄어든 상태란 것을 감안했다. 그러나 환율이 폭등하여 펀드 자체의 손실 이외에 환차손이라는 추가적인 손실을 보았던 것은 생각하지 못했다. 50%의 손실을 제외하고라도 나머지 5천 달러를 우리나라 원화로 환전하는 과정에서 본

손실만을 따져보기로 하자.

원/달러 환율이 1500원까지 급등하였기 때문에 '1500원 × 5000달러 = 750만 원'을 받아야 한다. 그러나 이 펀드를 가입할 당시 달러화의 추가적인 가치하락을 우려하여 은행과 별도 선물환 계약을 달러당 940원에 맺었으므로 달러당 560원의 손실을 본 것이다. 그렇다면 '-560원 × 5000달러 = -280만 원'이므로 실제 받게 되는 금액은 '750만 원 - 280만 원 = 470만 원'이 된다.

즉, 추가적인 환차손만 280만 원을 입게된 것이다. 펀드에서 손실이 난 것도 억울한데, 환차손까지 입게 되니 환헤지를 적극 권유했던 은행직원이 더더욱 미울 뿐이었다.

A씨의 사례에서 살펴보았듯이, 역외펀드에 가입할 때는 투자되는 통화의 환율 변동성에 대한 주의가 필요하다.

2005년부터 달러화의 약세가 본격화되면서 해외뮤추얼펀드에 가입하는 투자자들 역시 추가적인 환율 하락을 우려해 외국환 선물 계약을 체결했다. 특히 일반 개인들은 환율의 변동성을 예측한다는 것이 그렇게 쉬운 일은 아니다. 특히 달러화가 약세일 때는 대체적으로 역외펀드를 판매하는 금융기관에서 환헤지 가입을 권한다.

그러나 투자에서 가장 중요하게 지켜야 할 원칙이 '모르는 것에는 투자하지 말라'다. 일반적으로 해외 주식시장 및 원자재에 투자하는 펀드는 국내 운용사가 출시한 **해외투자펀드**(일명 '역내펀드'라고도 한다)와 **해외뮤추얼펀드**로 나뉘는데, 해외투자펀드는 운용사가 자체적으로 환헤지를 하고 있어 투자자들은 따로 환헤지의 문제를 가지고 고민할 필요가 없다.

　해외뮤추얼펀드의 장점은 '메릴린치'나 '피델리티' 등 외국 유명 운용사가 해외 주식시장에 오랫동안 투자를 해왔기 때문에 국내 운용사의 해외투자펀드보다 좀 더 운용상의 노하우를 갖고 있다는 점이다. 그러나 원화가 아닌 달러나 유로 등의 외국 통화로 투자하기 때문에 펀드 그 자체의 투자 수익률도 신경을 써야 하지만 환율의 변동성까지 아울러 고려해야 한다.

10

특정 주식을 추종하는 ELW

_ ELW는 주식처럼 거래가 되나, 추종하는 특정 주식을 특정 가격에 사고팔 권리가 있는 증권이다. 즉, 주식처럼 거래되는 옵션 상품이라고 보면 된다.

_ 실제 주식이 아니라 권리만 사고파는 것이므로 적은 돈으로 투자할 수 있고, 레버리지 효과가 크다는 장점이 있다.

_ 옵션처럼 주가가 떨어지는 상황에서도 이익을 볼 수 있다.

● ELW(Equity Linked Warrant: 주식워런트증권)는 어느 특정한 주식을 미래 특정 시점에 미리 정해진 가격으로 살 수 있는 권리를 가진 증권을 말한다. ELW는 주식처럼 거래되지만 사실상 옵션과 비슷한 성격을 지닌다. 특정 종목의 주가 상승이 예상되면 해당 종목의 주식을 모두 사지 않더라도 일부 자금만 투자해 주식으로 바꿀 수 있는 권리만 산 뒤 차익을 올릴 수 있는 금융상품이다. ELW는 투자자가 특정 주식을 살 수 있는 '권리'를 갖는 것이므로 자신에게 불리할 경우에는 행사할 필요가 없다.

옵션의 기능을 하는 증권

콜(Call)ELW는 특정 자산을 미리 정한 가격으로 사전에 정해진 만기일에 살 수 있는 권리이다. 콜ELW를 매수하면 투자자는 투자하는 주식의 가격이 상승할 경우 수익이 발생한다. 간단히 예를 들면 어떤 회사 주식의 주가가 5만 원이라고 치자. 이 주식을 5만 원에 샀을 경우 주가가 5만 원보다 오르면 수익을 얻고 떨어지면 손실을 보게 될 것이다. 그런데 1년 만기 콜ELW를 2천 원을 주고 매수했을 경우, 만일 주가가 5만 원 밑으로 내려간다면 투자자가 입는 손해는 최대 2천 원이 될 것이다. 만일 주가가 상승한다면 상승한 만큼의 이익을 계속 볼 것이다. 그래서 1년 후에 주가가 5만 5천 원이 되었다고 가정한다면 투자자는 행사 가격 5만 원과 콜ELW를 구입한 가격 2천 원을 뺀 나머지 가격 3천 원의 이득을 본다. 이렇게 놓고 보면 ELW는 일종의 '레버리지 효과'를 활용한 파생상품이라 할 수 있다. 2천 원의 콜ELW 구입 금액으로 3천 원의 이익을 올렸으므로 수익률은 150%가 된다. 즉, 앞으로 주가가 상승할 것이라고 예측된다면 콜ELW가 유리하다.

이와는 반대로 풋ELW는 어떠한 주식을 특정 가격에 팔 수 있는 권리를 의미한다. 풋 ELW를 매수할 경우 투자자는 대상 주식의 가격이 하락하면 수익이 발생한다. 주식 가격 5만 원인 어떤 종목에 1년 만기로 연동된 풋ELW를 2천 원에 샀을 경우, 만일 주가가 하락하여 4만5000원이 되었다면 풋ELW 매수자는 만기에 행사 가격인 5만 원에 주식을 팔 수 있는 권리를 행사할 수 있다. 그렇다면 만기 시 주가와의 차이인 5천 원의 이득을 보게 되며, 풋ELW 구입 가격 2천 원을 빼게 된다면 3천 원의 순이익을 볼 수 있게 된다. 즉, 주가가 하락할 것이라고 예측된다면 풋ELW가 유리한 셈이다. 만일 주식 가격이 만기에 상승했다면 권리를 포기하고 2천 원의 손실을 입게 된다.

ELW의 구조

ELW의 가격 구조를 알려면 **내재 가치**를 이해하여야 한다. ELW의 내재 가치란 현재 시점을 만기 시점으로 가정하고 ELW의 권리를 행사했을 경우의 이익을 말한다. 예를 들어 현재 삼성전자의 주식과 연계된 콜ELW의 행사 가격이 100만 원이고, 만기까지 49일이 남아 있는 콜ELW를 가지고 있다고 하자. 현재의 가격이 110만 원이라면 내재가치는 10만 원이 된다. 즉, 콜ELW의 내재가치는 '현재 주가 − 행사 가격'이 된다. 만일 현재의 주가가 행사 가격보다 낮아서 마이너스(−)가 된다면, 내재가치는 '0'이 된다. 풋ELW의 내재 가치는 이와 반대로 생각하면 된다. 즉, 풋ELW의 내재 가치는 '행사 가격 − 현재 주가'가 된다.

이와는 대조적으로 ELW의 **시간 가치**는 내재 가치가 '0'이 되더라도 만기까지 갈 경우 주가가 행사 가격보다 높아질 가능성이 있다면 이것에 대한 기대치를 나타낸 값이다. 만기가 가까워갈수록 시간 가치는 줄어들 수밖에 없다. 현재의 주가와 행사 가격의 차이가 매우 크고, 만기에 가까울수록 그 차이가 계속적으로 커진다면 시간 가치는 매우 줄어들게 되어 ELW의 가격은 큰 폭으로 하락한다.

ELW는 다른 주식이나 증권과는 달리 소액으로 투자를 할 수 있는 실속형 주가연계증권이다. 주식 가격의 일부 금액을 가지고 투자를 하기 때문에 일반 주식 투자에 비해 손해가 비교적 적고, 주가가 증가할 때나 하락할 시에도 모두 수익을 거둘 수 있는 장점을 가지고 있다.

E L W   투 자 에 서   유 의 할   사 항

ELW에서의 레버리지는 '양날의 칼'과 같다. 레버리지의 고수익 개념을 생각하는 것보다는 향후 만기일까지 일정 기간 동안 주식시장 혹은 기초 자산의 가격이 상승할 것인지, 하락할 것인지에 대한 방향성을 잡고 콜ELW에 투자할 것인지, 풋ELW에 투자할 것인지를 결정하는 것이 최우선이다.

기초 자산을 선택할 때는 일반 주식 투자와 마찬가지로 평소에 잘 알고 있거나 관심을 두어온 종목 위주로 선택을 하는 것이 바람직하며, 초보자는 우량주가 대부분인 코스피200지수와 연동된 ELW에 투자하도록 하고, ELW 자체의 내재 변동성까지 고려하여 투자하기가 쉽지 않기 때문에 되도록이면 내재 변동성이 안정적인 종목에 방향성을 잘 맞추어 투자하는 것이 바람직하다.

ELW 투자를 할 때 주가 예측이 정확했다면 그만큼 큰 수익을 올릴 수 있겠지만, 그 반대의 경우에는 커다란 손실이 발생한다. 안정적, 보수적인 투자자는 레버리지가 5배 이하인 ELW에 투자하는 것이 바람직하다.

ELW 역시 ELS와 마찬가지로 ELW와 연계되는 종목의 주가 향방을 정확히 예측 전망해야 한다. 만일 예측을 그릇되게 한다면 투자 원금을 날릴 수 있는 만큼 전체 금융자산의 10% 내외에서만 투자를 해야 한다.

자산배분펀드로 위험을 나눈다

_ 자산배분펀드는 주식에 편중하지 않고 시장 상황에 따라 주식, 채권, 예금에 비중을 달리하며 투자하는 펀드다.

_ 자산배분펀드는 주식형 펀드에 비해, 주식이 지속적으로 상승할 때의 수익률은 낮지만 하락 시에 손실을 최소화한다.

● 은행, 증권사 등 시중 금융기관이 판매하고 있는 일반적인 주식형 펀드는 약 30~100여 개 이상의 종목을 포트폴리오로 구성하여 분산투자되며, 설정액의 약 90% 이상이 주식에 투자된다. 나머지 10% 이하의 자산은 고객이 환매할 것을 대비하여 유동성 자산인 단기 예금에 투입된다. 그만큼 주식에 투자하는 비중이 절대적이다. 따라서 주식형 펀드의 수익률은 유동성 자산에서 결정되는 것이 아니라 주가 변동에 따라 결정된다. 주가가 상승하면 수익이 커지는 장점이 있지만, 반대로 손실을 막아줄 수 있는 안전 자산인 예금의 비중이 크지 않기 때문에 주식시장이 급락하면 손실이 매우 커진다. 2008년 말~2009년 초 주식 대폭락 시에 주식형 펀드의 수익률은 급락을 면치 못했다. 그러나 이 시기에 상대적으로 수익률 하락을 크게 겪지 않은 펀드가 있었는데, 이것이 바로 **자산배분펀드**다.

위험 자산과 안전 자산 분배

자산배분펀드는 시장의 상황에 따라 위험 자산인 주식과 안전 자산인 채권, 유동성의 투자 비중을 적극적으로 조절한다. 주식시장이 계속 상승할 때는 주식의 비중을 확대하여 다른 주식형 펀드처럼 수익률을 극대화하는 전략을 취하고 주가가 계속 하락할 때는 주식의 비중을 축소하는 방어 전략을 취한다. 즉, 포트폴리오상의 종목을 매도 및 매수하여 수익률을 관리하는 일반 주식형 펀드와는 달리 자산배분펀드는 기본적으로 주식시장 및 기타 채권시장의 상황에 따라 주식과 채권 및 유동성의 비중을 조절하면서, 주식의 포트폴리오도 조절하는 구조이다. 자산배분펀드는 주가 하락 시에 손실을 최소화할 수 있는 채권과 예금이라는 안전장치를 적극적으로 활용한다. 실례로 주가 상승 시와

주가 하락 시의 자산배분펀드와 코스피 지수와의 수익률 격차는 실제 존재했
었다.

자산배분펀드와 벤치마크의 수익률 격차

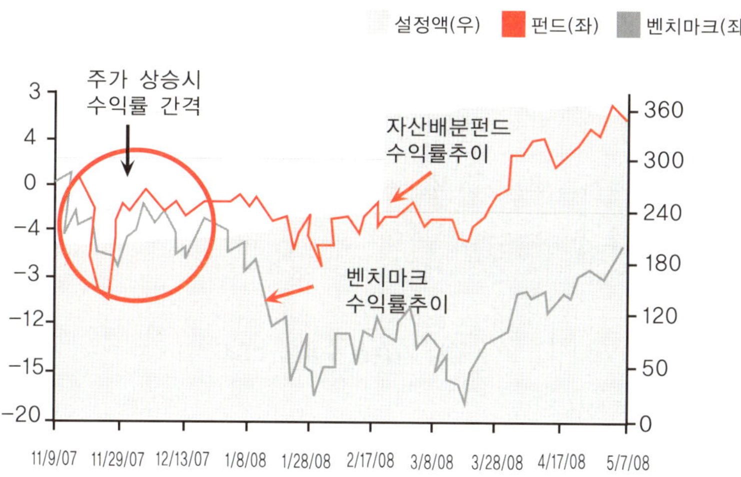

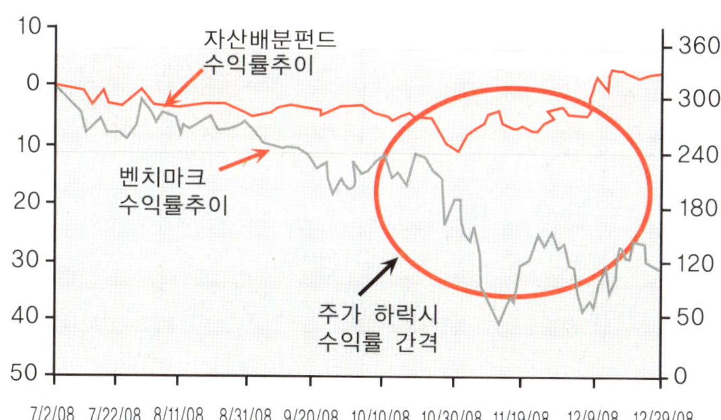

출처 : 펀드존

앞의 그래프에서 보는 바와 같이 위쪽의 2007년 11월~12월의 주가 상승 시 벤치마크지수와 자산배분펀드의 수익률 곡선이 겹치거나 간격이 크게 벌어지지 않았다. 그러나 아래쪽 그림의 2008년 10월 하순 주식시장 대폭락기에는 두 수익률 곡선의 간격이 큰 폭으로 벌어졌음을 알 수 있다. 즉, 자산배분펀드는 주식시장의 가격이 하락할 경우 일반 주식형 펀드에 비해 상대적으로 안전한 자산으로 분류되는 채권과 유동성의 비중을 확대함으로써 손실을 최소화했다.

그렇다면 자산배분펀드의 기간별, 연도별 수익률은 다른 주식형펀드와 비교했을 때 어느 정도였을까?

투자 기간별 수익률 비교

자산배분펀드

	1개월	6개월	1년	3년
펀드	6.81	19.41	30.14	69.60
벤치마크	1.83	9.24	14.88	22.42
%순위	10	17	22	12

주식형 펀드

	1개월	6개월	1년	3년
펀드	4.55	19.18	26.79	29.55
벤치마크	3.44	17.37	27.39	23.57
%순위	45	46	77	55

출처 : 펀드닥터

앞의 표는 2011년 5월 4일 종가를 기준으로 나타낸 자산배분펀드와 일반 주식형 펀드와의 수익률 비교이다. 여기서 '3년'은 2011년 5월 4일로부터 3년 전인 2008년 5월 5일에 거치식으로 일정금액을 투자했을 때의 수익률로 이해하면 된다. 1개월, 6개월, 1년 수익률에서는 큰 차이를 보이지 않았으나, 3년 수익률에 있어서는 무려 40%에 가까운 차이를 보이고 있다. 2008년 말의 글로벌 금융 위기로 발생한 주가 하락이 반영되었기 때문이다. 자산배분펀드는 이 당시 주식 비중을 전체 펀드 자산에서 8%까지 줄인 바 있다.

연도별 수익률 비교

자산배분펀드

(%)	2008년	2009년	2010년	2011년
펀드	4.77	35.83	17.02	14.83
벤치마크	−13.15	26.72	13.02	4.06
%순위		34	25	12

주식형 펀드

(%)	2008년	2009년	2010년	2011년
펀드	−39.27	61.41	18.53	11.20
벤치마크	−39.34	51.60	22.23	7.08
%순위	41	22	71	51

출처 : 펀드닥터

위에서 보는 바와 같이 주식 상승기 때인 2010년~2011년의 자산배분펀드와 주식형 펀드의 수익률 차이는 그리 크지 않았지만, 주식 가격 하락으로 변동성이 컸던 2008년에는 주식형 펀드가 자산배분펀드에 비해 마이너스 수익률의 폭이 훨씬 컸다는 것을 알 수 있다.

물론 주식시장이 계속 가파른 상승일로로 간다면 주식형 펀드가 수익률 면에서는 자산배분펀드보다 더 월등할 수 있다. 그러나 경기순환을 고려하면 주식시장의 가격이 계속 상승할 수는 없고, 대개 5년을 주기로 주가의 대폭적인 하락이 있었던 만큼 자산배분펀드처럼 손실을 최소화하면서 중장기적으로 꾸준히 투자하는 것이 위험을 최소화하는 투자 방법이라 할 수 있다.

보험과 금융

약(藥)이 되고
독(毒)이 되는 변액보험

_ 변액보험은 상해보험과 같은 개념이 아니라 투자의 개념이다. 보험료를 주식, 채권 등에 투자하여 이익을 가입 금액에 따라 나누는 방식이니 펀드에 가깝다.

_ 보험은 만기 시에 주는 혜택이 큰 만큼 중도 해지 시에는 불입한 금액을 모두 돌려받지 못한다.

_ 보험 자체가 복잡한 금융 상품이므로 혜택에 대해 명확히 따져보는 것이 중요하다.

● 2003년 이후 우리나라 주식시장이 대세상승기에 접어들자 본격적으로 일반인들에게 적금 이외의 투자처로 **적립식 펀드 투자**가 자리잡기 시작했다. 이는 주가 하락 혹은 상승에 관계없이 꾸준하게 3년 이상 불입하면 '평균 매입단가 인하(코스트 에버리징) 효과'로 복리 효과를 보는 투자 방법이다. 그래서 어려운 주식 투자에 익숙지 못한 일반 대중들에게 각광을 받아왔다. 이렇게 목돈이나 자녀 학자금, 내 집 마련 등 3~5년 중기 자금 마련을 목적으로 적립식 펀드 투자가 인기를 끌면서, 2005년부터 본격적으로 보험사는 **변액보험**에 대한 홍보와 판매에 주력하게 되고 보장성 보험이 주를 이루던 보험 시장에 '은퇴 · 노후 준비'라는 개념이 등장하게 되었다.

투자 대상으로서의 보험

변액보험은 보험료를 받아 상품 운영에 필요한 사업비를 제외한 금액으로 주식, 채권 등의 수익형 금융 상품에 투자하여 이익을 가입 금액의 지분에 따라 나누는 실적 배당 보험이다. 변액보험은 **변액유니버셜보험**과 **변액연금보험**으로 구분된다. 변액유니버셜보험과 변액연금보험은 적립액이 수익형 상품으로 운용된다는 점은 비슷하나, 변액연금보험은 기본적으로 납입한 원금이 보장된다는 점과 연금을 지급할 때 적용하는 경험생명표 산정 기준이 연금 개시 시점이 아닌 가입 시점이라는 점에서 변액유니버셜보험과 차이가 있다. 이 책에서는 변액보험 중에서 변액유니버셜보험을 중심으로 반드시 알아야 할 점을 이야기하고자 한다.

변액유니버셜보험은 기본적으로 보험의 형태다. 따라서 조기 해약을 하면 적립금을 다 돌려받지 못하고 미상각 신계약비 명목으로 일정 부분을 떼어내

생명보험 회사나 공제조합 등에 실제 가입한 회원의 사망 경험을 분석하여 작성한 표

보험사의 사업비 중 신계약 획득을 위해 사용되는 경비다. 보험을 체결하면 신계약비가 보험 기간 전반에 걸쳐 책정된다. 이때 보험을 해지하면 남은 기간에 대한 신계약비가 남게 되는데 이것이 미상각 신계약비다

지급하므로 원금 손실은 불가피하다. 즉, 가입 설명서의 연 수익률 6%를 가정할 경우 적용되는 사업비에 따라 차이는 있겠으나 약 6~7년이 경과해야 원금에 도달한다. 그래서 일반적으로 7년 이하의 단·중기 목적 자금용으로는 적합하지 않다.

변액보험의 여러 가지 숨은 기능

변액보험의 장점으로 또 하나 눈여겨보아야 할 부분이 '중도 인출'과 '보험료 납입 일시중지' 기능이다. **중도 인출**이란 변액보험 가운데 일부를 보험 계약 해지 없이 찾아 쓰는 기능이다. 기존 저축형 보험이 가졌던 '한 번 보험에 가입하면 돈이 장기간으로 묶인다'는 단점을 보완한 것이다. 갑작스럽게 돈이 필요할 때 해약 환급금 범위 내에서 돈을 인출할 수 있다. 그러나 중도 인출이 잦다면 가입자에게는 오히려 독이 될 수 있다. 중간 중간 돈을 계속 인출하면 남아 있는 해약 환급금도 줄어든다.

보험료 납입 일시중지 기능은 개인의 경제 상황이 악화돼 보험료를 납입할 수 없는 형편이 될 경우에 사용하는 기능이다. 즉, 의무납입기간(현재는 가입 후 12년으로 되어 있다) 동안 보험료를 불입했다면 그 이후 보험료를 내지 않는다 하더라도 보험이 해지되지 않는다.

그러나 이 기능에는 숨은 함정이 있다. 바로 납입 중지 기간 동안 저립금에서 사업비가 별도로 공제되며, 계속해서 월 보험료를 불입하지 않을 경우, 해약 환급금의 기초가 되는 적립금이 줄어든다. 의무 가입기간만 납입하면 향후 납입할 필요가 없다고 생각하는 것이 바람직하지 못한 이유이다.

변액연금보험은 납입 기간을 정해놓았기 때문에 의무 납입기간 개념은 없다. 그러나 최근에 와서는 가입 5년 경과 후 일시중지 기능이 있는 일부 상품도 출시되고 있다.

변액유니버셜보험의 기능 중에서 월불입 여력이 많지 않은 일반인들이 활용하면 좋은 기능이 하나 있다. 바로 **추가 납입** 기능이다. 추가 납입으로 불입하는 보험료에 책정되는 사업비는 월 기본 보험료 사업비의 약 30~40% 수준밖에 되지 않는다. 만일 월 기본 보험료의 사업비가 13%라고 가정한다면 추가 납입 보험료의 사업비는 약 4~5% 정도라고 보면 된다. 예를 들어 월 기본 보험료 20만 원을 가입하고 일 년에 한 번씩 100만 원을 추가 납입(이때 사업비를 4%라고 가정해보자)한다고 하면, 실제 사업비는 연간 기본 보험료 240만 원의 13%인 31만2000원과 100만 원의 4%인 4만 원을 합쳐 35만2000원이 된다. 이것을 사업비 비율로 환산하면 약 10.3%가 되는 셈이다. 즉, 한달에 기본 보험료로 약 28만2000원을 납입하는 것보다 월 기본 보험료를 최소로 가져가고, 별도로 1년 혹은 2년에 한 번씩 추가 납입을 하는 것이 가입자에게 더 유리하다.

마지막으로 여유 자금이 많아 목돈을 변액보험에 가입하여 연금 형식으로 받고 싶다면 **일시납 변액보험**에 가입하는 것도 바람직하다. 일시납 변액보험의 사업비는 대략 5~7% 정도이며 보험료를 추가적으로 납입할 경우에만 사업비가 부과된다. 즉, 5000만 원을 일시에 보험료로 납입하면, 사업비가 7%로 책정된 경우 약 350만 원을 보험사에 수수료로 지급하는 개념이라고 볼 수 있다. 그래서 가입 후 1년 수익률이 사업비 정도만큼 나올 경우 원금은 회복된다.

여기서 **사업비**는 보험사가 계약을 체결하고 유지하는 데 필요한 비용으로 가입자를 유치한 보험 모집인에게 지급하는 수수료 등을 말한다. 사업비가 높다면 그만큼 변액보험에 있어서 고객이 납입한 보험료 중 실제로 펀드 등의 투자자산에 투입되는 금액이 상대적으로 적어지게 된다. 40대 후반 이후의 가입자라면 은퇴 시기가 20~30대보다 더 빠르기 때문에 월납형 변액보험에 가입하는 것은 그리 바람직한 것은 아니다.

변액보험은 분명 장점과 단점을 동시에 가지고 있는 금융 상품이다. 그 장·단점이 가입하는 사람의 성향, 경제적 상황, 은퇴시기 등에 따라 서로 다르게 적용될 수 있다. 보험의 외형을 지닌 장기 상품인 만큼 개인의 경제적 능력에 따라 적절한 금액을 가입하는 것이 가장 중요하다.

02

종신보험, 꼭 필요한 것일까?

_ 종신보험은 사망 원인과 관계없이 보험금이 나온다. 결과적으로 일생에 한 번은 보장을 받을 수 있다.

_ 보험금에는 상속세가 부과되지 않으므로 상속 수단으로 사용하는 경우가 늘고 있다.

_ 평균 수명이 늘어나고 있는 추세에서는 사망 보장금이 그리 큰 금액이 아닐 수 있다. 지금 현재 상품은 60세에서 70세에 초점이 맞춰서 있으므로 노령화를 대비한다면 다른 상품에 눈을 돌리는 것도 필요하다.

● 보험은 그 성격에 따라 가입자가 사망, 질병, 재해 등을 당했을 경우 보험금을 지급하는 **보장성 보험**과 자녀의 학자금과 은퇴 이후의 노후 자금 마련 목적의 **저축성 보험**으로 나누어진다. 보장성 보험으로는 사망금을 지급하는 종신보험과 암, 뇌질환, 심장질환과 같은 질병에 걸렸거나 교통사고 등의 재해를 당했을 때 보험금을 지급하는 제3보험(건강보험)이 대표적이다.

일생에 한 번은 보장받는 종신보험

종신보험은 1990년대에 주로 외국계 생명보험사가 이른바 '고학력 보험설계사'인 FC 혹은 FP조직을 통해 적극적으로 판매했던 상품 중 하나다. 1980년대 후반, 도입 초창기에는 만기환급금을 유난히 선호하는 대중들의 인식과 '나 죽어서 보험금이 나오면 무슨 소용'이라는 생각이 지배적이었기 때문에 판매가 매우 어려웠다. IMF 외환 위기 이후 구조 조정 등 사회적 변화로 집안의 가장들이 스트레스를 많이 받아 '과로사' 하는 사례가 빈번하게 일어나자, 가장이 없는 가정에 닥칠 수 있는 경제적 타격을 대비해야 할 필요성이 늘어났고, 이 점 때문에 가장들의 필수품으로 자리를 잡기 시작했다.

또한 4~5년 전부터 종신보험의 목적이 사망 보험금 이외에 살아 있는 동안 큰돈이 들어가는 암, 급성심근경색, 뇌출혈 등의 중대한 질병에 대한 진단비를 보장받는 것으로 확대되었다.

종신보험은 본래 사망에 대한 보장을 종신토록 받을 수 있는 보험으로, 피보험자가 사망 또는 재해 등으로 장해지급률이 80% 이상인 장해 시 약관에 명시한 보험금을 지급함으로써 사망 원인과 관계없이 일생에 반드시 한 번은 보장을 받을 수 있다.

종신보험 또한 변액보험과 마찬가지로 분명 장·단점을 가지고 있다. 앞서 살펴본 바대로 유가족의 생계보장 측면은 다른 보장성 보험이 갖지 못한 종신보험 특유의 장점이다. 사망에 대한 보장을 받다가 은퇴 시에는 그동안 불입한 보험료를 연금으로 전환하여 노후 생활 자금으로 사용할 수 있다.

고액 재산가는 보험을 이용해 상속세 부담을 해소할 수 있다. 특히 금융자산에 비해 부동산 자산이 많은 사람은 상속세를 불가피하게 물납(조세를 물품으로 대신 지불함)하는 경우도 있는데 보험금으로 상속세를 충당할 수 있다. 혹은 경제적 납입 능력이 있는 자녀가 보험료를 부담하는 경우 자녀를 계약자와 수익자로, 피보험자를 부모로 지정해 가입하면 보험금은 상속재산에 포함되지 않으므로 상속세가 절감된다.

그 밖에도 종신보험의 장점을 그대로 유지한 채 자유 납입, 중도 인출, 추가 납입 등의 변액보험의 장점을 적용해 종신보험과 변액보험을 결합시킨 **변액종신보험** 등이 유동성을 보완하고 있다.

수명이 길어지면 종신보험도 변화가 필요하다

그러나 사람의 수명이 길어짐에 따라 장점이던 사망 보장 기능이 약점이 될 수 있다. 즉, 가장의 불의의 사망에 따른 사망 보장 측면에서는 큰 의미가 있는 상품이지만, 가장의 은퇴 시기 이후에는 큰 의미가 없다. 60세 이후에 은퇴할 경우 자녀가 이미 경제활동을 시작하고, 그동안의 저축으로 생계가 가능하기 때문이다. 즉, 자녀가 경제생활을 하는 나이(남 28세 이후, 여 25세 이후) 이전까지만 사망 보장을 하면 된다. 그래서 60세 혹은 70세 만기의 **정기보험**

을 가입하는 것이 더 좋을 수도 있다. 정기보험이 종신보험에 비해 보험료가 저렴하기 때문이다. 보험사 입장에서는 정기보험보다 종신보험이 판매 마진이 높고 설계사들 또한 수당률이 높기 때문에 '가장의 필수 보험 상품'으로 홍보하고 있는 것이다.

보장성 보험은 저축 개념이 아닌, 자동차 보험처럼 불의의 사망으로부터 보장받는다는 개념으로 보고, 납입하는 보험료를 하나의 소비로서 인식하는 것이 바람직하다. 만기 환급형일 경우 일반적으로 보험사는 소비형 보장보험보다 2배의 보험료를 책정한다. 되도록 사망보장은 보장형 정기보험을 가입하는 것이 보험료를 절감하는 차원에서 더 효율적이다. 종신보험은 소멸형이 아니고 만기가 없는 보험이기 때문에 통상적으로 60세~65세에 납입 보험료가 원금이 된다(물론 변액종신보험은 보험료의 일부가 펀드에 투입되기 때문에 수익이 좋을 경우 원금 회복시기는 더 빨라질 수 있다. 그러나 수익이 나쁠 경우는 그 반대가 된다). 그러나 60세 이후 원금을 찾는다 하더라도 물가 상승률을 감안하면 실질적인 원금의 가치는 하락한 셈이다.

마지막으로 건강에 관련한 제3보험(건강보험)이 종신보험의 특약으로 같이 설계되는 것이 일반적이다. 뒤에서 더 자세히 언급하겠지만, 손해보험사에서 의료비 보장을 목적으로 판매하는 **실손보험**에도 종신보험의 특약과 거의 비슷한 특약이 들어가 있기 때문에 일반 시민들의 경우, 사망보장은 특약이 없는 소멸형 정기보험으로 대비하는 것이 최소의 보험료로 효율성을 높이는 방법이 될 것이다. 그러나 앞에서 말한 것처럼 상속세를 대비하는 차원의 종신보험 가입은 권장할 만하다.

03

서민의 필수 금융상품, 실손의료비 보험

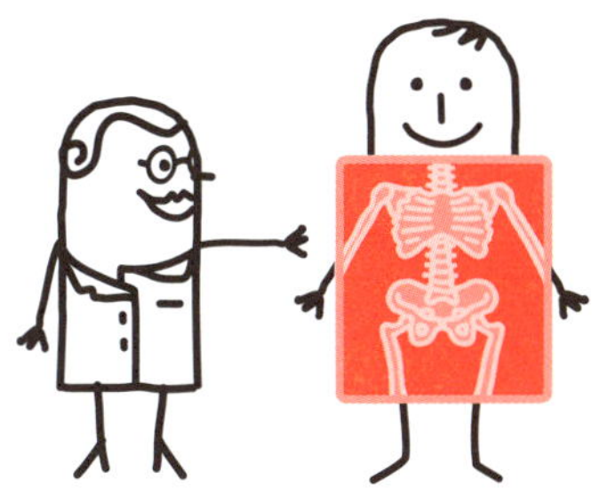

_ 실손의료비 보험은 실제 병원 진료비 및 입원비를 보상해주는 보험이기 때문에 적은 돈으로 병원비 부담을 덜 수 있는 유용한 보험이다.

_ 실제 의료비만을 보상해주는 것이므로 중복해서 보험에 가입할 필요가 없고, 환급형보다는 순수 보장형을 가입하는 것이 유리하다.

● 글로벌 금융 위기 이후 경제지표가 좋아졌다고는 하나, 서민들의 주머니 사정은 나아지지 않았다. 서민들은 몸이 재산인데 자칫 질병 혹은 사고를 당하게 된다면 소득이 줄어들 뿐만 아니라 병원비도 추가로 들어가야 하므로 부담이 이만저만이 아니다. 특히 몸에 이상이 생겨서 병원에서 CT촬영이나 MRI검사를 받으면 병원비가 많이 나오는데 기존의 건강보험은 암과 같은 큰 병의 진단 자금이나 질병의 심각성 유무에 따라 수술비 보장만 할 뿐 CT, MRI 등의 검사비나 진찰비, 식비, 그리고 약값을 보장하지는 않는다. 이럴 때 보험료가 비교적 저렴하고 실제 낸 병원비만큼 돌려받을 수 있는 보험이 있으니 바로 **실손의료비 보험**이다.

실제 병원비를 보장해주는 보험

실손의료비 보험은 보험 가입자가 실제로 부담한 의료비를 보험가입 금액 한도 내에서 보장하는 상품이다. 본래 실손의료비 보험은 손해보험사만 판매하는 상품이었으나, 2009년 10월부터 생명보험사와 손해보험사가 같이 판매할 수 있게 되었다. 이전에는 국민건강보험법에서 정한 의료비 전액을 보상해 주었으나, 역시 2009년 10월부터 손해보험사와 생명보험사가 똑같이 치료비의 90%까지 보험금을 지급하는 상품을 판매하고 있다.

실손의료비 보험의 주요 장점은 진료비 지출의 빈도가 짖은 질병 및 가벼운 사고에 대한 실질적인 병원비 부담을 줄여준다는 점이다. 실손의료비 보험의 주요 포인트는 입원 의료비와 통원 의료비 보장이다. 입원 의료비 보장은 생보사, 손보사 공히 5000만 원 한도 내에서 환자 부담 총액의 90%를 보장한다. 만일 보장을 받지 못하는 10%가 연간 200만 원을 초과하는 경우 그 초과 금액도 보상한다. 통원 의료비는 통원 치료 시 30만 원 한도 내에서 방문 1회당 공제금액(의원 1만 원, 병원 1만 5천 원, 종합전문요양기관 2만 원)을 제외하고, 국민건강보험에서 보장해주지 않는 본인 부담금을 보상받을 수 있다(단, 처방 및 조제 약값은 5~15만 원 한도 내에서 8000원 공제 후 보상). 그래서 국민건강보험의 적용 범위에 들지 않는 MRI, CT 등의 검사 비용 및 입원 시 소요되는 식비, 병실료(만일, 상급 병실을 이용할 경우 상급 병실과 일반 병실 차액의 50% 보장)뿐만 아니라 통원 시 처방받는 약값도 보장받을 수 있다.

여기에 덧붙여, 그간 실손의료비 보험의 보장에서 제외되었던 치과 치료 및 한의원의 한방 치료를 일부 보장할 수 있게 되었다. 치과 치료 가운데 초음파, X-레이, 일부 충치 치료 등 국민건강보험에서 급여하는 것으로 표시된 부분에 대해서는 보장받을 수 있다. 그러나 요사이 대중들에게 인기가 있는 임플란트 등은 **제외**된다. 한의원도 침 치료 등 급여 항목은 보장이 가능하나 한약 등은 보장에서 제외된다. 그리고 발병빈도가 높아서 실손의료비 보험이 절대 허용치 않았던 항문 관련 질환이 일부나마 보장받을 수 있게 되었다(급여 부분의 본인 부담금에 한하여 지급).

실손의료비 보험 가입 시 주의 사항

그러나 실질적인 의료비 보장을 받게 되는 실손의료비 보험에도 반드시 알아두어야 할 사항이 있다.

첫째, 보장 기간을 되도록 100세 만기로 가입하는 것이 바람직하다. 평균 수명의 증가로 70~80세 이후에 크고 작은 질병으로 병원을 찾는 일이 많아졌다. 특히 갈수록 병원비 부담은 더 높아지기 때문에 가능한 한 보장 기간을 길게 가져가는 것이 좋다.

둘째, 실손의료비 보험은 중복 가입해도 보상이 중복되지 않는다. 정액 보상을 원칙으로 하는 사망보험금 및 각종 진단, 수술 등은 중복 가입을 해도 보상을 다 받을 수 있다. 그러나 실손의료비 보험은 다른 실손보험과 중복으로 가입했다고 해도 실제 의료비로 지출된 비용보다 더 많은 돈을 보상받을 수 없다. 만일 2개의 실손의료비 보험에 가입된 사람이 치료비 8만 원을 지출했다면 5000원 공제 후 나머지 7만5000원을 2곳의 보험사에서 3만7500원씩 받는다. 때문에 중복 가입하면 보험료만 손해본다. 금감원은 고객이 가입하기 전에 보험사가 중복 가입 여부를 확인시켜 주도록 지도·감독하고 있다.

셋째, 실손의료비 보장보험에서 의료 실비를 보장하는 핵심 특약인 질병 입원·통원 의료비 특약, 상해 입원·통원 의료비 특약을 제외한 나머지 후유장해, 암, 뇌졸중, 심근경색 질환 등의 정액 보상 특약은 **갱신형**으로 하지 않는 것이 바람직하다. 왜냐하면 갱신형 담보가 많을수록 갱신 시점에서 보험료가 인상되기 때문이다. 특히 암보장 특약은 나이가 들면 들수록 보험료가 비싸진다. 일반 성인의 암 발병 시기가 대체적으로 50대 이후인 점을 감안하면 나이가 조금이라도 적어 상대적으로 보험료가 쌀 때 이용하는 것이 좋다. 되도록 20년납 80세 만기(혹은 90세 만기) 특약으로 하는 것이 좋다.

마지막으로, 보험료를 설삼하는 자원에서 만기 환급형보다는 **순수 보상형**(소멸형)으로 가입하는 것이 좋다. 만기 환급형은 보험료가 순수 보장형에 비해 2배 이상 비싸기 때문이다. 실손의료비 보험은 보장을 받기 위한 상품이지, 저축하는 상품이 아니기 때문에 만기 환급형을 굳이 선택할 필요는 없다. 보다 저렴한 보험료로 병원 실비 보장이라는 본래의 취지에 맞게 가입하면 된다.

실손의료비 보험은 여유가 그리 많지 않은 서민에게 합리적이고 저렴한 보험료로 치료 비용을 보장해준다는 점에서 쓰임새가 많은 보험이다.

_ 방카슈랑스란 은행에서 판매하는 보험상품인데, 은행에서 판매하는 만큼 사업비가 저렴해서 소비자에게 유리하다.

_ 은행이 너무 큰 주도권을 가지고 있으면, 보험상품과 다른 은행상품을 합한 상품을 강매할 우려가 있으므로 이에 대한 주의가 필요하다.

● **자본시장법**이 시행된 이후로 은행, 보험, 증권 등 기존에 존재했었던 업종 간의 경계가 이제는 의미가 없게 되었다. 몇 년 전부터 과거 투신사나 증권사만이 판매할 수 있었던 펀드를 은행이 판매하고, 증권사에서도 CMA 등을 활용하여 지급 이체 서비스를 제공하는 등 같은 업종끼리의 경쟁이 아닌 금융업태 내의 다른 업종과 경쟁하는 시대가 온 것이다. 마찬가지로 보험 상품도 과거에는 보험사의 전속 보험설계사를 통해 가입할 수 있었지만, 이제는 은행에서도 마음만 먹으면 쉽게 보험에 가입할 수 있다. 바로 은행의 **방카슈랑스** 때문이다.

은행에서 가입하는 보험, 방카슈랑스

방카슈랑스란 '은행'과 '보험'의 합성어인데, 은행이 고객을 대상으로 보험 상품을 판매하는 것을 의미한다. 우리나라는 지난 2003년부터 방카슈랑스 제도를 도입하였는데, 요즘은 금융업종 간의 장벽이 허물어지는 추세라 일반 시중은행은 물론, 저축은행, 증권회사도 보험을 판매할 수 있다. 그만큼 채널이 다양해짐으로써 소비자들은 선택의 폭이 넓어지고 보다 더 저렴하게 보험 가입을 할 수 있게 되었다. 보험설계사를 통하지 않고 방카슈랑스를 통해 보험 상품에 가입하면 보험사는 보험설계사에게 지급하는 수당이나 이들을 모집하는 데 들어가는 비용을 절감할 수 있기 때문에 상대적으로 사업비가 덜 들어간다. 특히 **연금보험** 및 **변액보험** 등의 저축형 보험 상품은 보험 계약 후 납입된 보험료가 원금에 이르는 기간을 좌우하는 것이 사업비이므로 사업비가 저렴한 방카슈랑스를 통해 가입하면 소비자는 조금이나마 이득을 볼 수 있다.

우리나라의 방카슈랑스는 2003년 도입 이후 해마다 계속적인 성장을 했다. 특히, 방카슈랑스를 통한 보험료 수익은 2010년 기준 15조7986억 원 규모에 이르렀고, 수익 중 은행이 차지하는 비중은 97.2%로 증권사, 저축은행 등과 비교했을 때 그 영향력이 절대적이다.

이렇게 은행의 방카슈랑스 보험 상품 판매가 늘어난 이유는 고객들이 지난 글로벌 금융 위기 이후 위험 자산보다는 안정적인 자산을 선호하게 되었기 때문이다. 실제로 주식시장이 본격적인 상승을 한 2010년 중반 이전까지 고객들은 주식과 펀드 등 투자성 상품보다는 금리형 연금보험과 유니버셜 저축보험을 중심으로 자산을 예치했다. 게다가 경기 회복을 목적으로 저금리 기조가 유지되자 고객들이 상대적으로 **금리가 높은 저축성 보험**에 큰 관심을 보이면서 방카슈랑스 판매가 급증했다.

은행이 주도하는 보험 시장

그동안 보험 판매의 주변부로 인식되어 오던 은행이 보험사로서는 놓칠 수 없는 핵심 판매처로 부상함에 따라 은행, 보험사, 보험설계사 간의 역학 관계의 변화가 불가피해졌다. 특히, 보험사의 은행 의존도가 높아지면서 은행의 힘이 상대적으로 강하게 나타난다.

은행의 방카슈랑스는 2003년 시행 초기에는 연금보험과 교육보험을 위주로 판매했으나 2005년에는 질병 및 상해보험 등의 순수보장성 보험, 2006년에는 만기 환급형 보험까지 판매가 허용되었다. 그리고 2008년에 종신보험과 자동차보험까지 판매가 허용되기로 했으나 보험사들의 반대로 무산되었다.

그런데 최근에 와서 시중은행들은 '한 은행 점포에서 특정 보험사의 판매 비중이 25%를 넘지 못한다'는 규제를 완화해줄 것을 주장하고 있다. 만일 이러한 규제책까지 완화되면 사실상 보험 상품의 주도권은 완전히 은행으로 넘어가게 된다. 보험사 입장에서는 방카슈랑스가 외형적인 매출 성장에 도움을 준 것은 사실이지만, 은행에 대한 의존도가 높아져 상품 개발 등의 활동을 할 때 은행의 입맛에 휘둘릴 수 있다는 위험이 동시에 생긴 것이다. 즉, 은행과 보험사의 실질적인 관계가 '갑'과 '을'의 수직적 관계로 변화될 가능성이 높다. 이렇게 시중은행들이 규제 완화를 적극적으로 주장하는 이유에는 은행이 '예금과 대출이자의 차익에서 오는 이자 수익'이 아닌 보험 상품 판매수수료로 얻게 되는 '비이자 수익'을 상당 부분 챙기게 되었기 때문이다. 즉 '돈'이 된다는 의미다.

더군다나 방카슈랑스의 확장으로 보험사는 그동안 보험설계사 위주로 보험 상품을 판매해 온 판매 전략에 일부 변화가 불가피해졌다. 일부 보험사에서는 보험설계사들이 올린 판매 실적보다 방카슈랑스를 통한 실적이 더 앞선 곳도 있다. 설계사 교육 등에 들어가는 비용을 감안하면 비용 대비 효율성에서 방카슈랑스가 우위에 있기 때문에 향후에는 보험사들이 방카슈랑스 영업에 더 적극적으로 나설 것이 분명하다.

방카슈랑스는 고객에게 선택의 폭을 넓혀준다는 점에서는 분명 장점으로 작용될 수 있지만 반드시 순기능만 하는 것은 아니다. 은행이 방카슈랑스를 통해 보험 판매의 주도권을 갖게 될 경우, 금융 당국이 계속 감시는 하고 있지만 보험 상품의 일명 '꺾기(끼워 팔기)' 판매의 행태가 암암리에 더 이루어질 것으로 보인다. 보험사로서는 보험사의 은행 의존도가 높아지면서 보험사 간 과당경쟁 탓에 판매 수수료 인상 등의 제 살 깎기 현상이 일어날 것이다. 그렇게 되면 보험사는 기존 영업조직의 이탈, 대리점 채널 붕괴, 불완전 판매 증가로 결국 경영수지가 악화될 가능성도 배제할 수 없다.

아무리 보험 소비자들에게 좋은 제도라 할지라도 보험 판매 역시 은행의 입김이 너무 강하게 작용된다면 오히려 그것이 하나의 '판매 권력'이 되어 소비자에게 피해로 다시 돌아올 수도 있다는 사실을 명심하자.

05

보험을 들었으면 소득공제 챙겨라

_ 연금저축보험은 연간 납입 금액 400만 원까지 과세구간에 따라 환급 받을 수 있어서 세제 혜택이 매우 큰 상품인 것은 확실하다.

_ 하지만 연금은 55세 이후에나 수령하는 것이므로 장기간 돈이 묶이게 된다는 단점이 있다. 단지 세금 때문에 연금저축보험의 액수를 늘리기보다는 전체적인 인생 설계를 하는 게 더 중요하다.

● 우리는 흔히 일반 직장인을 '유리 지갑'에 비유한다. 그만큼 그들이 받는 월급이 노동력에 비해 상대적으로 낮다는 의미이지만 한편으로는 생활비, 교육·육아비, 경조사비, 각종 외식비 등 지출해야 할 돈에 비해 벌어들이는 소득이 크지 않다는 것을 의미하기도 한다.

이렇게 경제적 여유가 그리 크지 않는 직장인들이 놓쳐서는 안 될 것이 바로 연말정산 때 소득공제 환급을 받는 것이다. 직장인들에게 연말 소득공제는 '13번째 월급'이라 불릴 정도이므로 개개인이 잘 준비만 한다면 효과를 크게 볼 수 있다.

꼭 챙겨야 할 보험비 소득공제

소득공제 항목에는 직장인이 1년 동안 지불한 의료비, 교육비, 주택자금, 기부금 등이 '특별공제' 명목으로 세금공제가 적용되고, 신용카드와 직불카드, 현금영수증 등 사용 금액에 대한 소득공제 혜택이 있다. 그런데 보험사의 보험 상품에도 특별공제 명목으로 공제 혜택이 주어지는 것이 있다.

우선 **보장성 보험**이 있다. 보장성 보험은 만기에 돌려받는 금액이 납입한 보험료를 초과하지 않는 보험으로 상해와 질병에 관련한 보험 등이 이에 해당된다. 이러한 보장성 보험의 소득공제는 근로소득자에 한해 **1년에 100만 원**까지 적용된다. 만일 직장인이 부인 혹은 자녀를 피보험자로 하고 본인을 계약자를 할 경우에도 소득공제를 받을 수 있다. 이때 피보험자가 경제활동으로부터 얻은 소득이 없어야 한다. 그리고 연금보험과 달리 보장성 보험은 중도에 해지해도 이미 납입한 보험료에 대해서는 소득공제를 받을 수 있다.

보장성 보험의 소득공제 혜택은 그 금액이 100만 원 이내여서 그리 크지 않다. 실질적으로 소득공제를 말할 때 주로 떠올리는 것은 세제 적격 상품인 연금저축보험이다.

연금저축보험은 기존에는 연간 납입액을 기준으로 300만 원까지 소득에서 공제해 주었다. 즉, 월 25만 원씩을 불입할 경우 그 해 연말정산 시 연간 납입액의 100%인 300만 원 모두 소득공제를 받을 수 있었다. 그리고 세율 구간에 따라 약 19만8000원에서 115만 원까지 환급받을 수 있었다. 2010년에 발표된 세제개편안에 따라 2011년부터 납입하는 보험료에 대해서 연말 소득공제 폭이 기존 연 300만 원에서 연 400만 원으로 확대돼 연말 소득공제 혜택이 늘어났다. 이렇게 되면 소득공제를 최대로 받기 위해서 기존 25만 원씩 가입한 고객은 한 달 8만 원씩 추가 가입하면 되며, 아직 가입을 하지 않은 직장인들은 월 33만 원씩 불입하는 조건으로 가입하면 최대 절세 효과를 볼 수 있고, 종전보다 과세구간별 환급금이 더 커지게 된다.

연금저축보험 가입 시 알아두어야 할 것

그러나 연금저축보험 역시 가입 전에 반드시 알아야 두어야 할 사항이 있다.

첫째, 소득공제 연금 상품은 55세 이전 연금 수령이 되지 않으며, 55세 전에 긴급 자금이 필요해 해약할 경우 해지 수수료를 지불해야 하기에 불이익을 볼 수 있다. 즉, 보험료를 불입하다가 중도에 해지하거나 연금 방식으로 보험금을 받지 않고 일시금으로 수령한다면 전체 보험금 대비 22%의 **중도해지가산세**가 부과된다. 다시 말해 가입을 한 후 소득공제 혜택을 본 만큼 과세되며 (22% 원천징수), 5년 이내 해지 시 해지가산세 2.2%가 추가적으로 부과된다. 중도에 해지하면 가입자에게 손해가 돌아가니 가입 전에 자신의 경제적 상황을 고려한 후 가입하는 것이 바람직하다.

둘째, 세제 적격 연금인 연금저축보험은 소득공제 혜택이 있지만, 변액보험 등의 세제 비적격 상품 등이 적용받는 이자 차익에 대한 비과세 혜택을 받을 수 없다.

연금저축보험은 소득공제 환급이라는 메리트는 있으나 역시 돈이 장기간 묶이는 저축보험이라는 점에서 자신의 소득을 고려해 연금액을 산출하는 것이 무엇보다 중요하다. 본인의 소득을 고려치 않고 최대 소득공제를 받기 위해 무리하게 월 33만 원의 보험료를 납입하다가 연금 상품의 본래 목적인 은퇴를 대비한 노후 자금 마련에 문제가 생길 수 있다. 중도 해지하면 원금 손실은 물론 가산세를 물 수도 있다. 대체적으로 월수입 300만 원이 되지 않는 직장인이라면 연금저축보험에 가입하는 것에 대해 한 번쯤 신중히 생각해볼 필요가 있다.

06

묻지도 따지지도 않고 가입하는 실버보험?

_ 무심사 보험은 보험사가 안고 가야 할 위험성이 크기 때문에 보험료가 상대적으로 비싸다.

_ 종신보험과 달리 기간 내의 사망만 보장을 하고, 발병 확률이 낮은 특정 질병만 보장하는 등의 사례가 많으므로 '묻지도 따지지도 않고'와 같은 슬로건에 현혹되지 말고 세세하게 따져봐야 한다.

● 몇 해 전 대중들로부터 사랑과 존경을 받는 유명 탤런트가 모 보험사의 **실버보험** TV광고에 출연해 한 멘트가 유행한 적이 있었다. 지금도 형태만 좀 다를 뿐 다양한 유형의 실버보험 광고가 TV에서 나온다. 실제로 나이 드신 부모님 세대를 모시는 가장은 그들에게 효(孝)를 다하기 위해, 혹은 부모님이 질병에 걸렸을 경우 부담되는 치료비 걱정 때문에 이러한 실버보험에 가입하고, 그 가입자는 해마다 크게 증가하고 있다.

정작 필요한 보장은 못 받는 실버보험

우리 부모님 세대들은 보험 상품을 불신하는 경우가 많아 그들이 젊었을 때 보험에 가입하는 것을 매우 꺼렸다. 그러나 나이가 들수록 질병 및 상해로 병원 신세를 지는 경우가 많아지고, 병원 치료비 증가가 자식 세대들에게도 큰 부담이 되고 있는 상황이다.

그런데 보험 가입 시 질병에 관한 사항은 보장받을 시기의 나이가 매우 중요한 관건이기 때문에 일반적으로 나이가 많거나 특정 질병을 앓은 병력이 있다면 보험에 가입하기가 매우 어렵다. 그래서 일부 보험사에서는 '무심사, 무진단'라는 장점을 내세워 80세 미만이라면 나이에 관계없이 보험 가입이 가능하다는 점을 TV광고를 통해 홍보하는 것이다.

실버보험은 일반적으로 일반 사망 및 재해 사망 등의 사망 보험금을 보장하고 있으며, 질병, 상해, 치매 간병 등의 보장은 특약의 형태로 보장하고 있다. 또한 실버보험은 일반적으로 80세까지 보장하나, 종신의료보험과 간병보험 등 일부 상품은 종신까지 보장하기도 한다.

그러나 실버보험은 나이 드신 부모님들의 질병 및 상해에 관한 치료비 부담을 덜어주는 만병특효약이 될 수 없다. 실버보험에 가입할 때 먼저 유심히 보아야 할 점이 바로 '묻지도 따지지도 않는' 가입 조건이다. 즉 보험 가입에 필요한 심사 없이 보험 가입을 해주겠다는 조건이다.

무심사 보험은 과거 질병 여부에 대한 확인이 없으므로 보험가입은 쉽지만, 보험사가 무심사에 대한 리스크를 떠안아야 하기 때문에 **보험료가 더 비싸다.** 그리고 질병에 대한 보장은 거의 없고 사망에 대한 보험금 정도를 지급한다. 즉, 질병에 걸렸을 경우 입원비나 수술비 보장이 없거나, 있더라도 보장금액은 매우 적다. 실버보험은 질병 보장보다는 주로 **상해나 사망**에 대해 보장한다. 그 이유는 사고로 부상 등의 상해(생명보험은 '재해' 라고 함)는 일어날 확률이 적고, 사망의 경우도 일반 종신보험처럼 평생을 보장하는 개념이 아닌, 기간 안에 사망할 경우에만 보장하므로 보험금 지급 확률이 높지 않기 때문이다. 만일 가입 후 2년 이내 재해 이외의 원인으로 사망할 경우에는 약정된 사망 보험금이 지급되는 것이 아니라 이미 납입한 보험료만 지급된다.

또 한 가지 주의해야 할 점은 대부분의 실버보험이 갱신형 보험상품으로서 갱신 시 피보험자의 나이가 들수록 의료수가 상승 및 위험률 상승 등을 이유로 **보험료가 인상**될 수 있다는 점이다. 순수보장형 실버보험은 주로 1년 만기로 갱신되는데 갱신 때마다 보험료가 30~40% 가까이 오르기도 한다.

그리고 최근 치매 관련 특약이 포함된 상품이 출시되고 있는데, 알츠하이머병처럼 뇌가 계속해서 퇴화하면서 생기는 치매만 보상하고 사고, 외부 충격으로 발생한 치매는 보장하지 않는 경우도 있어 꼼꼼히 확인해 보아야 한다.

그리고 실버보험은 보험사의 전속 텔레마케터와 전화 상담을 해 가입하는 경우가 대부분인데 전화상으로는 반드시 알아야 할 약관상의 주요 보장 내용 및 보험료의 갱신 조건을 자세히 검토하지 못한다는 점이 문제점으로 부각되고 있다.

고령화 사회로 감에 따라 노인층을 겨냥한 실버보험 시장이 성장을 하고 있지만 일부 보험 상품들은 유혹적인 광고 문구와 달리 보장내역이 적어 실제 노인분들이나 부모님을 모시고 있는 가장들의 주의가 각별히 요구된다.

Chapter 5

주식투자와 금융

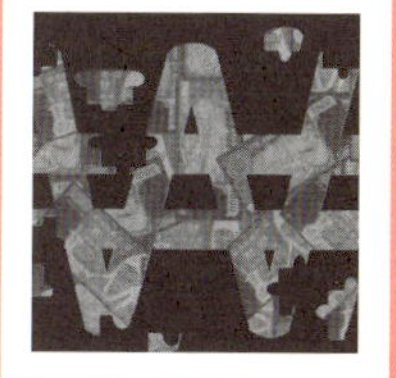

증권시장의
원리부터 파악하자

_ 주식시장은 기업이 주식을 발행하는 발행시장과 주식을 매매할 수 있는 유통시장으로 나뉘는데 우리가 흔히 말하는 주식시장은 유통시장이다.

_ 주식시장에서는 실제 주식을 주고받는 것이 아니라 계좌에서 돈과 주식이 이동한다. 이렇게 원활하게 돈과 주식이 이동하기 위해서는 여러 관련 회사의 도움이 필요하다.

● 증권시장이란 자금을 필요로 하는 정부, 지자체, 기업 등이 주식이나 채권 등의 유가증권을 발행하고 유통시켜 필요한 자금을 조달하고, 투자자들이 이러한 유가증권을 매수하거나 매도하는 시장을 말한다.

여러 기관이 협조해야 돌아가는 증권시장

증권시장은 기업이 유가증권을 발행하고 투자자들이 공모 등을 통해 자금을 투자해 해당 기업의 유가증권을 취득하는 발행시장과, 유가증권을 매수·매각해 현금화시킬 수 있는 유통시장으로 구분된다.

발행시장은 해당 기업이 신규로 발행한 주식이나 채권이 일반 투자 대중에 매각되는 시장이다. 이 과정에서 자금 조달이 필요한 회사는 발행 업무를 맡을 주관 증권회사를 정한 뒤에 금융감독원과 금융감독위원회의 지도, 감독하에 주식이나 채권을 발행하게 된다. 발행시장에서 발행된 유가증권을 유통시장을 통해 매매를 할 수 있어야 유가증권을 취득한 투자자는 투자한 자금을 회수할 수 있다.

이 장에서는 주로 주식시장의 거래방식에 대해서 언급하도록 하겠다.

주식을 유통하는 **유통시장**에는 한국증권거래소가 만든 '유가증권시장'과 벤처기업 등이 상장되어 있는 한국증권협회의 코스닥(KOSDAQ)시장이 있다. 또 이외에도 파생상품시장과 장외시장이 있다.

주식거래는 적게는 개인과 기업, 크게는 국가 경제에 미치는 영향이 크므로 자유경쟁을 통해 공정한 가격이 형성될 수 있도록 여러 기관이 지원하고 협조한다. 그래서 증권거래소, 증권회사, 대체결제회사, 증권전산회사, 증권금융회사, 증권협회 등의 협력이 있어야 한다.

미국의 나스닥을 벤치마크해서 만든 증권시장으로, 첨단 기술과 벤처 기업 위주로 조성해 이들 기업이 자금을 조달받을 창구 역할을 하고 있다

　　대체결제회사는 매매를 통해 이동하는 주식이나 자금을 해당 계좌에 정리해 주는 기관으로 실제 돈이나 주식을 이동하지 않고, 그 차액만큼 거래 쌍방의 계좌에 이체해 매매를 성립시킨다. **증권전산회사**는 주문의 전달, 증권시장의 매매 체결, 투자 정보 제공, 네트워크서비스 등 증권 업무에 대한 전산서비스를 제공한다. **증권 금융회사**는 증권 거래법에 의해 기획재정부 장관의 허가를 받아 증권 금융 업무를 담당하고 있는 회사로서, 주식 투자에 필요한 금융과 유가 증권의 매매 거래에 필요한 자금이나 유가 증권을 대부하는 것이 주요 업무이다. 또한 증권 업무에 대한 협의나 조정을 하는 증권업협회 등이 주식 거래를 지원하는 역할을 한다.

주식 거래의 주체들

주식시장에서 주식을 매매하는 주체는 일반 개인투자자와 기관, 외국인 투자자들로 이루어진다. **기관**은 은행, 자산운용사, 보험사, 증권사를 말한다. 기관과 외국인 투자자들이 주식시장에 투자하는 자금의 규모는 개인투자자보다 월등히 크므로 우리나라 주식시장은 기관과 외국인에게 큰 영향을 받는다.

　　주식거래는 투자자들 간의 직접 매매를 통해 이루어질 수도 있으나, 실제적으로 대부분 시스템이 잘 정비된 증권사를 통해 거래가 이루어진다. 증권사는 투자자로부터 매매 주문을 받아 일정한 거래 원칙으로 증권선물거래소에서 매매를 체결한다. 즉, 투자자들은 증권사 전산망을 활용하여 증권사의 영업 지점을 통해 매수 혹은 매도 주문하여 거래를 하는 구조로 되어 있다. 그래서 이러한 주문들로부터 가격이나 수량이 일치하면 시장에서 매매가 성립된다.

거 래 시 간 과 단 위

주식의 거래는 매매 계약을 체결한 날로부터 3일째 되는 날(휴장일 제외)에 결제가 이루어지는 보통결제거래에 따른다. 정규 시장 거래시간은 오전 9시~오후 3시, 시간외 거래 시장은 오전 7시 30분~8시 30분, 오후 3~4시이다. 매매 거래의 단위는 호가 단위로 하는데 호가는 유가증권시장에서는 유가증권의 가격대별로 5원에서 1천 원까지, 코스닥 시장에서는 5원에서 100원까지로 구분된다. 매매 수량의 단위는 주문 건수를 전산 처리 용량이 감당할 수 있는 수준 이내로 통제하기 위해 보통 10주로 하고 있고, 코스닥의 매매 수량 단위는 1주로 하고 있다.

주 가 지 수 의 필 요 성

주식시장에서 여러 종목의 종합치나 주식시장 전체에 관한 시세가 상승세인지 하락세인지 가늠하기란 쉽지 않다. 그래서 이른바 '주가지수' 라는 것을 만들어 가격의 흐름을 파악하곤 한다. 주가지수는 증권시장에서 형성되는 개별 주가를 묶어 전체적인 주가변동을 나타내는 지표라고 이해하면 되는데, 유가증권시장에 상장된 전 종목의 주가변동을 종합한 **코스피 지수(KOSPI)**와 코스닥 시장의 지수인 **코스닥 지수**가 대표적이다. 이 밖에 유가증권시장에 상장되어 있는 주식 중 시장 및 업종 대표성 등의 기준을 고려하여 선정하는 200종목을 대상으로 산출하는 '코스피 200지수' 가 있다.

이러한 주가지수를 통하여 유가증권시장과 코스닥 시장의 가격변동의 흐름을 일정 부분 파악할 수 있고 각각의 개별 종목을 어느 가격에, 얼마의 수량으로 매매할 것인지에 대한 대략적인 판단 기준으로 삼을 수 있다.

금리가 오르면
주가가 오를까?

02

_ 투자처가 적고 해외의 영향을 적게 받았던 과거에는 금리가 인하되면 사람들은 이율이 적은 예금 등의 안전자산보다 주식에 투자하게 되므로 주식시장이 호황이 되었다.

_ 최근에는 금리와 주식에 영향을 주는 외부 요인들이 급격하게 늘어나 금리의 변동에 주식이 영향을 받는 비중이 많이 줄어들었나. 금리보다는 전체적인 경기가 주가에 더욱 영향을 끼친다.

● 금리는 어느 자산 시장에 투자할지를 판가름해주는 기준이 된다. 자본 시장을 움직이는 거대 자산가들은 금리를 따르는 투자는 안전하다고 여기기 때문에 자산투자를 할 때 금리에 의해 얻을 수익과 상대적으로 위험 자산에 속하는 채권 혹은 주식시장으로부터 나오는 수익을 비교한다.

금리와 주가는 반비례 관계

은행의 정기예금 금리가 연 5%인데 주식 투자에서 얻는 연간 기대 수익률이 6~7%에 머문다면, 거액의 재산을 가진 자산가들은 당연히 무위험 수익을 올릴 수 있는 예금에 자금을 예치하려고 할 것이다. 원금 손실의 위험성을 고려하면 주식 투자의 기대 수익률은 금리 투자 수익률보다 적어도 4~5% 이상 높아야 할 것이다.

보통 금리가 하락하면 은행의 금융 상품에 투자하기를 꺼리기 때문에 주식이나 부동산 등 다른 투자처를 찾는다. 이러한 이유로 주가가 오른다. 반대로 금리가 상승하면 안정성과 수익성을 동시에 갖춘 금융 상품으로 자금이 몰리게 되어 주가는 하락한다.

그래서 주가는 **1주당 이익과는 정비례**의 관계에 있고, **금리와는 반비례**의 관계에 있다고 한다. 금리 변동은 투자자의 기대 수익률을 변경시킴으로써 주가에 영향을 준다. 즉, 주식 투자자가 일정 시점에서 기대하는 평균 수익률과 금리와의 차이는 대체로 일정하므로 금리가 인상되면 기대 수익률이 올라가 주가는 떨어지게 되고, 금리가 인하되면 기대 수익률도 내려가 주가는 오르게 된다.

그러나 금리와 주가와의 반비례 관계가 절대적인 것은 아니다. 즉, 경제 상황에 따라 금리 인상 시에 주가가 계속 상승할 수도 있고, 반대도 가능하다.

전체적인 경기를 감안해야 한다

과거에는 자금을 운용할 투자처가 다양하지 않았기 때문에 금리가 오르면 주로 은행의 예금에 저축했다. 그래서 저축액 증가가 주식 투자의 감소로 이어져 시장에는 악재로 작용했다. 그러나 요즘에는 금리 인상의 요인이 다양해져 오히려 시장에 끼치는 영향은 미미한 경우도 있다.

실제로 코스피 지수는 2006년부터 상승하여 2007년 8월, 11월 두 차례나 2000P 넘는 최고점을 기록했다. 이 시기에 콜금리도 완만하게 증가하여 5%대로 유지되었다. 당시 한국은행은 한·미 간의 금리 격차, 국제적 금리 인상 움직임, 부동산 가격의 급등 요인으로 금리를 계속적으로 인상했다. 금리와 주가가 반비례하지 않고 오히려 동반 상승한 셈이 되었다. 그 이유는 무엇일까? 그것은 국내 및 해외 경기가 상대적으로 양호했다는 의미다.

만일 경기가 좋지 않은 상태에서 금리가 인상된다면 투자자들은 주식에 투자하지 않고 안전 자산인 예금에 투자했을 것이다. 그런데 경기가 활황기에 있으면서 기업실적이 좋다면 사람들은 예금보다는 수익성이 높은 주식이나 펀드 쪽으로 투자한다. 즉, 금리 이상으로 주식이나 펀드에서 좀 더 높은 수익률을 기대하기 때문이다. 그래서 경기 활황기의 주식시장은 금리가 상승함에도 불구하고 상승세를 유지한다. 2005~2007년까지 우리나라 경제성장률이 세계 경제성장률과 비슷한 수준인 4~5%대의 성장세를 유지해 왔고, 이 기간의 전체 물가 상승률도 2.2~2.5%에 머무는 등 거시적인 경제지표에서도 크게 우려할 수준은 아니었기 때문에 주가가 꾸준히 상승한 것이다. 즉, 경기가 좋고 상대적으로 물가 상승률이 크게 부각되지 않을 경우 금리 인상은 주가 상승의 걸림돌이 되지 않는다.

이와 반대로 경기 침체 시기에 금리를 계속 낮춘다면 주가가 상승할 것인가? 결론부터 이야기하자면 그렇지 않다. 2007년 8월에 '서브프라임 모기지 사태'로 금융 위기가 발생하자 미국 금융 당국은 2007년 9월부터 2008년 5월까지 7차례에 걸쳐 금리 인하를 단행했다. 미국의 다우존스지수는 2007년 9월 13,890P에서, 금리 인하를 마지막으로 단행한 5월에는 오히려 12,638P까지 하락하였다. 금리 인하가 주가를 반등시키는 요인으로 작동하기보다는 유가 급등과 서브프라임으로 금융기관들이 손실을 입은 규모가 계속해서 드러나 주가 하락 요인이 더 컸기 때문이다.

경기가 침체되는 상황에서 경제에 숨통을 트이기 위해 추가적으로 금리를 인하했지만, 달러 가치가 하락하고, 국제 원유에 대한 투기가 다시 성행하면서 유가가 급등해 물가가 상승하는 악순환이 지속되었다.

결론적으로 경기 활황기에는 금리가 상승해도 경제가 계속해서 좋아질 것이라는 확신이 투자자들에게 자리 잡기 때문에 주가는 하락하지 않는다. 이와는 반대로 경기 하강 시에 금리 인하가 단행되더라도 경기가 반등의 기미가 보이지 않는 이상 쉽게 주가는 상승하지 않는다.

즉, '금리 상승, 주가 하락' 혹은 '금리 하락, 주가 상승'의 단순한 논리로 각종 경제적 변수가 대두되는 현재의 주식시장의 흐름을 설명할 수 없다. 오히려 금리 이외에 국제 유가의 변동성이 주식시장에 일정부분 영향을 끼치고, 새로운 경제 강국으로 부상하고 있는 중국의 금리 정책이 더 직접적인 영향을 끼친다고 보아야 할 것이다.

03

울고 웃는 환율과 주가

_ 과거에는 수출 기업들이 주식시장의 상위권을 차지하고 있는 우리나라의 상황상 환율이 오르면 수출 기업의 경쟁력과 수익이 상승하기 때문에 주가도 상승하는 경향을 보였다.

_ 최근에는 외국인 투자자의 비중이 커지면서 환율이 오르면 환차손을 걱정하는 외국인 투자자가 주식시장에서 투자금을 빼서 달러화를 확보하는 데 사용하기 때문에 주가가 떨어진다.

● 우리나라 주식시장에서 시가총액 상위를 차지하는 우량 종목 대부분이 수출과 관련된 기업들이다. 수출로 실적을 올리는 기업에게 환율은 매우 중요한 요소다. 그러므로 주식시장도 환율이 어떻게 변동하는가에 따라 영향을 받을 수밖에 없다.

해외 자본의 환차익을 주목하라

외국 기관이 우리나라 주식시장에 본격적으로 투자를 하기 이전의 다소 고전적인(?) 개념에서는 기본적으로 환율과 주가가 정비례 관계였다.

환율이 상승하면 원화 가치가 하락하므로 국내 수출 기업의 수출원가가 상대적으로 저렴해져 국내 수출 제품에 대한 가격경쟁력이 높아진다. 그 결과 수출 기업들의 이익 실적이 증가하여 국내 수출 기업의 주가는 상승하게 된다. 주식시장에 상장되어 있는 시가총액 상위의 기업들 대부분이 수출을 기반으로 하고 있기 때문에 우리나라의 주식시장은 전체적으로 상승하게 된다.

그러나 1998년 자본시장 완전 개방이 이루어지면서 외국 기관이 직간접으로 투자를 하기 시작했고, 그 결과 환율의 변동은 이전과는 다른 양상으로 진행되었다. 우리나라 주식시장이 국내 기업의 수출 실적에만 좌우되는 것이 아니라 외국 자본의 흐름에 더 민감하게 반응을 하기 시작한 것이다. 예전에는 '환율 상승 = 주가 상승, 환율 하락 = 주가 하락' 이라는 공식이 성립되었지만 지금은 오히려 **'환율 상승 = 주가 하락, 환율 하락 = 주가 상승'** 이 일어나고 있다 .

외국 기관들은 환율이 계속해서 하락할 것으로 예상될 경우, 국내 주식시장에 대한 투자를 늘린다. 주가를 끌어올려 시세 차익을 올린 후 달러로 환전하는 과정을 통해 환차익을 올릴 수 있기 때문이다. 이 과정에서 외국 자본이 국내 주식시장으로 활발히 유입되므로 주가는 상승한다. 실제로 2000년대 들어서 환율과 주가는 반대 방향으로 움직였다.

환율이 한 국가의 펀더멘탈을 반영한다고 보았을 때, 대세 상승기였던 2004년부터 2007년까지 환율은 1300원에서 900원 수준까지 하락했다. 당시 코스피 지수는 최고점인 2080P까지 상승해 엇갈린 흐름을 보였다.

또한 연평균 환율 기준으로 지난 10년 동안에 원화가 7번 강세를 보였는데 이 중 6번은 코스피가 동반상승했다. 특히 외국 기관의 매수가 크게 이루어졌을 때 주가가 상승했다. 외환시장에서도 원화 수요가 증가하면서 환율이 하락했다. 다시 말해 원화 강세로 발생한 환율 하락이 국내 기업의 경쟁력 강화의 원인이 되었고 이것이 외국 기관의 적극적인 투자로 연결되어 주식시장이 상승했던 것이다.

미국과 중국의 환율전쟁이 국내에 미치는 영향

위안화 절상을 둘러싼 미국과 중국의 환율 전쟁으로 환율의 방향에 대한 변동성이 심화되고 있다. 자국 기업을 보호하는 차원에서 위안화 절상을 반대하는 중국과 경기회복을 위해 달러 약세를 유도하려는 미국 간의 환율전쟁 탓에 투기적인 핫머니 자금이 이머징 국가를 중심으로 빠르게 유입되었다. 이 때문에 국내 기업들의 수출 이익이 환율 하락으로 상쇄되었다.

아직도 자동차, IT, 화학 등의 수출 기업들의 주식들이 국내 시가총액의 상당 부분을 차지하는 만큼 이들 제품의 가격 경쟁력 약화는 주가 하락으로 나타날 수 있다. 그러나 일본과 같은 **경쟁 국가의 통화가치**가 우리나라보다 높다

면 환율 하락이 국내 증시에 미치는 영향은 다소 제한적이라고 할 수 있다. 그
리고 원화 강세는 통화량 증가로 발생하는 인플레이션의 리스크를 다소 상쇄
시켜 줄 수 있다는 점에서는 좋은 현상이라고 볼 수 있고, 급격한 환율 하락만
아니라면 수출기업의 이익에 주는 영향은 그리 크지 않을 것이다.

04

미국의 기침에 한국은 감기 걸린다

_ 한국과 중국의 교역이 매우 크게 늘어나 중국이 최대 수출국이 되었다고는 하나, 생산 시장인 중국의 물품을 소비해주는 소비 시장이 미국이므로, 결국 미국 경제는 중국 경제에 영향을 미치고 중국 경제는 한국 경제에 영향을 미친다.

_ 미국 국내 경기가 좋지 못하면 외국인 투자자가 한국 시장에서 자금을 빼서 안전자산으로 돌린다. 그 결과 주가가 하락한다. 주가 하락 여파로 국내 투자자들도 손절매를 하는 등의 추가 영향이 발생해, 미국이 기침을 하면 한국은 감기에 걸린다는 말이 맞아떨어진다.

● 한때 국내 증시와 미국 증시가 다르게 움직인다는 '디커플링(de-coupling: 탈동조화 현상)' 현상을 자연스럽게 받아들였던 시기가 있었다.

글로벌 금융 위기 여파로 미국을 비롯한 유럽 선진국의 경제 회복은 더디게 진행되었지만, 환율 상승으로 IT, 자동차, 기계, 화학 등의 수출을 위주로 하는 국내 대기업의 실적이 호조를 보이자 국내 증시는 단숨에 1400P를 회복하는 등 미국 증시에 비해 빠른 상승세를 보였다. 당시 중국 경제가 빠른 회복세를 보이면서 글로벌 경쟁력을 강화한 국내 수출 대기업들이 높은 성장세를 보였기 때문이었다. 또한 이 당시 미국은 고용지표 악화로 증시가 급락하였는데 이 당시 코스피 지수는 오히려 전주 대비 3% 상승의 견조상태(주가의 시세가 내리지 않고 높은 상태에 머물러 있음)를 보였다.

이 당시 디커플링의 또 다른 이유로는 미국과 우리나라의 경기회복 속도 차이였다. 정부정책이 상대적으로 국내 증시에 적게 영향을 미쳤다는 점, 그리고 지속적인 달러화 약세 추이가 두드러졌던 점이 있다.

결국 미국 경제에 영향을 받는다

주식 투자를 할 때 주식시장을 이끌어가고 있는 핵심세력이 누구인지 파악하는 것이 무엇보다 중요하다.

지난 2008년 말 미국 주택시장 버블붕괴로 이어진 '서브프라임' 모기지 사태가 글로벌 금융 시장의 신용 경색으로 이어져 세계 주식시장은 대폭락을 경험하였다.

신용경색(Credit Crunch)은 금융기관에서 시장으로 돈이 원활하게 공급되지 않아 곤란을 겪는 현상을 말한다. 즉, 금융시장에 공급된 자금의 절대량이 적거나 자금의 통로가 막혀 있을 때 이러한 현상이 일어나곤 한다. 만일 한 나라 경제에 신용경색 현상이 발생되면 각 기업들은 적당한 시기에 대출을 받지 못하여 자금이 부족해지므로 부도가 일어나고, 정상적인 경영이 힘들어져 산업 활동에 커다란 피해를 입는다.

당시 세계 주식시장 폭락의 단초를 제공했던 것은 리먼브러더스나 골드먼 삭스와 같은 투자금융기관이었다. 이러한 기관들은 서브프라임 모기지 대출 손실로 실적이 악화되었고, 이들이 발행했던 금융 상품을 매입한 선진국 금융 기관들이 직간접으로 타격을 입었으며, 금융시장 신용경색에 대한 우려는 세계 주식시장에 대혼란을 초래했다.

또한 2005년에서 2007년 사이 글로벌 주식시장에서 초강세를 견인했던 '중국'의 경제성장도 거대 소비 시장인 미국 경제가 뒷받침되지 않으면 안 되는 종속적인 구조다. 즉, 미국의 소비 경기가 활성화되지 않으면 중국 경제 및 증시 또한 탄력이 붙지 않는다. 중국도 무시 못할 경제 대국으로 부상하고 있고 우리나라와의 교역 규모도 상당한 만큼 중국의 경제적 변수에 따라 국내 증시도 영향을 받는다. 결국 미국 경제는 중국 경제에 영향을 미치고, 중국 경제가 우리나라 경제에 영향을 미친다.

수출의존형 산업의 숙명

미국과 우리나라 증시의 '커플링'은 기본적으로 존재할 수밖에 없다. 우리나라 GDP(국민총생산)에서 대외무역이 차지하는 비중이 약 70%에 달한다. 즉, 미국 소비 시장과 밀접한 관계가 있다. 비중이 많이 줄었다고는 하지만 우리나라의 주력 수출품인 철강, 조선, 자동차, 반도체 등의 주요 수입국인 미국의 경제상황이 어떻게 변하느냐에 따라 국내 주요 기업들의 실적이 좌우되기 때문이다. 우리나라의 경제와 금융은 대외 의존도가 높은 구조를 갖고 있기 때문에 미국과의 증시 동조화 현상은 사라지지 않을 것이다.

이뿐 아니라 우리나라의 주식시장은 외국인 기관의 비중이 높다. 2010년 말 현재 외국기관 및 외국인의 투자액은 약 386조 원에 달해 우리나라 전체 주식시장의 약 30% 정도를 차지하고 있다. 외국 기관은 국내 주식 가격의 변동에 직접적인 영향을 주는 **가격설정자**(Price Setter) 역할을 한다. 이들 외국 기관투자가들은 미국의 금융기관과 긴밀히 연결되어 있다. 미국의 금융 및 주식시장이 2008년과 같은 위험 상황이 발생할 경우 외국기관들은 국내 주식시장에서 자금을 빼고 안전자산으로 예치할 것이다. 상대적으로 국내 기관 및 개인의 매수 여력은 크지 않다. 물론 개인투자자들이 '자문형 랩' 등을 통해 국내의 업종 대표주 및 핵심 주도주들을 많이 매입하고 있지만, 이들도 역시 지난번 금융 위기 때와 같이 미국 증시가 급락할 경우 외국 기관들의 투매에 영향을 받아 동조할 수 있다. 그렇게 되면 국내 기관 및 개인투자자들이 손절매 원칙을 따라 매물을 풀어놓기 때문에 나중에는 미 증시보다 하락폭이 커질 수도 있는 것이다. "미국 증시가 기침하면 한국 증시는 감기에 걸린다"는 말이 신빙성을 갖는 이유이다.

2007년 중국과 브라질, 러시아 등 신흥 국가들이 세계 경제의 성장을 주도했을 때 나타난 디커플링 현상을 제외하고는 우리나라와 미국의 경제는 거의 같은 흐름을 이어가고 있다. 세계 경제의 흐름은 아직도 미국이 주도하고 있으며, 일정 부분 차이는 있겠지만 세계 경제가 이제 긴밀히 연결되어 있는 만큼 향후에도 미국 증시의 흐름은 우리나라에 직간접적으로 영향을 미칠 수밖에 없다.

중국의 긴축정책, 우리 증시에 독인가

_ 우리나라의 대외무역 중 중국이 차지하는 비율은 25%나 된다.

_ 우리나라가 금융 위기에서 비교적 빨리 탈출할 수 있었던 이유는 중국의 경제 성장 덕분에 수출이 증가한 측면이 크다.

_ 중국은 고속 성장과 함께 물가가 상승하자 긴축 정책을 발표했고, 국내 증시는 중국의 영향을 받아 하락했다.

_ 앞으로도 중국이 긴축 정책 기조로 돌아서면 우리나라의 증시는 위축되는 현상이 지속될 것이다. 그러나 장기적인 측면에서 보면 중국 경제가 발전할 것이라는 점에서는 의심의 여지가 없다.

● 1980년대 중반까지만 해도 우리나라는 중국과 이념적으로 서로 적대적인 관계였다. 이후 1991년 한·중 수교 이후 활발한 무역관계가 시작되었고 2000년대 접어들면서 경제의 모든 분야에서 서로 영향을 주고받는 관계로 발전하고 있다.

우리나라의 대(對)중국 수출 비중은 2010년 기준 25%로 10.4%를 차지하는 미국의 2배가 넘었다. 정부도 전체 수출에서 중국이 차지하는 비중이 4분의 1을 넘자 우려를 표하고 있다. 국내 기업의 대중국 수출품 중에서 많은 비중을 차지하고 있는 것은 자동차 부품, 액정표시장치(LCD), 반도체, 가전제품 등이다. 한국의 주력 상품들이 중국 시장에서도 인기가 좋아 수출 물량은 해마다 늘어나고 있다.

중국의 정책이 우리나라에 영향을 미친다

중국 수출이 늘어나는 것은 긍정적인 부분이다. 2009년 말 현재 우리나라의 무역수지 흑자 중에서 중국으로부터 벌어들인 돈은 324억 달러로 전체 무역수지 흑자 중 약 80%를 차지했다. 우리나라 경제나 주식시장이 2008~2009년의 국제 금융 위기라는 암울한 터널을 다른 선진국에 비해 상대적으로 빨리 벗어날 수 있었던 이유도 바로 중국의 경제 성장 덕분이다.

문제는 중국이 경기과열을 우려해 긴축정책을 실시하는 경우이다. 보통 긴축정책을 실시하는 이유는 무역수지 흑자가 크게 늘어 시장에 다량으로 풀린 돈이 물가 상승의 원인이 되기 때문이다. 만일 소비자물가 상승률이 목표 범위를 벗어나는 조짐을 보이고 신규 대출 증가가 예상을 웃돌면 긴축에 대한 가능성은 더 커진다. 중국 정책 당국이 기준 금리를 인상하는 출구 전략에 들

경제 위급 상황에서 내렸던 정책 결정을 거두고 원래의 기조로 돌아서는 것

어갈 경우 대중국 수출은 타격을 입을 수밖에 없다. 국내 증시에서 시가총액 상위를 기록하고 있는 기업들이 대중국 수출 기업인 만큼, 주가 하락은 필연적으로 발생할 수밖에 없다. 즉, 중국발 규제 리스크가 불거지면 이에 따라 국내증시의 변동성이 확대된다.

실제로 중국의 긴축정책과 그에 동반한 중국 주식시장의 변동에 따라 우리나라의 주가도 많은 영향을 받아왔다. 특히 2004년에 중국정부가 '경기과열 억제정책'을 실시하자 우리나라 주식시장은 급락했다. 그동안 중국은 해마다 9%에 이르는 고속 경제성장으로 동부 연해 지역의 소득이 증가했고 주택 구입이 큰 폭으로 증가함에 따라 부동산 가격이 폭등하였다. 중국 정부는 동서 지역 간 경제 격차를 줄이기 위해 국토의 균형 발전 차원에서 서부 지역 인프라에 투자했고, 그 결과 통화량이 증가해 결국 물가가 상승하였다. 1%대의 물가 상승율 기조가 깨짐에 따라 중국 정부는 금융기관의 대출억제와 지급준비율 인상이라는 긴축정책을 발표함으로써 우리나라 증시는 2004년 4월 940P에서 한 달 만에 730P대로 약 22% 하락하였다. 2007년 3월에 중국 주식시장의 과열을 진정시키기 위해 주식 투자 대출금지와 불법 주식 투자 근절방안 등의 규제책을 내놓았을 때도 국내 코스피 지수가 1400P 이하로 하락하는 등 부정적인 영향을 받았다.

극단적인 긴축정책은 경제성장을 둔화시키고 경기를 경착륙시킨다는 리스크를 안고 있다. 급속한 금리 인상은 국가 간 금리 스프레드가 커지게 되므로 이를 이용한 투기세력의 핫머니(Hot money)가 유입되어 금융시장을 교란할 수 있다. 또한 기업 생산 활동 위축과 채산성 악화, 부채가 많은 지방정부의 재정 악화 등 부정적인 결과를 초래한다. 그래서 중국은 긴축정책을 실시한다

하더라도 경기를 둔화시킬 정도까지의 극단적인 방법보다는 부동산 투기 억제와 주식시장 상승에 따른 과열을 막기 위해 신용대출을 억제하는 수준으로 제한적인 긴축정책을 실시할 수밖에 없다. 오히려 소비 경기 활성화 정책을 폄으로써 국내 수출 기업의 대중국 수출은 계속 유지될 것으로 보인다. 그런 면에서 우리나라 주식시장에 중국의 긴축이 끼치는 부정적인 영향은 다소 제한적일 것으로 보인다.

물론 중국이 긴축정책을 펼치면 우리나라 증시가 단기적으로 조정을 받는 현상은 불가피하다. 하지만 중국경제의 성장이 꾸준히 지속되고 그 성장을 훼손하지 않는 범위 내에서의 제한적인 긴축정책은 우리 주식시장에도 긍정적인 흐름을 이어가게 할 것이다.

우리나라 주식시장은 이제 중국 주식시장의 변화에 아주 민감하게 영향을 받는 구조가 되어 버렸다. 투자자들은 미국 경제의 변화와 더불어 중국의 경제 및 주가 동향을 예의 주시할 필요가 있다. 앞으로 십수 년 후면 중국은 세계 제1위의 경제 대국으로 발돋움할 것이며, 우리에게 더 많은 기회를 가져다 줄 것이다. 그러나 경기 경착륙 및 부동산 버블 붕괴 가능성, 그리고 급등과 급락을 반복하는 주식시장의 불안정성과 같은 위험이 함께 도사리고 있는 만큼 중국 관련 종목에 투자하는 투자자들은 좀 더 세심한 주의를 요할 필요가 있다. 그리고 장기적인 관점에서 중국의 경제 및 주식시장은 반드시 발전하고 상승할 것이라는 것에는 의심의 여지가 없지만, 그 상승을 이루는 과정에서 중국이 반드시 해결해야 하는 **정치적인 민주화, 동서 지역 격차, 인플레이션 문제** 등을 함께 고려해야 할 것이다.

대차대조표와
손익계산서 바로 보기

_ 대차대조표는 기업의 부채와 자본에 대한 정보를 보여준다.

_ 대차대조표에서는 비유동부채 상황, 자기자본이익률, 이익잉여금, 유형자산 여부를 눈여겨본다.

_ 손익계산서는 기업이 어떤 방식으로 이익을 올리는지를 살펴보는 용도로 사용한다.

_ 실제 기업 활동을 통해 이익을 남기는 기업이 건강한 기업이다.

● 하나의 기업이 장기적으로 충분하게 경쟁력이 있는지를 판단하기 위해 반드시 검토해야 할 사항은 투자하려는 해당 종목 기업의 **재무제표**를 파악하는 일이다. 재무제표는 기업의 CEO, 임직원 등의 이해관계인들이 업무와 관련한 의사 결정을 내릴 때 참고하기 위해 기업의 거래를 측정·기록·분류·요약·작성하는 회계보고서다. 재무제표의 종류에는 기업의 자산과 부채 등의 재무 상태를 말해주는 **대차대조표**와 현금 유입과 유출을 표시한 **현금흐름표**, 영업 활동의 성과를 나타내주는 **손익계산서**, 경영 활동의 결과를 배분하는 **이익잉여금 처분계산서** 등이 있다.

기업을 평가하는 지표

재무제표 중에서도 가치투자자들이 유심히 봐야 하는 부분이 바로 대차대조표와 손익계산서다. 투자할 대상 종목 기업의 자산과 부채가 어느 정도인지를 파악해야 하며, 일정 기간 동안 해당 기업이 손실을 냈는지, 이익을 냈는지를 확인해봐야 하기 때문이다. 대차대조표는 일정 시점 현재 기업이 보유하고 있는 경제적 자원인 **자산**과 경제적 의무인 **부채** 그리고 **자본**에 대한 정보를 보여준다. 대차대조표는 기간의 개념 없이 특정일 현재의 상태를 나타낸다.

대차대조표의 왼쪽(차변)에는 자산 항목, 오른쪽(대변)에는 부채와 자본 항목이 기입된다. 왼쪽의 자산에는 1년 이내 현금화할 수 있는 유동자산(주로 현금, 순매출채권, 재고자산)과 1년 이내 현금화할 수 없는 토지, 기계, 건물 등의 비유동자산으로 나뉜다. 오른쪽 대변의 부채에는 1년 이내 만기가 돌아오는 유동부채와 1년 이후 만기가 도래하는 비유동부채(장기부채)로 구분된다. 자본은 자산에서 부채를 뺀 순자산이다. 즉, 기업설립 당시 사업을 위해 주주들이 초기에 투자한 돈으로 자본금, 자본잉여금, 이익잉여금으로 나뉜다. 결과적으로 대차대조표는 자산과 부채와 자본의 총액이 같아 균형을 이루게 된다.

대차대조표에서 확인해야 할 사항

가치투자를 할 때 대차대조표 항목 중 반드시 살펴봐야 하는 몇 가지 사항이 있다.

첫째, 장기투자 시 경쟁력 있는 기업에 투자하고자 한다면 **비유동부채**가 없어야 한다. 이것은 해당 기업이 사업을 확장하거나 신규사업을 런칭할 때 필요 자금을 외부 차입 없이 내부에서 조달할 수 있는지 능력을 가늠해보는 지표이다. 만일 5년 이상 비유동부채가 거의 없었다면 비교적 탄탄한 기업이라 할 수 있다.

둘째, 자기자본이익률(ROE)이 높은지를 보아야 한다. 가치투자의 대가로 알려진 워런 버핏은 경쟁력 있는 기업을 찾을 때 자기자본이익률이 높은 회사를 선호한다. 자기자본이익률이 높다는 것은 그만큼 회사가 보유하고 있는 자본을 잘 활용한다는 것이다.

셋째, **이익잉여금**이 높아야 한다. 이익잉여금은 기업의 영업활동에서 생긴 순이익으로, 배당이나 상여(賞與) 등의 형태로 사외로 유출시키지 않고 사내에 유보한 부분이다. 이익잉여금이 증가하지 않는 기업은 대차대조표상의 자본을 증가시키지 못한 것이기 때문에 장기적인 회사의 가치를 키울 수 없다. 그래서 이익잉여금이 해마다 어느 정도 증가했느냐를 따져보는 것이 장기적인 경쟁 우위를 가진 기업을 선택하는 데 중요한 기준이 된다. 한 기업의 이익잉여금이 매년 증가한다면 당연히 주가에는 긍정적인 요소로 작용될 수 있어 투자 가치는 그만큼 높아지게 된다.

마지막으로, 대차대조표에서 살펴봐야 할 중요한 항목이 바로 부동산, 건물, 기계 등의 **유형 자산**이다. 투자가치가 있는 기업을 선별할 때 제품을 생산하는 기계 설비를 빈번하게 확장할 필요가 없는 기업을 골라야 한다. 경쟁력 있는 입지의 부동산을 기반으로 하고 있는 백화점 혹은 할인점을 소유하고 있는 기업은 청산 가치가 있는 자산을 가지고 있기 때문에 주가에도 긍정적인 영향을 미친다.

기업이 이익을 올리는 방식, 손익계산서

손익계산서는 해당 기업이 일정 기간 동안 기록한 이익과 손실에 대한 보고서다. 일반적으로 우리나라 기업은 1년 단위로 손익계산서를 작성한다. 손익계산서 항목에는 매출액, 영업비용, 영업이익, 당기순이익 등이 있다.

가치투자 시 손익계산서 분석이 가지는 중요한 의미는 바로 해당 기업이 어떠한 방식으로 이익을 올리느냐를 파악하는 것이다. 즉, 이익 자체보다는 이익의 근원을 알아내는 것이 중요하다. 매출액과 매출이익률이 높더라도 과연 그것이 계속 이루어지는지, 연구개발비 및 판관비 등의 비용이 같이 상승하는지, 매출액 대비 당기순이익이 높아 그 기업이 효율적인 경영을 하는지를 재무제표에 앞서 1차적으로 가늠해볼 수 있다.

손익계산서를 분석할 때 가장 눈여겨봐야 할 점은 **당기순이익**이다. 당기순이익은 기업이 한 해 동안 올린 매출액에서 비용과 법인세를 제외한 순이익을 말한다. 기업의 효율성을 파악할 때 매출액만 가지고 판단하는 것은 무리가 있다. 워런 버핏은 전체 매출액에서 당기순이익 비율이 20% 이상 되는 기업을 투자가치가 있는 기업으로 꼽았다. 그리고 당기순이익은 가치투자 분석 지표 중 하나인 **주당순이익**(Earning per Share)과 연결되어 있다. 주당순이익은 당기순이익을 발행주식의 수로 나눈 것이다. 주당순이익이 높을수록 주가는 높다. 적어도 5년 이상 중장기적으로 꾸준하게 주당순이익이 나오는 기업이 투자 가치가 있는 기업이다.

주식 투자와 경기선행지수

_ 경기선행지수는 경기에 영향을 미치는 몇 가지 지표를 선정하여 살펴보는 것이다. 말 그대로 경기선행지수가 상승하면 곧 이어 경기도 상승하는 경우가 많다.

_ 투자자 입장에서도 경기선행지수가 상승하는 가운데 주가가 하락한다면 이를 저가에 주식을 매입할 기회라고 인식하는 센스가 필요하다.

● 주식시장도 경제의 일부다. 경기변동에 따라 주식시장의 흐름도 변한
다. 그래서 경제 성장 혹은 침체를 좌우하는 각종 경제지표는 주식시장에 많
은 영향을 끼친다.

경제성장률을 기준으로 주식시장의 방향을 예측한다는 것은 다소 무리가
있다. 그래서 향후 주식시장의 전망을 예측할 때 투자자들에게 유용한 지표가
바로 **경기선행지수**(leading composite index)다.

경기선행지수는 영화의 예고편 같은 것

경기선행지수는 경기의 흐름을 파악하기 위해 경기에 영향을 끼치는 몇 개의
경제지표를 선정하여 이를 지수로 표현한 것으로서 앞으로의 경기 향방을 가
늠하게 해주는 중요한 지표이다. 이것은 마치 우리가 영화의 본편을 보기 전
에 예고편을 봄으로써 영화가 재미있는지 없는지를 판단하는 것과 마찬가지
라고 이해하면 된다. 경기선행지수를 통해 보통 **6개월 정도 후**의 경기 동향을
알 수 있으며 매월 통계청에서 발표한다. 경기선행지수는 10개의 세부 항목
으로 이루어져 있다.

다음 쪽의 표에서 보는 바와 같이 맨 마지막 칸의 '선행지수'는 2009년 2사
분기 이후 전년도에 비해 상승하였음을 알 수 있다. 특히 기업 측면에서 중요
한 지표인 기계수수액과 건설수주액은 선년의 같은 시기와 비교하였을 때 크
게 증가하였다.

기업은 경기가 좋아질 것이라고 예상하면 향후 이익 실현을 위해 투자에
적극적으로 나선다. 특히 설비투자를 미리 앞서서 하지 않으면 막상 경기가
활황일 때 제대로 제품을 생산하지 못하게 되고 결국 판매 감소로 이어져 이

지수별	2009.01	2009.02	2009.03	2009.04	2009.05	2009.06	2009.07	2009.08	2009.09	2009.10	2009.11	2009.12
재고순환지표	−0.2	6.3	6.2	6.8	5	7.3	4.5	2.6	0.8	2	5.6	5.8
소비자기대지수	−1.2	0.1	0.6	6.5	9	10.3	4.9	3.8	2.1	1.9	−0.6	0.2
기계수주액	−2.2	6.2	3.6	−3.9	−1.4	8.8	24.6	1.1	−3.5	−16.7	9.2	−1
자본재수입액	−11.7	−3.8	−0.2	3.1	3.6	4.5	3.6	3.2	2.3	0.2	0.6	1.6
건설수주액	3.4	3.5	−8.5	2.6	5.2	5.9	1	−3.9	−5.8	4.7	14.7	−0.4
순상품교역조건	4.6	4.3	3	2	1.6	1.4	−1.3	−1.3	−0.7	0.5	0.2	−0.3
구인구직비율	−4.6	−2.9	−1	1.8	1.7	1.7	1.9	2.1	1.6	1	2.2	1.1
종합주가지수	−2.5	0.6	1.3	3.9	6.8	5.8	3.9	5.1	6.1	5.1	1	−0.1
금융기관유통성	1.9	11	0.8	0.3	0.9	1	0.6	0.2	0.3	0.9	0.6	0.4
장단기금리차	0.3	0.3	0.4	0.3	0.1	0.1	0.1	0.2	0.1	0.1	0	−0.1
선행지수	−3.9	−2.6	1.4	0.4	2.7	5.5	7.6	8.8	9.6	10.3	11.3	11.6

(선행지수는 전년 동월 대비/소비자 기대지수, 재고순환지표, 구인구직 비율, 장단기금리차는 전월과의 차이/나머지는 전월 대비)

익을 크게 올릴 수 없다. 그래서 기계를 미리 주문해야 하는데, 이러한 **기계수주액**이 계속해서 증가한다면 경기가 앞으로 좋아질 것임을 알 수 있다.

내수경기에서 중요한 지표는 바로 **건설수주액**이다. 이것은 건물이나 주택 공사를 착공하기 전에 미리 계약을 수주하는 것으로서 내수경기를 좌우하는 건설 경기의 전망을 예측하는 데 유용한 지표이다. 표를 보면 기계수주액 및 건설수주액이 경제 위기가 생긴 2008~2009년 초반이 지나고 2009년 중반 들어서 일정 부분 상승함에 따라 경기가 서서히 회복되었다는 것을 알 수 있다. 즉, 경기선행지수는 주가와 거의 같이 움직이면서 향후 경기가 어떻게 흘러갈 것이라는 것을 말해주기 때문에 경기를 미리 진단할 수 있다. 실제로 코스피 지수의 변동률과 경기선행지수를 비교해보면 공통점이 보인다.

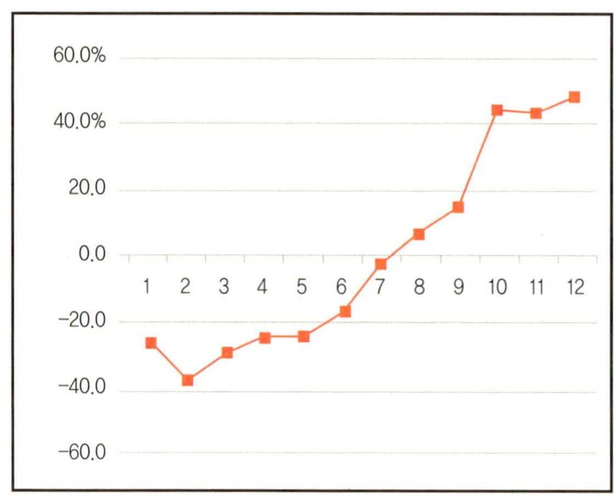

코스피 지수의 전년동월 비교

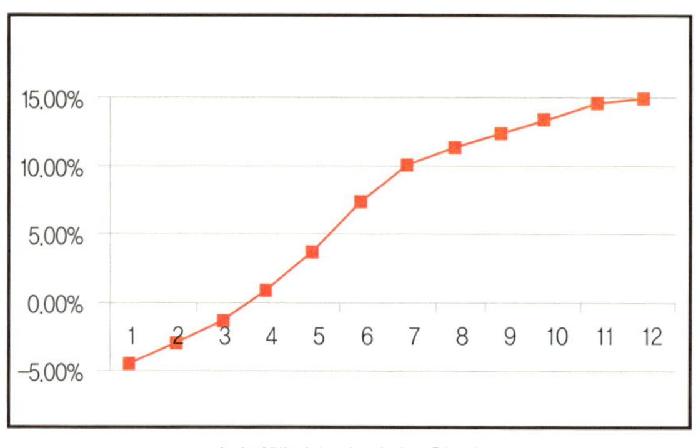

경기선행지수의 전년동월 비교

그림에서 보는 바와 같이 코스피 지수와 경기선행지수의 변동은 정도의 차이가 있을 뿐 추세는 거의 비슷한 흐름을 보인다. 경기선행지수는 2009년 1월부터 서서히 상승하다가 2009년 4월부터 급격하게 상승하였고 코스피 지수는 2월부터 회복의 기미를 보이기 시작하더니 7월부터 전년보다 높아졌음을 알 수 있다. 경기선행지수가 상승세로 놀아서면 수가노 결국 대세상승으로 섭어듦을 분냉하게 보여준다. 이렇듯 경기선행지수는 향후 경제의 흐름을 예측하는 데 도움이 되는 지표이며, 주식 투자 시 반드시 참고해야 할 사항이다.

개인투자가에도 영향을 끼치는 경기선행지수

개인이 투자한 종목의 주가가 계속 올라가기 위해서는 해당 기업의 실적이 좋아야 하고, 그 기업의 생산성과 제품 소비가 늘어나야 한다. 경기가 좋아야 그 기업의 매출과 영업이익이 증가하여 결국 주가가 오르게 되는 것이다. 만일 경기가 침체 상태일 경우 생산과 소비가 감소하여 기업의 실적이 악화되고 당연히 주가는 하락하기 시작한다. 그런데 주가는 경기를 미리 반영하기 때문에 현실에서는 경기가 후퇴하기 전에 먼저 주가가 하락하고, 그 하락의 폭도 크다. 만일 이때 큰 수익을 노리고 주가가 계속해서 상승하는 종목을 매수하여 투자한다면 큰 손실을 보게 된다. 즉, 단기적인 주식시장의 상황 변화에 크게 흔들리지 않고 중장기적으로 주식시장의 향후 추세를 짚을 수 있게 해주는 지표가 바로 경기선행지수이다.

경기선행지수가 전년도에 비해 상승하고 있을 때 일시적으로 주가가 하락한다면 대체적으로 조정의 가능성이 크기 때문에 저가에 매수할 기회가 되지만, 반대로 경기선행지수가 하강하기 시작했는데 주가가 상승할 경우, 주식을 매입하면 자칫 상투를 잡아 향후 많은 손실을 볼 수 있다. 경기선행지수를 유심히 관찰해 가면서 주식 투자 시 현명하게 활용한다면 그만큼 실패를 볼 확률을 줄이게 될 것이다.

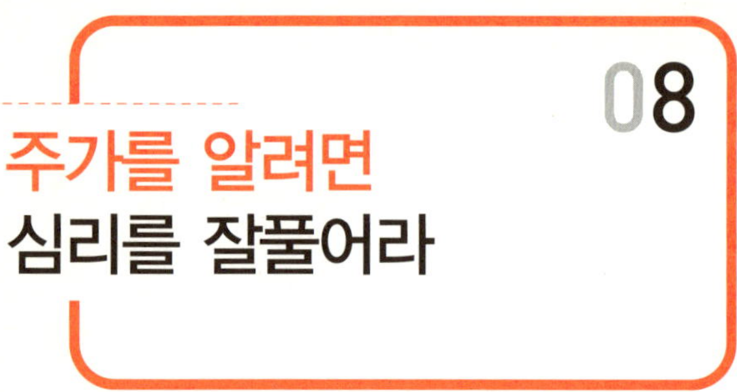

주가를 알려면
심리를 잘풀어라

_ 주가는 내부요인과 외부요인에 의해 결정된다. 내부요인은 기업의 이익이 증가하는 등 실질적인 가치 변화를 말하는 것이고 외부요인은 유가 인상 등 기업의 외적 요인에 의해 영향을 받는 것이다.

_ 그러나 결국 주가를 결정짓는 가장 큰 요인은 투자심리에 있음을 잊어서는 안 된다.

● 자본주의 경제체제에서 모든 시장가격은 수요와 공급에 의해 결정된다. 주식시장에서 거래되는 상장주식 역시 매수라고 하는 수요와 매도라고 하는 공급에 의해 가격이 결정된다. 즉, 주가는 주식의 시장가격을 말한다. 주식의 시장가격은 해당 종목의 기업에 대해 권리를 행사할 수 있는 가격으로도 해석될 수 있다.

주가에 영향을 미치는 여러 가지 요인

주가는 기업의 가치를 반영해서 결정되고, 다른 물건과 마찬가지로 수요와 공급의 균형점에서 주가가 형성된다. 그러므로 주가는 가치와 수급이 바뀌면 이에 영향을 받아 움직인다.

주식시장에 참여하는 사람들의 투자심리 변화에 따라서도 주가가 변동한다. 왜냐하면 주식의 가격에는 객관적인 기준이 없기 때문이다. 주식거래에 대한 제한적인 요소가 많지 않기 때문에 시장참여자의 주관적인 심리가 상당히 많이 반영된다. 시장참여자들로부터 평가받는 가치와 그것에 근거한 수요성에 따라 때로는 **고평가** 혹은 **저평가**되기도 한다.

주식 투자자들은 주식을 싸게 매수해서 비싸게 매도해 이익을 거두는 차익거래에 목표를 둔다. 그러나 원래의 주식 거래의 목적은 기업의 소유권을 거래하거나 기업이 이익을 올릴 경우 배당이라는 형태를 통해서 그 이익을 배분·공유하는 데 있다. 주식 투자는 해당 주식을 가지고 있는 주주들의 행동과 심리에 의해 가격이 변해야 하는데, 실제 주식매수의 기준은 주가변동이며, 주가변동은 해당 기업의 주식 보유와 상관없이 시장 참여자 모두의 투자심리가 영향을 끼친다.

투자심리에 영향을 받는 주가

주가에 영향을 주는 요인들을 시장에서는 보통 **재료**라고 한다. 해당 종목의 주가를 상승시킬 수 있는 재료일 경우 이것을 **호재**라 하고, 반대의 경우를 **악재**라고 한다.

주가를 변동시키는 요인은, 기업 내부의 고유 요인으로 개별종목 주가에만 영향을 미치는 **내부 요인**, 주식시장 전체에 영향을 줘 모든 종목의 주가에 영향을 미치는 **외부 요인**으로 나누어 볼 수 있다.

개별종목 주가는 우선 해당 기업의 매출액과 순이익 등 영업실적 등의 내부 요인에 의해 좌우된다. 어떤 기업이 해당 분기에 사상 최고의 실적을 올렸다는 발표가 나오면 사람들의 관심이 모여 주식을 매수하려는 수요가 매도하려는 수요보다 많아져 해당 종목의 가격이 오른다. 이와는 반대로 해당 분기에 실적 감소가 예상된다는 소식이 시장에 퍼지면 매도가 매수보다 많아져 주가는 하락한다. 이 밖에도 재무구조의 변화, 노사관계, CEO 등 경영자의 장기 사업 비전, 대주주의 변동 등이 해당 기업의 가치와 주식 수급에 변화를 일으키는 내부 요인에 해당된다.

주가를 결정하는 외부 요인은 매우 광범위하다. 거시경제 흐름에 매우 중요한 변수인 금리, 환율, 국제유가 동향, 원자재 가격 등의 경제적 요인과 중동지역 분쟁, 한반도의 지정학적 리스크, 일본에서 일어난 지진 및 원전사태 등의 비경제적 요인이 있다.

내부 혹은 외부 요인들이 개별적으로 주가에 영향을 미치는 것도 있지만, 대부분이 복합적으로 작용하여 가격이 결정된다. 최근 급속도로 글로벌 경제가 확산됨에 따라 내부 요인보다는 오히려 외부 요인에 의해 주가의 변동성이 더 커지고 있다. 외부적 요인이 오히려 투자심리에 더 직접적으로 영향을 준다는 말이다.

사람들은 군중심리에 의해 투자를 결정하는 경향이 있다. 과학적인 투자가 아닌 트렌드에 휩쓸리는 투자 행태를 보인다는 것이다. 주가의 대세상승 시에는 호재를 크게 반영하고 악재에는 크게 주목하지 않는다. 반대로 하락국면에서는 악재는 크게 반영하고 호재는 거의 반영하지 않는 현상이 발생한다. 이것이 주가를 결정하는 원리인 수요와 공급에 직접적인 영향을 끼친다. 투자심리가 주가를 결정하는 큰 요인이므로 앞에서 말했던 외부 요인, 내부 요인 등은 결국 투자심리의 방향을 결정하는 종속변수로서의 의미를 지닌다고 하겠다.

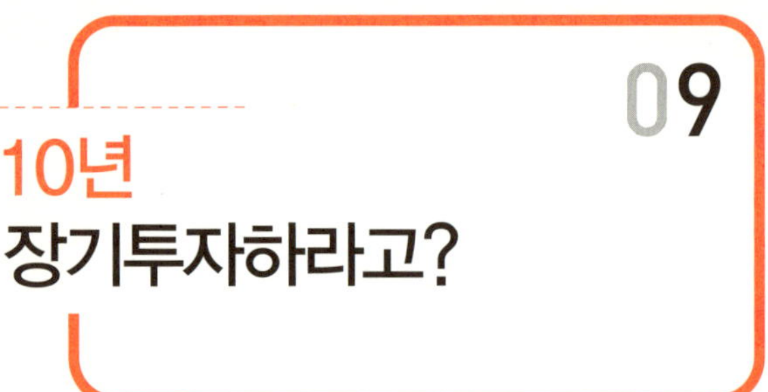

_ 경제가 발전한다면 주가는 지속적으로 상승할 것이기 때문에 우량주에 10년 이상 장기투자하면 이익을 볼 수 있다는 것이 워런 버핏이 말한 장기투자의 비밀이다.

_ 하지만 생활을 하는 일반 개인이 목돈을 10년 이상 그대로 묵혀두기는 쉽지 않다. 장기적인 관점으로 바라보되 상황에 따라 손절매 혹은 부분 환매하는 전략을 취하는 것은 수익률면에서 매우 중요하다.

● 워런 버핏의 투자 원칙은 첫째, 원금을 잃지 않는 것이며, 둘째로 10년을 보유할 주식에 투자할 것이다. 이것이 장기투자의 핵심이다. 그리고 대다수의 주식전문가들은 주식에 투자할 때 적어도 3~5년 이상 장기투자를 하라고 조언하는데, 주식시장의 가격은 결국 경제를 이끌어 가는 시가총액 상위 종목 등의 주도주에 의해 좌우되므로 꾸준한 경제성장이 이루어지면 주가도 동반 상승한다고 생각하기 때문이다.

또한 장기투자를 주장하는 사람들은 널뛰는 변동성 속에서 개인투자자가 승리할 수 있는 거의 유일한 방법은 장기투자이고, 투자 리스크가 투자 기간에 따라 천차만별이기 때문에 당연히 투자 기간이 길수록 실패 확률이 낮아진다고 주장하고 있다. 그리고 적립식 투자에 있어서도 장기투자가 옳다고 강조한다. 적립식 투자는 이른바 '코스트 에버리지 효과'로 주가가 하락할 때 같은 돈으로 더 많은 주식을 매입할 수 있어 평균 매입단가가 계속 낮아지므로 향후 주가가 상승하면 수익을 얻을 수 있다는 논리다.

장기투자의 허와 실

장기투자의 효과와 중요성이 이처럼 강조되고 있지만, 현실적으로 장기투자를 실천하는 투자자는 그리 많지 않은 것이 사실이다. 수익률에 대한 조급증과 장기투자를 하고도 실패한 경험이 일정 부분 작용한 것이다.

장기투자의 선행조건은 투자자들이 오랜 기간 자신이 투자한 주식을 매도하지 말아야 하는데 그것을 지키기가 쉽지 않다. 만일 지난 1998년에 있었던 IMF 외환 위기나 2008년 말의 글로벌 금융 위기처럼 주가가 큰 폭으로 하락하거나 하락 기간이 장기간 지속될 경우 투자심리가 위축돼 투매로 이어지기 쉽다. 그리고 개인투자자들에게 10년 이상의 장기투자는 현실성이 없는 얘기일 수 있다. 자녀교육비 충당, 내 집 마련, 짧아지는 직장 생활 등의 여건 때문에 목돈을 주식시장에 10년 이상 장기로 묶어두는 게 쉽지 않다.

그리고 일각에서 장기투자의 장점으로 일컬어지고 있는 '복리 효과'도 주가가 꾸준히 상승할 때만 적용될 뿐 주가가 하락하면 이마저도 나타나지 않는다. 경제가 계속적으로 좋아지거나 투자하는 기업의 실적이 꾸준히 상승한다면 시간이 지날수록 주가가 올라 복리 효과를 극대화시킬 수 있기에 장기투자가 바람직하다. 그러나 주가가 지나치게 올랐거나 경기가 침체되었을 때는 시간이 지날수록 주가가 떨어지기 때문에 오히려 손절매 시기를 놓치게 되는 등 복리효과를 볼 수 없다.

실질적인 장기투자

투자자들이 장기투자의 한계를 벗어나기 위해서 반드시 유념해야 할 사항이 있다.

맹목적인 장기투자 방식을 버리고 거시경제 흐름을 예의 주시하면서 투자에 임해야 한다. 매수한 주식을 무조건 장기 보유하는 게 아니라 주기적으로 금리, 환율, 국제유가 그리고 외국인 자본의 변화를 모니터링하여 포트폴리오를 재조정하고 환매 여부를 결정해야 한다. 대다수의 투자자들은 주가가 폭락하면 심리적 부담을 피하기 위해 좋지 않은 정보와 뉴스들을 애써 외면하다가 손절매 기회를 놓치고 만다. 투자자의 주관적 판단보다는 보다 객관적인 분석 정보를 수용하는 것이 매우 중요하고, 주식시장의 전망이 매우 어두울 때는 과감하게 손절매할 수 있는 결단력이 필요하다.

유가와 주가는 무슨 관계인가

_ 유가가 오르면 원자재 부담이 생기므로 수출기업들의 실적이 하락해 주가가 떨어지는 것이 정석이었다.

_ 전 세계적으로 경제가 맞물려 돌아가는 상황에서는 달리 생각해야 한다. 경기가 활성화되면 기름의 수요가 늘어나므로 유가가 상승하고, 경기 상승과 더불어 주가도 상승한다. 하지만 지속적인 유가 상승은 경제에 부담을 가중시키므로 어느 정도 임계점을 돌파한 후에는 주가가 하락한다.

● 일반적으로 국제유가가 상승하면 물가가 상승하고, 수출 기업이 생산하는 제품들의 원가가 올라 수출 가격 경쟁력이 약화되어 수출이 감소한다. 그 결과 국내 경제도 실질소득이 감소하고 일반 국민들의 소비가 줄어 경기는 침체기에 접어든다. 물가 상승으로 인플레이션이 발생하는 것을 억제하기 위해 중앙은행은 금리 인상을 실시함으로써 기업의 투자 감소, 고용 감소 등의 경제적 악순환이 발생한다. 경기를 선행하는 주가도 이 영향을 받아 하락하게 된다.

유가와 주가가 정비례로 바뀐 이유

지난 2007년에는 이러한 유가와 주가 간의 반비례 현상이 나타나지 않았다. 이 당시 국제 원유 가격은 연초 배럴당 50달러에서 100달러까지 급등하였다. 그럼에도 불구하고 미국의 다우존스지수는 연초 12,470P에서 출발하여 11월 14,000P의 최고점을 돌파하면서 결국 연말에 13,260P로 마감하는 등 연초 대비 6.3%까지 상승하였다. 유가가 두 배 가까이 상승하였음에도 주가는 하락하지 않았던 것이다. 우리나라 주식시장 역시 약 32.6% 상승하였다.

그렇다면 왜 이 당시 유가와 주가 간의 정비례 현상이 나타난 것일까? 그 이유는 바로 중국, 인도 등의 이머징 국가의 견조한 경제성장과 동유럽과 브라질 능 산유국의 활발한 산업 실미두사 때문이있다.

2000년대 초반 미국을 포함한 세계 경제의 물가는 어느 정도 안정돼 있었다. 그 이유는 바로 값싼 노동력에 기반한 이머징 국가로부터 수입되는 값싼 제품들이 상대적으로 물가를 안정시키는 역할을 했기 때문이다. 즉, 유가가 계속적으로 상승함에도 물가는 상승하지 않고 세계 경제가 꾸준히 성장할 수

224

있었다. 이에 이머징 국가의 수출품을 소비해 주는 미국 소비자들의 소비심리도 위축되지 않았기 때문에 세계 경제도 나름대로 탄탄한 성장세를 유지했다. 이 당시 미국과 유럽의 선진국들은 이들 이머징 국가로 시장을 넓혀 유가 급등을 상쇄시키고 있었고 산유국들은 과거와 달리 원유 수출에서 벌어들인 돈으로 국부펀드 등을 조성해서 세계 경제의 유동성 역할을 하면서 고유가에 대한 부담을 상당히 줄여주었다. 이 때문에 유가가 급등함에도 주가는 계속해서 상승세를 탈 수 있었다.

2007년 동유럽 산유국들이 **오일머니**를 경제 발전을 위해 과감히 설비투자에 사용함으로써 반제품을 생산하는 중국의 수출이 크게 늘고, 중국에 기초자재를 수출하는 현대중공업과 같은 기업들의 수출 실적이 급증하였다. 이에 힘입어 실적이 좋아진 시가총액 우량주들의 코스피 지수가 급상승을 했다. 결국 미국의 소비 규모가 꾸준히 유지되었고 이머징 국가들의 경제 발전으로 유류의 수요가 급증한 것이었기 때문에 단기적으로 주가가 상승했다.

또한 국제 유가와 주가의 정비례 현상은 지난 2008년 말의 글로벌 금융위기 당시에도 재현되었다. 즉, 그해 8월 배럴당 120달러에서 글로벌 금융위기가 최악의 상황에 달했던 연말에는 배럴당 32달러까지 하락하는 모습을 보였다. 주가와 유가가 동시에 하락하는 동일화 현상을 보였던 것이다.

유가와 주가를 쉽게 연관 짓지 마라

그렇다면 일반적인 주가와 유가의 반비례 관계가 아닌 동일화 현상이 나타나는 근본적인 원인은 무엇일까?

원유는 산업발전에 없어서는 안 될 필수품이자, 수요와 공급에 영향을 받는 상품이라는 양면적인 모습을 띠는 원자재다. 즉, 경기가 좋아지면 원유 수요와 공급은 증가하지만, 경기가 침체된다면 원유 수요가 줄어들고 가격은 다시 하락하게 된다.

또한 국제 원유 가격은 경기를 예측하는 데에 일정 부분 선행 지표 역할을 한다. 향후 경기가 좋아질 것으로 보이면 유가가 오르고, 경기가 악화될 것으로 보이면 유가가 하락한다. 과거와 같이 국제 유가에 일방적으로 영향을 받는 종속적인 구조에서 이제는 오히려 주식시장이 유가시장을 이끌어 가는 중심적인 변수로 변화되어 간다는 의미다. 유가가 주식시장의 일정 부분 선행지표 역할을 하기 때문에 오히려 유가가 올라야 주가가 오르는 현상이 계속적으로 나타나고 있다.

그러나 정비례든 반비례든 주가와 유가와의 상관관계를 규정하는 것은 매우 위험하다. 모든 자연현상에는 '임계량'이라는 것이 있다. 어느 시점에 도달하기까지는 반응이 크게 나타나지 않다가 그 시점을 넘어서는 순간 커다란 충격이 온다. 유가도 마찬가지다. 경제성장기에 원유 수요가 증가해 자연스럽게 유가가 상승하는 것은 경제가 잘 돌아가고 있다는 증거이고, 이것이 주식에 반영되기 때문에 상당 부분 긍정적인 평가를 내릴 수 있다. 그러나 유가가 배럴당 120달러에 육박하여 경제에 상당한 부담을 주는 등, 침체기에 물가 상승만 유발시키는 부정적인 영향을 준다면 일반적인 반비례 현상을 보이게 될 것이다.

특히 우리나라 주식시장 시가총액의 상위를 차지하는 주도주들은 수출 대기업이기 때문에 유가 급등에 따른 경제적 충격은 여타 선진국보다 매우 크다.

11

뉴스나 TV에 나오면 좋은 회사?

_ 뉴스에 나온 정보는 투자 정보로서의 가치는 이미 많이 떨어진 상태라고 생각하고 그 정보에 의존한 투자는 자재해야 한다.

_ TV에 나오는 전문가들도 사리사욕을 채우기 위한 방송을 하는 경우가 간혹 있다. 방송이나 강연회를 100% 믿지는 말아야 할 이유다.

● 일반 투자자들은 경제신문의 주식 섹션과 포털사이트의 증권 코너를 많이 참고한다. 또한 케이블 TV의 각종 증권방송을 참고하는 경우도 많다.

이러한 증권 관련 정보 매체들을 보면 시시각각 우리나라 혹은 해외 주식시장 시황뿐만 아니라 개별 주가 종목의 시세 추이까지 여러 전문가들이 출연해 생생하게 분석해준다. 만일 이러한 정보들을 제때 파악하고 따라가지 못한다면 주식 투자는 쉽지 않다. 왜냐하면 정보를 알아낼 수 있는 소스가 많지 않기 때문이다.

구체화된 정보는 투자가치가 적다

그러나 개인투자자들이 기사나 뉴스에 나오는 내용을 100% 신뢰하는 것은 바람직하지 못하다. 주식시장의 전체적인 흐름과 국내외 기관투자가들의 거래 동향을 파악하는 정도로만 활용해야 한다. 개별 주식종목에 영향을 미치는 재료들은 정보 매체에 기사로 게재되는 순간부터 그 활용가치가 반감된다. 오히려 그러한 기사를 보고 주식을 매수했을 때 실패한 사례가 더 많다. 기사에 호재가 뜨면 기대감 때문에 주가가 급등하지만 이후 기대감이 꺼지면 주가는 급락하게 된다.

정보는 소수의 투자자만 알고 있을 때에 그 가치가 커진다. 대다수의 투자자에게 정보가 노출되면 그 주식을 사려는 매수자는 나타나지 않게 된다. 정보가 구체화되지 않고 소문 단계에서 시장에 회자되었을 때 사람들의 기대 심리는 더 크기 마련이다. 기대 심리가 그 종목에 대한 주가를 끌어올리는 역할을 한다. 그런데 이러한 정보가 증권 포털이나 방송, 신문에 뉴스가 되어 좀더 구체적으로 알려지면 그 주식가격은 하락한다.

이러한 사례는 2010년 11월 브라질 고속철의 입찰 일정이 발표되었을 때 철도와 관련된 세명전기와 대명에이엘 등의 주가 움직임에서 찾아볼 수 있다. 실제로 입찰 중간의 분기점마다 브라질 현지 언론에서 나오는 재료가 소문이 되어 철도 관련 종목의 주가는 큰 폭으로 올랐다. 그런데 2011년 4월 초 4조 원 규모의 고속철 수주 합의각서가 체결되면서 철도 관련주들이 급락하기에 이른다. 오히려 이슈가 구체화되었기 때문에 주가가 하락한 것이다. 사실 유무가 확인되지 않았던 브라질 현지 언론 기사가 국내 주식시장에서는 정보로서 유통되어 대단한 위력을 발휘한 셈이었다. 즉, 출처가 확인되지 않은 정보가 그 실제의 사실 여부보다 더 큰 영향을 미치게 된다는 이야기다.

이것과 관련된 또 하나의 사례는 바로 워크아웃(기업개선작업)을 마치고 IT 소재업체로 변신하겠다는 성장전략을 내세운 '새한미디어'의 경우다. 2차전지 등의 신성장 산업에 투자해 외국 기업과 2차전지 사업 제휴를 맺었다는 호재가 나온 것이다. 그러나 기업설명회가 언론에 기사화되고 난 후 주가는 급락하였다. 시장의 고수들이 미리 호재를 파악해서 선취매하고, 정보가 공개되는 시점을 매도 타이밍으로 잡아 매도했기 때문이다. 실제로 이 종목은 호재 발표 이전 약 열흘부터 주가가 3일 연속 상승했다.

일반적으로 호재성 정보는 내부자를 통해 기관투자가에게 전달되는 경우가 많다. 심지어 어떤 기업은 미리 일부 전문가에게 선취매를 할 수 있도록 기회를 주고, 모르는 투자자에게 이 물량을 떠넘기기도 한다. 실제로 일부 증권 전문 케이블TV의 주식전문가들이 자신이 투자한 종목에 대한 호재를 얘기하면서 매수를 권하기도 한다. 그래서 공정 공시나 뉴스를 보고 투자하는 개인 투자자들은 이 점을 감안해 양호한 실적이 시세에 이미 반영된 재료인지 꼼꼼히 확인해야 한다. 특히 코스닥시장에서는 확인되지 않은 루머나 이런 사례들이 빈번하다.

뉴스도 흥미 위주로 흐르기 마련이다

이렇듯 신문이나 증권전문TV에서 특정 종목에 대한 기사를 접할 때 되도록 뉴스 기사와 투자 정보를 동일화시키지 않아야 한다.

언론 기사도 많은 사람들의 흥미를 끌어야 한다. 비교적 소수의 사람들이 접하는 재료는 기사로 취급하지 않는다. 그래서 이슈를 끌기에 충분한 기사만을 골라 싣는다. 특히 그 당시에 독자들이나 시청자가 가진 주식의 상승과 하락에 연관지어 나름대로 기자가 스토리를 만든 것에 지나지 않는다. 이슈를 끄는 재료에는 많은 사람들이 달라붙어 투자 가치가 없어진다. 그리고 뉴스는 바로 그러한 이슈성 정보에 주목한다. 앞에서 언급한 기업설명회나 공정공시, 양호한 실적을 내는 기업에 대한 집중 부각이 바로 그런 이슈성 기사다.

"소문에 사고 뉴스에 팔아라"라는 주식시장의 격언을 잘 명심할 필요가 있다. 지금 주식시장에서는 사전 정보유출과 공시가 오히려 악재가 되는 상황이다. 종목 관련 뉴스 기사에 의존하여 추격매수하는 것은 자제해야 할 때이다.

12 애널리스트의 예견은 믿을 만한가

_ 애널리스트가 기업 정보를 분석하여 투자 전망을 내놓는 전문가들인 것만은 사실이다.

_ 애널리스트들도 회사에 소속되어 있기 때문에 회사의 입장을 대변할 수밖에 없다. 그래서 애널리스트들은 장밋빛 전망으로 고객들을 유혹한다.

● 주식시장에서 애널리스트는 증권업계의 꽃이라 일컬어진다. 개인투자자들이 주식 투자를 할 때 다른 주식전문가보다 신뢰하는 사람이 바로 공신력이 있는 증권사의 **애널리스트**이기 때문이다.

투자에 큰 영향을 미치는 애널리스트

애널리스트들이 특정 종목에 대한 기업분석 보고서를 내면 그것을 근거로 엄청난 금액이 주식시장에서 거래된다.

애널리스트의 주요 업무는 대상 종목의 가격 변동, 과거의 수익률 흐름, 기업의 재무제표 분석, 해당 기업이 준비하고 있는 신기술 개발 정보 등을 토대로 향후 그 기업이 올릴 수 있는 수익을 예측하는 것이다. 즉, 그들은 가지고 있는 주가 분석 능력을 통해 기업의 예상 수익을 현재 가치로 환원시켜 적정주가가 얼마인지 산출하고 투자 의견을 제시한다. 이러한 점에서 애널리스트들이 주식시장에 미치는 영향은 매우 크다. 특히 일반 개인투자자들이 애널리스트의 분석보고서에 주목하는 이유는, 그들이 기업IR 담당자들과 교류하면서 분석 대상 기업의 고급 정보를 얻는 데 일반 개인투자자보다 우위에 있기 때문이다. 어찌보면 주식시장의 신뢰는 정보를 생산하고 유통시키는 애널리스트의 도덕성에 달려 있다고 할 수도 있다.

국내 약 30여개 증권사에 700명가량의 애널리스트가 활동하고 있는데, 크게는 기업분석가와 투자전략가 그리고 시황분석가로 나뉘어 있다. 특히 주식투자에 밀접한 관계가 있는 개별종목 기업에 대한 분석은 **기업분석 애널리스트**가 담당한다. 기업분석 애널리스트도 다시 증권사 소속의 '셀사이드(sell side)' 애널리스트와 자산운용사 소속의 '바이사이드(buy side)' 애널리스트로 구분되는데, 일반 개인투자자들이 접하는 기업 분석 자료는 셀사이드 애널리스트가 작성한다. 셀사이드 애널리스트는 섹터별로 기업 가치를 분석하고 투자 의견을 제시한다.

애널리스트의 입장을 이해하자

그렇다면 이러한 애널리스트의 기업분석 보고서 등을 전적으로 신뢰하면서 투자를 해야 할 것인가? 이 물음에 답하기 위해서는 먼저 애널리스트가 처한 입장에 대해 알아둘 필요가 있다.

기본적으로 잘나가는 애널리스트가 되기 위해서는 많은 양의 기업분석 보고서를 시장에 내놓아야 하고 그 종목 보고서의 예측이 향후 주가 흐름과 정확하게 일치해야 한다. 그러나 보고서 못지않게 애널리스트가 신경 써야 하는 부분은 바로 마케팅, 바꾸어 말하면 **영업 능력**이다.

자산운용사의 펀드매니저들과 인간적인 유대 관계를 얼마나 잘 맺었느냐가 애널리스트의 영업력을 평가하는 기준이 된다.

애널리스트 직종 자체가 일부 정규직을 제외하고 1년 단위 계약직이어서 평가 성적이 매우 중요하다. 특히 자산운용사의 펀드매니저와 좋은 유대 관계를 가져야 하기 때문에 객관적 분석을 하기보다 이들의 입맛에 맞는 보고서를 내는 식으로 도덕성의 문제가 생길 수 있다.

그리고 애널리스트도 엄연히 증권사의 직원이다. 최근 들어 증권사가 은행, 보험, 자산운용사 등을 아우른 금융그룹 계열사로 편입되는 추세를 보임에 따라 이들과 이해관계가 걸려 있어 애널리스트가 소신껏 의견을 내는 것이 대단히 어려워졌다. 그들이 소속된 증권사가 자기자본을 특정 기업의 주식에 투자했을 경우 그 주식에 대한 부정적인 분석 보고서를 내기 힘들다. 또한 증권사의 고객이 보유한 종목에 대해 '매도'나 '비중 축소' 의견을 냈다가는 자칫 고객을 잃고 회사에 손실을 줄 수 있어 조심스럽다. 증시가 상승할 때 주식 거래량이 늘어나기 때문에 가격이 상투에 이르러서도 애널리스트들은 어쩔 수 없이 소속되어 있는 증권사의 이익을 위해 장밋빛 전망을 얘기하면서 고객들에게 계속 투자를 권유하기 일쑤다.

그래서 주가에 가장 큰 영향을 미치는 기업실적 전망이 오락가락하는 것은 국내 애널리스트들의 기업분석 능력이 모자라서라기보다는 이러한 애널리스트 자체의 속성이 그 요인이다. 결과적으로 애널리스트 보고서가 개인투자자의 혼란을 키우고 있는 셈이다.

개인투자자는 주식 투자를 할 때 기본적으로 정보가 부족하고 자신에게 유리한 정보만 보려는 **편중 현상**이 강하다. 그래서 이러한 부분을 보완하기 위해 애널리스트들이 내놓은 기업분석 보고서에 일정 부분 의지할 수밖에 없다. 그러나 대부분이 투자하려는 대상 종목에 대한 기업 분석과 그 기업이 속한 산업 동향 분석보다는 애널리스트가 제시한 목표가와 투자 의견에 더 많은 관심을 기울인다.

앞에서 언급한 애널리스트가 처한 묘한(?) 위치 때문에 분석 보고서를 액면 그대로 믿는 것은 바람직하지 않다. 즉, 애널리스트의 보고서는 정보이지, 예언이 아니다. 그래서 목표가 예상이나 투자 의견보다는 오히려 해당 종목의 기업 정보나 그것을 둘러싼 산업 동향을 체크하고 분석을 하기 위해 논리를 어떻게 전개했는지 공부하는 자료로서 활용해야 한다. 투자의 책임은 결국 투자자 자신이 지는 것이기 때문이다.

13

자사주 매입은
어떻게 주가를 떠받치는가

_ 회사가 자사주를 매입하면 시중에 유통되는 주식이 줄어들어 일시적으로 주가가 상승하는 효과가 있다.

_ 중장기적으로 보면 회사가 자사주를 매입하여 주가를 올리기보다는 기업 실적을 호전시켜 주가를 올리는 것이 바람직하다는 것은 의심할 바 없는 사실이다.

● **자사주 매입**이란 기업이 자기 자본으로 주식시장에 유통되어 있는 자기 회사 주식을 사들이는 것을 말한다. 일반적으로 자사주 매입의 목적은 회사 주가가 낮은 평가를 받고 있는 상황에서 주주 가치의 제고와 주가 안정화를 기하기 위해서지만, 때로는 적대적 인수합병에 대항해 **경영권을 보호**하기 위해 사용되기도 한다.

자사주 매입은 주식 소각이다

주식시장에서 자사주 매입은 긍정적인 영향을 주어 해당 기업의 주가가 오른다. 즉, 투자자 입장에서는 해당 종목의 주식이 너무 많이 유통되면 실질적으로 주가 상승의 걸림돌이 된다. 이때 자사주 매입이 일어나면 주식의 수가 줄어들어 상승하고, 기업의 입장에서도 주당순이익(EPS)을 증가시키는 효과를 보게 된다.

자사주 매입은 회사가 자기의 주식을 단순히 사는 것이 아니라 그 주식들을 소각시켜 주식의 수를 줄이는 것이다. 그렇게 되면 회사의 가치는 변함이 없지만 주식수가 줄어들기 때문에 1주당 가치가 높아진다. 예를 들어 A라는 기업이 1000주의 주식으로 구성되어 있고 앞으로의 이익이 1000원으로 예상된다고 하자. 앞으로의 이익을 감안한 A기업 1주당 가치 증가는 1원이 되나, 만일 50%의 주식을 소각했을 경우 1주당 가치 증가는 2원이 된다. 그래서 자사주 매입은 주로 영업실적이 좋아 유보 자금이 많이 있는 내실 있는 기업에서 실시한다.

통상적으로 자사주를 매입하면 6개월 이내에는 매도할 수 없으며 자사주에 대한 주권 권리는 인정되지 않는다.

그래서 기업은 주로 인센티브를 주는 차원에서 새로운 주식을 발행하지 않고 주식시장에 유통되어 있는 자기 주식을 매입하여 무상 혹은 저렴한 가격에 임직원에게 주는 경우가 많다.

현재 '자본시장과 금융투자업에 관한 법률'에서는 경영권 방어와 주가 안정을 위한 경우에만 자사주 매입을 허용하고 있다. 그래서 자사주 매입에 들어가는 자금은 부채를 제외한 순수 자본금에서 자본준비금과 이익준비금을 뺀 순수한 '배당 가능한 이익'에서만 사용하도록 제한하고 있다. 배당 가능한 이익 내에서 자사주를 매입한다는 말은 투자자들에게 돌아갈 배당액이 줄어든다는 의미다.

자사주 매입은 여러 가지 장점을 가지고 있다. 대기업의 경우 자사주 매입의 주목적은 경영권 방어에 있다. 변동성이 심한 주가 하락장에서 싼 값에 자사주를 사 두면 경영권이 위협받을 때 이를 우호 세력에 팔아 우호 지분으로 전환할 수 있기 때문이다. 일반적으로 우호 지분 비율이 적어도 30% 이상이 되어야 적대적 인수·합병을 대비할 수 있다. 주가가 하락하면 시가총액이 줄어들므로 가격부담이 작아져 인수·합병 세력의 공격이 쉬워지기 때문이다.

또한 주주들의 배당 압력을 피하는 방법으로도 활용할 수 있다. 만일 어떤 기업이 이익을 많이 올려 잉여금이 많이 쌓여 있다고 가정하자. 그런데 이 이익을 자기자본을 늘리는 데에만 사용한다면 주당순이익은 크게 호전되지 않고 1주당 주식의 효율성은 그만큼 떨어지게 될 것이다. 또한 주주들에게 배당을 하지 않는다면 그들로부터 배당을 하라는 압력을 받을 것이다. 그런데 만일 이 잉여금으로 자사주 매입을 하게 되면 앞에서 언급한 것처럼 주식의 유통 물량이 줄어들어 주가가 상승하기 때문에 주주들은 배당을 받지 않아도 불만이 없어진다. 만일 배당으로 받으면 배당수익에 대한 16.5%의 소득세를 원천징수 당하게 되므로 투자자들의 입장에서는 오히려 투자한 기업이 자사주 매입을 해주는 것이 더 유리할 수 있다.

그리고 자사주를 직접 매입한 뒤 6개월간은 다시 시장에 매도할 수 없고, 자사주 매입 기간 중에는 최대주주가 지분을 매각할 수 없기 때문에 물량 부담이 그만큼 줄어든다. 주가가 떨어졌을 때 경영진이 자사주를 매입하면 기업이 스스로 돈을 들여 주식을 거둘 만큼 가치에 비해 저평가된 주식이라는 이미지를 시장에 심어주고, 물량을 조절해 안정적인 가격을 지지하겠다는 기업의 의지를 투자자에게 보여줄 수 있다.

자사주 매입의 모순점

자사주 매입이 반드시 투자자에게 긍정적인 효과만을 주는 것은 아니다. 자사주 매입은 경영 활동을 통한 이익 창출이 목적인 기업이 스스로 자기가 주주가 된다는 모순적인 논리를 갖고 있다. 즉, 중장기적인 기업의 경쟁력 강화 측면에서 그리 바람직한 일은 되지 못한다. 사업모델과 연구개발을 강화해 신제품을 내놓는 식으로 실적을 거두는 것이 기업 수익의 원천이다. 이러한 수익성 개선 없이 자사주를 매입하는 것은 장기적으로 아무 효과가 없다. 만일 경영권 방어를 위해 지나치게 자사주 매입을 한다면 기업이 혁신이 더뎌질 것이고 결국 수익을 내지 못해 기업이 도태될 것이다. 그리고 주가가 하락할 때마다 기업이 자사주를 매입할 경우, 앞에서 언급한 매도 제한 기간이 지나고 혹여 그 기업이 현금 확보를 위해 다시 주식 매도에 나설 경우 주가는 하락하게 될 가능성이 높다. 이러한 이유로 투자자들에게 자사주 매입은 그 자체 이슈

로는 주가 상승의 신호가 될 수 있지만 장기적인 측면에서는 결국 해당 기업
의 장래성과 업종별 성장 움직임에 주목해서 투자하는 것이 바람직하다.

가치투자는 정확한 측정기술이다

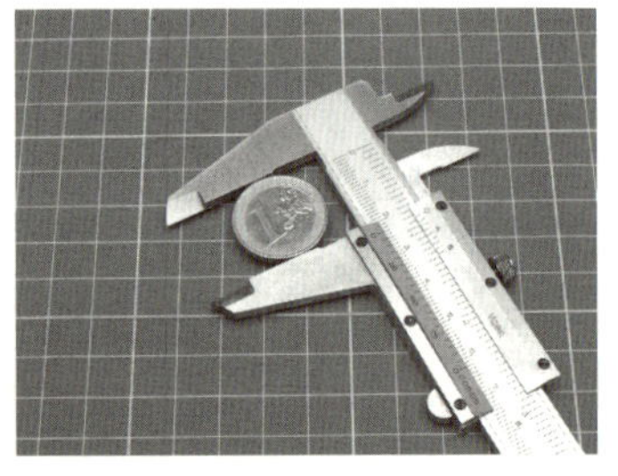

_ 가치투자는 기업의 본래 가치를 따져서 시장에 형성된 가격이 본래 가치보다 낮다면 매입하고 높다면 판매하는 투자 방식을 말한다.

_ 가치투자와 반대되는 개념으로는 기술적 분석에 의한 투자가 있다. 기술적 분석은 기업의 가치보다 주가 차트의 흐름을 보고 분석하는 것이다. 기술적 분석은 과거의 일을 분석하는 것이므로 미래의 일을 예측하지 못한다.

● 주식 투자의 기본은 '저렴하게 매수해서 비싸게 매도' 하는 것이다. '저렴하게 매수' 하는 것의 의미는 그 주식의 **본래 가치**보다 싸게 매수하는 것이다. '본래 가치'는 미래에 그 주식을 매입했을 때부터 얻을 수 있는 이익에서 부담해야 할 위험률을 제외한 순수한 이익을 현재 가치로 환산한 금액을 말한다. 즉, 그 기업이 보유하고 있는 자산, 경상이익, 주주 배당금, 브랜드 가치, 향후에 올릴 수 있는 미래의 이익 등을 모두 종합한 본질적인 가치라고 할 수 있다.

투자하는 주식의 본래 가치가 주식시장에서 거래되는 가격보다 낮으면 주식을 매도해야 하고, 본래 가치가 주식 가격보다 높다고 한다면 그 주식을 매입해야 수익을 올릴 수 있다. 그렇다면 여기서 투자할 주식의 '본래 가치'가 어느 정도인지를 알아내는 것이 중요하다.

본래 가치를 평가하는 가치투자

가치투자는 원래 주가가 기업의 가치에 따라 오르내린다는 원리로 주식의 시장가격이 본래 가치보다 낮아 그 가치의 2분의 1 정도의 안전마진(Margin of Safety)을 확보하는 것을 목표로 한다. 또한 재무제표 등의 회계자료와 마케팅 능력, 시장점유율, 향후 성장성을 기초로 그 기업 주식이 가진 본래 가치가 저평가되었을 때 매입해서 그 주식의 시장가격이 본래 가치보다 높을 때 매도하는 투자 방법이다. 좋은 주식이라도 적정 가격 이상으로 비싸게 매수해서 장기간 보유하는 것은 가치투자가 될 수 없다. 그래서 가치투자는 종목의 선정과 매수 시 적정 가격인지를 판별하는 능력이 매우 중요하다고 할 수 있다. 일반적으로 낮은 PBR, 낮은 PER, 높은 배당수익률이 투자의 기초적인 기준이

주식의 본래 가치와 시장 가격 간의 차이

PBR : 주가순자산비율로 주가 ÷ 주당순자산으로 구한다
PER : 주가수익비율로 주가 ÷ 주당순이익으로 구한다

된다. 이를 위해 가치투자는 기본적으로 튼튼한 기업을 골라 평가를 시작하고, 그 기업의 경영 상태를 철저히 파악하기 위해 정보 수집을 강조한다. 더 현실적이고 덜 낙관적으로 기업의 장래성을 평가하는 것이 가치평가의 특징이다.

'가치투자의 대가'로 잘 알려진 워런 버핏이 성공한 이유를 단지 가치투자를 했기 때문이라고 말할 수는 없다. 워런 버핏은 그 시대의 경제 상황과 돈의 흐름을 제대로 파악했고, 자신이 매수하는 기업의 미래에 대해 정확한 예측을 할 능력을 가지고 있었기 때문이다. 똑같은 주식에 투자했다 하더라도 어떤 투자자는 수익을, 어떤 투자자는 손실을 본다. 경기변동과 금리의 흐름, 그리고 투자하는 기업의 이익성장성을 충분히 분석하여 적절한 시기에 얼마나 저렴하게 구입했는지가 수익의 관건이기 때문이다.

2006~2010년까지의 삼성전자 주식가격 추이

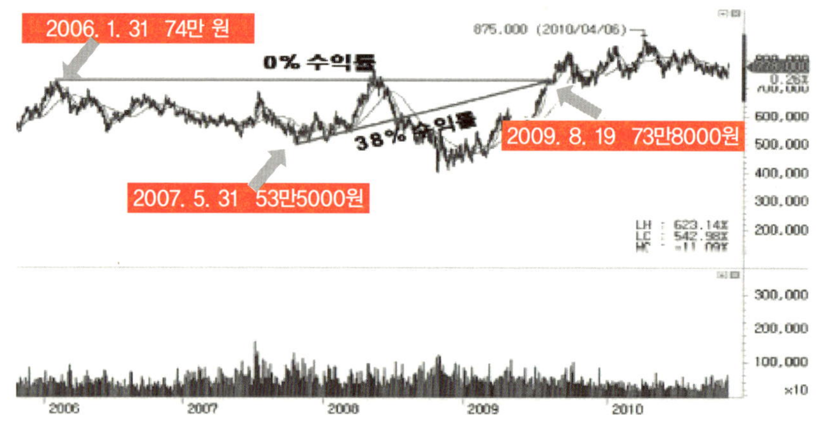

예를 들어 앞의 도표에서 보는 바와 같이, 만일 2006년 1월에 삼성전자 주식을 매수했다면 수익은 고사하고 원금을 회복하려면 2009년 8월까지 기다려야 한다. 그러나 2007년 5월에 주식을 매수했다면, 주식시장을 공포로 몰고 갔던 금융 위기를 거쳐도 무려 38%가량의 수익을 낼 수 있었다.

이렇듯 주식의 가치투자는 거시경제의 흐름과 그 기업의 자산과 이익실적을 면밀히 분석하여 본래 가치를 구하고 그 주식의 가격이 본래 가치에 비해 저평가되어 있는 시점에 투자하는 것이 중요하다.

가치 분석과 대비되는 기술적 분석

기술적 분석은 주가와 각종 보조지표 등 과거 추세를 분석하여 미래의 주가를 예측하여 투자하는 기법이다. 일반적으로 가치 분석에 의한 투자는 그 종목이 속해 있는 산업 전체의 동향과 그 기업의 재무제표 및 성장성, 시장점유율을 알아야 하기 때문에 개인투자자들이 매우 어렵다고 느낀다. 그래서 개인투자자들은 차트와 여러 보조지표를 분석한 것만으로 투자할 수 있는 기술적 분석을 선호한다.

기술적 분석은 주가의 흐름인 추세를 추종한다. 즉, 과거의 주가 추세나 패턴이 반복하기 때문에 이것이 미래에도 동일하게 나타날 것이라는 믿음에서 출발한다. 그러나 과거의 주가 흐름과 미래에 발생할 주가 흐름이 서로 연관이 없는 독립적인 추세로 나타날 수도 있다. 즉 과거나 현재의 추세는 판단할 수 있어도 미래 추세는 파악할 수 없기 때문에 어떠한 기술적 지표도 미래를 정확히 예측할 수 없다. 또한 그 종목 기업에 대한 매출과 이익, 자산 등의 본래적 가치를 무시하고 추세 흐름에 따른 변동에만 주목하기 때문에 경기변동에 따른 거시경제 변화와 같은 근본적인 시장 변화는 원인을 설명하지 못한다.

그렇다고 가치투자가 만병통치약은 될 수 없다. 왜냐하면 기업의 가치 분석 역시 미래에 대한 예측 문제이기 때문이다. 또한 가치투자 역시 투자하는 시점에서의 거시경제 지표를 올바로 해석해 향후 경제흐름을 예측할 수 있는 능력이 아울러 수반되어야 하기 때문이다.

15

PER이 작으면 저평가된 주식인가

_ PER은 기업의 가치를 평가하는 데 중요한 기준이 되는 수치다. 가령 어떤 기업의 PER이 10이라면 이 기업을 인수한 후 10년 후면 인수가격을 모두 회수할 수 있다는 뜻으로 사용된다. 그러므로 낮으면 낮을수록 좋다.

_ 그러나 벤처기업 등 미래 가치가 높은 기업은 현재의 PER이 상당히 높게 책정되는 경우가 많다. PER만으로 기업을 평가하는 것은 무리가 있다.

● 일반적으로 가치투자를 할 때, 대표적으로 네 가지 판단 기준에 따라 주식의 내재 가치와 시장가격을 비교해서 평가한다. PER, PBR, ROE, DY가 그것이다. PER은 기업의 수익 측면에서, PBR은 기업의 자산 측면에서, ROE는 기업의 성장 측면에서, DY는 기업의 배당이라는 면에서 각각 기업을 평가한다. 이 4가지 평가기준 중 가치투자 시 우선적으로 보는 지표는 PER이다.

가치투자의 기본이 되는 PER

PER은 가격과 수입 사이의 관계를 나타내는 비율이다. PER은 기업의 이익에 대한 시장의 평가를 나타내는 중요한 지표로 가치투자 시 가장 기본이 되고, 오늘날에 와서는 종합주가지수, 국가 간의 주가 수준을 비교할 때도 널리 쓰인다.

PER은 시가총액이 순이익의 몇 배인지를 나타내는 것으로 한 기업의 시가총액을 그 기업이 1년간 벌어들인 순이익으로 나누어 값을 구한다. 여기서 시가총액은 발행 주식수에 주가를 곱한 것으로서 회사를 전부 인수한다고 가정할 경우 지불해야 할 가격이다.

PER을 어떻게 해석할 것이냐의 문제는 **자본회수 기간**의 관점과 **기대수익률**의 관점, 이 두 가지로 볼 수 있다. 자본회수 기간의 관점에서는, 만일 A라는 기업 주식의 PER이 10이라고 한다면 A기업을 10억 원을 수고 매입했을 때 10년이 지나야 10억 원을 다시 회수할 수 있다는 의미다.

기대수익률의 관점에서 보면, PER이 10인 기업은 시가총액의 10%를 매년 벌어들인다는 것을 의미한다. 따라서 투자금에 대한 기대수익률이 매년 10%가 된다. 만일 PER이 5라면 기대수익률은 20%가 되고, PER이 20이라면 기대수익률은 5%가 된다.

　이것을 공식으로 나타내면 'PER의 역수 = 1 ÷ PER = **예상되는 기업의 기대 수익률**' 이다.

　PER을 해석하는 또 하나의 방법은 EPS(Earning per Share, 주당순이익)의 관점에서 보는 것이다. EPS는 주식 1주당 벌어들이는 이익을 뜻한다. 시가총액이 10억 원이고, 순이익이 1억 원인 A기업의 1주당 가격은 1000원이라고 가정해본다. 이때 주식의 수는 총 100만 주이므로 순이익 1억 원을 주식수로 나누면 A기업은 1주당 100원의 이익을 올리는 셈이다.

$$\text{PER} = \text{시가총액} \div \text{순이익} = \text{주가} \div \text{1주당 순이익} = \text{주가} \div \text{EPS}$$

　종합해 보면, PER이 높은 주식을 매입한다는 것은 투자하는 기업의 현재 실적보다는 미래의 성장 가능성을 높게 평가하여 그 기업이 가진 본래 가치보다 비싸게 주식을 산다는 의미이고 아울러 기대수익률을 더 높게 잡는다는 뜻이다. 반대로 PER이 낮은 주식에 투자한다면 시장가격보다 저렴하게 매입하는 것이고 기대수익률도 상대적으로 낮아서 부담이 없다는 의미다.

PER 평가에서 고려해야 할 것

PER이 낮다고 무조건 위험부담이 없는 주식 투자는 아니다. PER이 낮다는 것은 일반적으로 주식이 저평가되었다는 의미지만, 무조건 수치가 낮다고 해서 저평가로 해석하기에는 무리가 있다. 일시적인 이익 증가로 PER이 낮아질 수도 있다. 더욱이 성장이 멈춰버린 산업이나 실적이 점차 악화되는 기업은 시장이 외면해서 주가가 계속 떨어지므로 PER이 더 낮아질 수도 있다. 이런 경우에는 주식 가격이 낮다고 매수했다가는 장기적으로 시장에서 외면당할 수도 있다.

이와 반대되는 경우도 있다. 실례로 우리나라의 대표적인 온라인 포털업체인 NHN은 2006년 당시 PER이 400에 이르렀다. 앞에서 언급한 기대수익률 개념으로 보더라도 예상되는 수익률은 '1 ÷ 400 = 0.25%'에 불과하고, 자본회수 기간의 관점에서 보면 원금회수 소요기간은 400년이 되어야 할 것이다. 그러나 단순히 PER이 높고 낮음의 관점에서 NHN이 절대적으로 비싸다고 이야기할 수 있을 것인가? 당시 주가는 10만 원이 채 되지 않았다. 그러나 현재 NHN의 주가는 2012년 6월 말 현재 24만5000원이다. 만일 2006년에 NHN에 투자했다면, 6년이 지난 지금 2.4배 이상의 수익을 낼 수 있었을 것이다. 대체적으로 성장성이 뛰어난 기업들의 경우에는 당장의 이익이 작지만 미래에 큰 폭의 실적 상승을 예상할 수 있기 때문에 PER이 높게 나타난다.

이렇게 놓고 볼 때, 오직 PER만 가지고 투자하려는 기업의 주식 가격이 적정 가격인지를 구하는 것은 위험한 일이다. 진정한 가치투자는 한 기업의 투자 가치가 어디에 있는지에 대한 핵심요소를 파악하는 것이다. 투자하고자 하는 기업의 낮은 PER을 확인함으로써 가격이 경쟁사에 비해 단순히 싸다는 것에 투자 가치를 둘 수도 있고, 혹은 반대로 PER은 투자에 적합하지 않더라도 성장에 대한 기대치에서 높은 투자 가치를 찾을 수도 있다. 따라서 PER의 개념에서 단순히 '싸다', '상대적으로 싸다'의 개념을 넘어 '성장가치'까지 포함시키는 것이 바람직할 것이다.

16

기업 내재 가치의
핵심지표 ROE · ROA

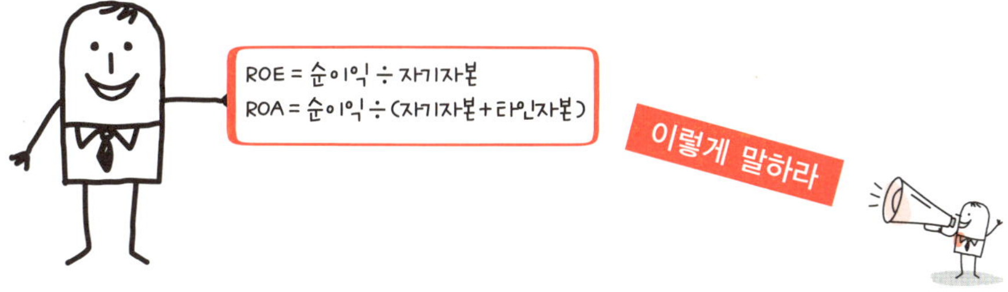

_ ROE는 투자한 돈으로 얼마나 많은 수익을 올리는지를 알 수 있는 지표다. ROE는 순이익을 자기자본으로 나누기 때문에, 자기자본을 줄여서 높이는 편법을 쓸 수 있다는 것을 명심하는 것이 좋다.

_ ROA는 부동산, 재고 등의 자산을 갖고 얼마나 잘 운영하는지를 알려주는 지표다. 역시 높을수록 좋으며 고객의 예치금을 운용하여 이익을 남기는 금융회사를 평가하는 데 유용하다.

● 투자자는 투자하려는 기업이 매출과 이익 실적을 많이 올리기를 바랄 것이다. 그러나 영업이익 실적이 좋더라도 과다한 차입 경영을 해 이익의 대부분이 부채를 갚는 데 쓰인다면 실질적인 경상이익이 낮아져 결국 주가에 고스란히 반영된다. 그래서 최근에 와서는 기업의 실적을 평가할 때 매출보다는 이익의 중요성이 날로 부각되고 있다. ROE(Return On Equity, 자기자본이익률)을 반드시 알아야 하는 이유이다.

ROE, 내가 투자한 돈으로 얼마를 벌 수 있나

ROE는 기업에 투자된 자기자본이 얼마나 효율적으로 운용되고 있는가를 평가하기 위한 지표이다. **순이익**은 매출액에서 제조원가, 회사를 운영하기 위한 인건비, 감가상각비 등의 일반관리비와 판매를 촉진하기 위한 마케팅 비용과 은행대출 등의 이자비용 등을 뺀 금액을 말한다. 이러한 순이익은 회사에 자본을 투자한 주주들에게 반드시 돌아가야 할 부분이며, 이 이익을 주주들이 투자한 **평균 자기자본**으로 나눈 값이 바로 ROE다. 좀 더 쉽게 얘기하면 주주들이 어느 기업에 투자할 경우 그 투자한 자금 대비 수익률을 의미한다. 투자자의 입장에서는 '투자한 돈으로 얼마나 많은 수익을 거두고 있나'를 가늠하는 지표라고 생각하면 된다.

ROE를 공식으로 나타내면 다음과 같다.

ROE = 순이익 ÷ 자기자본(자본총계)

= PER ÷ PBR = EPS(주당순이익) ÷ BPS(주당순자산)

*EPS : 기업의 이익을 주식 수로 나눈 것. 즉 해당 기업의 1주당 벌어들이는 순이익

만일 ROE를 높이고자 한다면 기업은 순이익을 증가시키거나 혹은 자본총계를 감소시켜야 한다. 자본총계를 줄인다는 것은 투자자들에게 해가 될 수 있으므로 당연히 투자자의 입장에서는 순이익 증가를 통해 ROE가 증가하고 있는 기업에만 관심을 가져야 할 것이다.

ROE에서 몇 가지 주의해서 봐야 할 점이 있다.

첫째, **부채 비율**이다.

은행대출이나 채권발행 비율이 높은 기업일 경우 표면적인 ROE가 높다. 물론 빌린 돈으로 이익을 많이 올려 ROE를 높일 수도 있다. 그러나 ROE를 이루는 당기순이익을 자칫 왜곡시킬 수 있는 과다한 '재무 레버리지'는 주주 입장에서 봤을 때 그리 달갑지만은 않다. 왜냐하면 기업이 언제나 타인의 자금을 빌려 쓰면서 많은 이익을 낼 수는 없기 때문이다. 만일 인플레가 심화되어 금리가 상승한다면 이자 부담이 가중되어 이익이 줄고 유동성 위기를 겪을 수 있다. 따라서 ROE도 높으면서 실제 부채비율이 상대적으로 적은 기업이 투자자의 입장에서는 훨씬 투자가치가 높다.

둘째, 기업의 ROE가 **꾸준한가**.

한 기업의 ROE가 적어도 5년 이상 10~25% 사이를 꾸준히 유지하는 기업이 좋다. ROE의 변화가 심한 기업은 일시적인 이익증가로 호황을 누리지만, 경제 사정이 조금만 나쁘거나 시장 상황이 급변하면 이익 실적이 악화된다. 그래서 경기 흐름을 많이 타는 기업에 투자하는 것은 바람직하지 않다.

마지막으로 **배당 지급**의 정도와 **자사주 매입** 및 소각 여부다.

기업은 이익이 생기면 설비투자를 할 것인지 혹은 향후 경기가 좋지 않을 것에 대비해 현금을 비축하는 ‘내부유보’를 할 것인지 결정한다. 이때 내부유보로 남은 이익을 주주에게 환원하기 위해서 배당을 주기도 한다. 또한 경영권 방어를 위해 자사주를 매입해 자기자본을 증가시키거나 혹은 자사주를 소각하여 현금자산의 형태로 유동성을 높이는 것을 생각해 볼 수 있다.

그런데 ROE를 의도적으로 유지하기 위해 배당을 많이 준다든지, 자사주를 대폭 매입하는지를 잘 살펴야 한다. ROE는 당기순이익이 증가하거나 자기자본이 감소하면 높아진다. 기업은 계속적으로 이익의 성장률이 정체되면 ROE가 감소할 수 있으므로 배당을 증가시켜 자기자본을 줄이거나 자사주를 매각하여 ROE를 의도적으로 높일 수도 있다. 이렇듯 ROE만을 가지고 투자하는 기업이 견실한지 아닌지를 평가하는 것은 무리가 있다. 그래서 반드시 다른 지표와 같이 보완해서 기업을 평가하는 것이 가장 바람직하다.

자산을 잘 운용하는가, ROA

기업을 평가할 때, 순이익은 기업의 자산과 비교하는 것이 합리적이다. 영업활동을 통해서 이익을 낸다고 하더라도 매출액 자체가 적다면 순이익은 액수가 적어 중요한 의미를 갖지 못한다. 그래서 사용하는 지표가 바로 ROA(Return On Asset, 총자산 순이익률)다. ROA는 기업이 주어진 부동산, 제품의 재고, 현금, 부채를 포함한 자산을 가지고 얼마나 많은 이익을 올렸는지를 가늠해 주는 지표다.

ROA는 정해진 기간의 순이익을 자산총액으로 나눈 값으로 특정 기업이

자산을 얼마나 효율적으로 운용했느냐를 나타낸다. ROA도 ROE와 마찬가지로 수치가 높게 나올수록 좋다. ROA를 높이려면 이익 실적이 좋아야 하고, 자산을 효율적으로 운용해야 한다.

기업을 평가할 때는 항상 **순이익**을 중요시해야 한다. 순이익은 주주의 투자 수익으로 직결된다. 따라서 기업의 순이익이 얼마나 되는지는 기업의 매출액이 아닌, 기업의 자산과 비교해야 한다. 그 이유는 기업의 자산에는 생산 활동으로 남는 재고와 기계 및 공장설비 등이 포함되기 때문이다. 그런데 ROE는 단순히 이익액 위주로 평가를 하기 때문에 한계가 있을 수밖에 없다. 그래서 기업이 가지고 있는 자산 대비 이익이 얼마나 되느냐를 파악하는 ROA를 ROE와 같이 기업을 평가하는 지표로 삼아야 하는 것이다.

ROA에서 중요하게 생각해야 할 또다른 개념은 **회전율**이다. 철강, 재료, 자동차, 반도체, 소비재 등을 제조하는 기업들은 제품을 많이 판매하는 동시에 재고를 적절히 소진시켜야만 수익을 올릴 수 있다. 만일 악성재고를 줄이기 위해 공장가동을 중지한다면 기계 설비를 제대로 활용하지 못해 감가상각이 발생하므로 채산성 악화를 가져오고 ROA는 줄어든다. ROA가 낮다는 것은 그만큼 회전율이 낮다는 의미이고, 공장 구입 및 설비 투자에 대한 효율성 저하를 의미한다. ROE는 높은데 ROA가 낮을 경우는 판매를 잘해 이익이 높았으나, 그만큼 그 제품에 들어가는 자산의 비용이 높다는 것을 알 수 있다.

ROA는 금융업에 적용시켰을 경우 더 유용한 지표가 된다. 금융업은 고객이 맡긴 돈이 자산의 대부분을 차지한다. 자금을 좀 더 수익이 높은 쪽에 어떻게 잘 운용하느냐에 따라 경영 성과가 좌우되기 때문에 ROE보다는 ROA로 평가하는 것이 바람직하다.

17

PBR에
집착하지 마라

_ PBR은 기업의 시가총액을 순자산으로 나눈 값이므로 수치가 낮을수록 좋다. 만약 PBR이 0.5라면 당장 그 기업을 인수한 후 처분해도 두 배의 차익을 낼 수 있다는 말이다.

_ PBR은 재고가 누적되는 경우에도 낮아진다는 사실을 염두에 두어야 한다. 적자를 내면서도 PBR은 낮아질 수 있다. 또한 고정 자산이 많지 않은 IT기업은 PBR이 높게 나온다. 단순 수치보다 기업의 현황을 파악하는 것이 더 중요하다.

● PBR(Price Book Ratio, 주당순자산 비율) 수치는 주가를 주당순자산으로 나눈 값이다. 또한 시가총액을 회사가 보유한 순자산으로 나눈 값으로도 구해진다. 여기서의 **순자산**은 기업이 가지고 있는 전체 자산에서 부채를 뺀 것이다.

PBR은 무엇을 의미하는가

PBR의 의미는 크게 두 가지로 해석할 수 있다.

첫째는 기업이 보유한 자산의 가치다. 기업이 시장에서 평가받는 가격(시가총액)에 비해, 상대적으로 어느 정도의 자산을 보유하고 있느냐를 나타낸다.

둘째는 회사를 청산할 때의 청산 가치다. 기업이 그 활동을 종료하고 청산된다면 이때 그 기업에 남는 것은 토지, 공장, 건물과 같은 자산이다. 그러므로 이 기업이 청산을 하게 되더라도 자산이 충분해서 투자로 인한 손해를 보지 않을 것인지를 따져봐야 한다.

만일 A기업의 시가총액이 100억 원이고 순자산이 200억 원이면 PBR은 '100억 원 ÷ 200억 원 = 0.5'가 된다. 즉, 주식시장에 상장되어 있는 A기업을 100억 원에 인수하고 곧바로 그 회사를 처분한다면 200억 원에 팔아 차액 100억 원을 벌 수 있다는 의미이다. PBR이 1이 되면 시가총액과 순자산이 같으므로 회사를 처분한다면 남는 것이 없는 셈이다. 그러므로 PBR이 1보다 낮은 기업에 투자하는 것이 유리하다.

PBR이 낮은 이유에 주목하라

단순히 PBR이 낮은 기업의 주식이 무조건 투자 가치가 있다고 하기에는 다소 무리가 따른다.

PBR은 시가총액을 순자산으로 나눈 값이므로 시가총액이 줄어들거나 자산이 늘어나면 PBR은 낮아진다.

만일 어떤 기업이 현금 등의 유동자산 비중이 매우 적은데 경기 불황이 계속되어 재고가 계속 늘어나 영업이익이 하락한 상태에서 누적적자가 심화된다고 가정해보자. 그렇다면 영업이익도 하락하고 누적적자가 나므로 주가가 하락하여 시가총액은 낮아질 것이다. 그리고 제품이 팔리지 않아 재고자산이 늘어날 경우 역시 자산이 증가하여 PBR은 낮아질 것이다.

그래서 PBR의 지표를 이용할 때에는 투자하려는 기업이 이익을 꾸준히 올릴 수 있는지 살펴보아야 한다. 아무리 기업의 PBR이 낮은 상태이고 시가총액의 3~4배가 되는 자산 가치를 보유했을지라도 만일 이 기업이 지속적인 적자기업이라면 점차적으로 자기자본의 장부 가치는 0에 수렴하게 된다. 따라서 우수한 PBR 지표는 기업의 이익이 뒷받침되어야 의미가 생기게 되는 것이다. 그래서 PER과 마찬가지로 PBR도 무조건 낮은 것이 좋은 것이 아니라 그 기업의 영업이익 및 향후 성장성도 같이 고려해야 한다.

3차 산업 평가에 유용하지 못한 PBR

또한 산업 분야에 따라 고정자산이 많이 필요하지 않은 경우가 있다. 제조업은 공장, 기계 등의 대규모 투자를 동반하기 때문에 투자자산이 큰 비중을 차지한다. 그러나 서비스 및 인터넷 업종은 사무실이 고정자산의 거의 대부분을 차지하고 있어 장부상에 표시되는 자산 가치가 큰 의미가 없다.

실제로 PBR 지표가 기업평가에 있어 중요시되던 때는 1990년대 이전이었고, 조선, 철강, 자동차, 건설 등등의 기계설비 및 부동산 자산을 기본으로 하는 굴뚝산업이 주력이었다. 그런데 IT, 미디어 등의 **3차 산업**이 발달하는 지금에 와서는 절대적으로 신뢰할 수 있는 지표는 아니다. 왜냐하면 이러한 기업들은 제품의 재고 및 부동산 등의 고정자산이 기업을 평가하는 데 크게 의미가 없기 때문이다. 이러한 기업들은 좀 더 미래의 성장성에 초점을 맞춘 PER이 유용한 지표가 된다. 그러나 아직도 금융 및 제조업 등의 2차 산업 분야의 기업을 평가하는 데는 PBR 지표를 이용한 분석이 유효하다.

자산의 성격은 어떠한가

자산의 성격에 따라서도 PBR의 의미는 달라질 수 있다. 동일한 가치를 가진 자산이라고 할지라도 유동화할 수 있는 자산과 그렇지 못한 자산을 보유한 기업의 PBR은 달리 평가받아야 한다. 팔 수 없는 자산과 즉시 현금화할 수 있는 자산은 주식 투자의 입장에서는 다를 수밖에 없다. 예를 들면 염전을 운영하는 회사는, 염전의 가치가 아무리 높다고 할지라도 그 염전을 팔아버린다면 향후 사업을 지속할 수 없다. 따라서 염전은 이 회사의 고정된 자산이며, 다른 용도로는 활용할 수 없기에 기대수익 역시 일정할 수밖에 없다. 반면에 현금 자산을 갖고 있는 경우라면 현금을 재투자함으로써 보다 이익률이 높은 사업을 영위할 수 있는 가능성이 크기 때문에 시장에서도 보다 질 높은 PBR로 간주한다.

현금성 자산을 재투자하는 회사의 능력에 따라 기업의 평가는 달라질 수 있다. 회사가 자산을 가지고 본업과 관계없는 능력 밖의 일에 투자해서 실패하게 된다면 질 높은 현금 자산은 무용지물이 된다. 최근에도 많은 회사들이 본업과 상관없는 태양열에너지, 광산, 반도체 신사업 등에 진출하여 아까운 투자금만 잃고 사업을 정리하는 경우가 종종 있었다.

결론적으로 가치투자는 좋은 기업을 싸게 사는 것이라고 정의할 수 있다. 가치투자를 성공적으로 하기 위해 PBR을 효율적으로 활용한다면 싸고 좋은 기업을 찾을 가능성이 높다. 물론 대부분 싼 주식에는 이유가 있다. 가지고 있는 재산 대부분이 쓸모가 없거나, 사업에 활용되지 않거나 또는 활용되더라도 사업에서 계속 적자를 내고 있다면 적당한 대접을 받기 힘들다. 하지만 어떤 주식들은 별다른 이유 없이 가진 재산보다 싼 가격에 거래되기도 한다. 맹목적인 PBR에 대한 집착은 위험하겠지만, 미래의 성장 가능성을 갖고 있으면서 PBR도 낮고 가치까지 있다면 투자해도 좋을 기업이다.

Chapter 6

부동산 투자와 금융

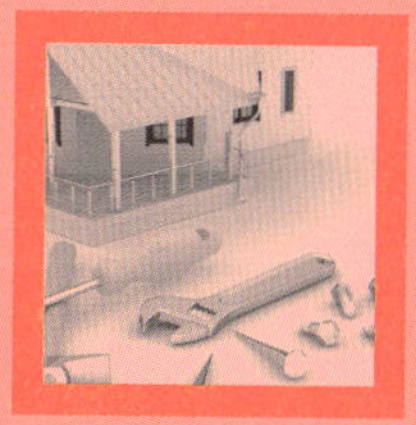

'부동산 대폭락'은 없다

_ 글로벌 금융 위기와 때맞춰 부동산 가격이 떨어지자 부동산 대폭락설이 흘러나왔다. 하지만 부동산 가격은 오름과 내림을 반복하는 것이고 2007년까지 급속히 가격이 올랐기 때문에 가격이 떨어지는 것은 조정 국면으로 보는 것이 옳다.

_ 부동산은 우리나라 국민 자산의 대부분을 차지한다. 부동산 대폭락은 자산의 대폭락을 의미하기 때문에 정부로서도 대비책을 순비할 것이다.

● 2008년 말에 일어난 글로벌 금융 위기와 함께 한때 **부동산 대폭락**을 주장하는 논리가 대한민국을 뒤흔든 적이 있다. 모 사설 경제연구소에서 방송 프로그램 및 신문과 인터넷 포털사이트 등의 언론을 통해 향후 인구감소와 늘어나는 대출이자의 영향으로 주택가격의 거품(?)이 큰 폭으로 빠질 것이라는 주장을 펼쳤다.

실제로 대한민국 부동산의 블루칩이라 할 수 있는 강남 재건축 아파트의 대표주자인 잠실주공5단지와 은마아파트도 2006년 최고점 대비 20% 가까이 하락했다. 그리고 2006년 주택가격 상승기에 이른바 '버블세븐'으로 불렸던 평촌, 일산, 분당, 용인 등의 서울 및 수도권 아파트 가격 역시 2006년 최고점 대비 약 20~30% 가까이 폭락하는 상황까지 벌어졌다.

부동산 대폭락의 원리

'부동산 대폭락론'은 인구통계학적인 측면에서 어느 정도 설득력을 가지고 있다. 우리나라 인구는 2018년에 최고점에 다다르고 그 이후에는 절대인구의 수가 감소하므로 주택을 구입하는 수요도 자연적으로 감소해 주택 가격이 하락할 수밖에 없다는 것이다. 특히 35세를 전후한 연령층이 주택수요자들의 대부분을 차지한다는 점에서 앞으로 저출산의 영향으로 인구가 감소하면 집값은 급격한 하향세를 보일 수밖에 없다. 2025년에 이르러 초고령 사회(65세 이상 인구가 전체 인구의 20% 이상인 사회)로 진입하면 은퇴자들이 기본 경제생활 유지를 위한 현금을 확보하기 위해 부동산을 대규모로 매도하므로 부동산 가격이 폭락한다는 논리이다.

대한민국의 40~50대 중산층들은 자녀의 교육비 및 생활비에 월급의 상당

부분을 지출하고 있어 상대적으로 노후 생활을 준비할 만한 현금을 축적하지 못하고 있다. 남은 것이라곤 부동산 하나밖에 없으니 그것을 처분해서라도 생활비를 충당하려 할 것이다. 이렇듯 지금부터 10년 이후의 장기적인 측면에서 인구감소에 따른 부동산 가격의 일부 하락은 피할 수 없다.

부동산 가격

세상은 반드시 단순한 어느 하나의 논리로 급격하게 변하지 않는다. 인구감소로 인한 부동산 가격 하락은 지금 당장 일어나는 일이 아니다. 2009년 상반기에 일시적으로 발생했던 주택 가격의 하락은 글로벌 금융 위기와 맞물리고, 2005~2007년의 급격한 부동산 가격 급등 현상에 대한 상대적인 가격 조정으로 보는 것이 맞을 것이다. 이런 시기에 자연스럽게 부동산 대폭락론이 나온 것이라고 보면 된다. 즉 자연스러운 가격 하락 현상에 대폭락론이 대두되었을 뿐이다.

이것을 증명하기라도 하듯, 2009년 중반기 들어 글로벌 금융 위기가 진정 국면을 보이면서 큰 폭으로 하락했던 부동산 가격이 정부의 경기부양 정책에 힘입어 다시 반등하며 이전 가격의 90% 수준까지 회복하기도 했다. 일부에서는 과열이 아니냐는 논란이 있어 정부가 다시 DTI(총부채상환비율) 수도권확대 조치를 내놓을 정도였다. 지금은 DTI와 같은 정부의 금융규제 정책과 저가아파트 공급에 대한 일반 대중들의 지나친 기대의 영향으로 전세로 눌러 살고 있는 사람이 많아 전세 가격이 2011년 들어 가파른 상승세를 보였다. 또한 2012년 들어서 일부 지역에서 전세가격이 다소 하락하였지만, 향후 1~2년 정도는 2011년의 가격을 일정 부분 유지할 것으로 보인다. 서울과 수도권의 매매가격 대비 전세가격 비율은 대부분 50~55%를 유지하고 있다.

서울의 역세권에 있는 전용면적 85㎡ 이하의 아파트 가격은 이미 오름세를 타고 있다. 이유야 어찌됐든 부동산 대폭락론은 엄격히 말한다면 지금 상황에 들어맞지 않는 논리라고 볼 수 있다. 글로벌 금융 위기 이후 2009년의 부동산 가격의 하락은 폭락이 아닌 그동안 상승분에 대한 조정이라고 볼 수 있다. 가격의 상승과 하락은 경제 현상의 자연스러운 모습이다.

부동산 가격 상승은 체감적일 뿐

지난 2004년 이후 아파트 가격은 꾸준히 올라, 서울지역 아파트 가격은 다소 편차는 있지만 2012년 현재 2004년 대비 약 40~50%, 연평균 약 8% 상승했다. 같은 기간에 1인당 국민소득은 누적적으로 약 40% 증가했는데, 이것과 비교해보면 부동산은 절대 폭등한 것이 아님을 알 수 있다. 또한 코스피 지수 역시 약 140%가 상승하였으므로 부동산 가격 상승률이 폭등이라고 말할 수는 없다. 부동산 가격이 그간 많이 올랐다고 느끼는 것은 일반 서민들의 자산 중 부동산이 차지하는 비중이 약 80%로 매우 크고, 거래되는 금액도 수억 원 단위로 체감지수가 높기 때문이다.

부동산의 소재 지역에 따라 상황은 다르다

부동산 대폭락론의 오류는 부동산을 매우 전체적이고 포괄적으로 보았다는 점이다. 부동산은 그 특성상 지역마다 다른 성격을 지니고 있다. 같은 아파트 라 하더라도 어느 지역에 소재되어 있는지, 그 소재되어 있는 도시가 어떠한 성격을 지니고 있는지에 따라 가격이 다르다.

대기업의 사업본부가 있거나, 많은 회사들이 밀집되어 있는 중심상업지역과 가까운 거리에 있거나, 전철로 30분 이내의 거리에 있는 직주근접(직장과 주거가 가까운 곳)의 실수요가 풍부한 지역은 2009년에도 가격 하락폭이 그다지 크지 않았다. 109㎡ 이하의 중소형 아파트의 가격은 오히려 상승한 곳도 있다.

예를 들어, 기존의 지하철 5, 6호선과 향후 완공될 인천국제공항철도와 경의선이 만나고 업무시설이 들어서 있는 마포구 공덕역 일대의 82㎡대의 아파트 가격은 2006년보다 다소 상승했다. 또한 강남역 업무시설과 바로 연결되는 지하철 9호선 역세권의 강서구 염창동의 109㎡ 이하 아파트도 2006년도 당시보다 오히려 약 10% 이상 가격이 상승했다. 아파트 가격이 현재 약세를 면하지 못하는 곳은 업무시설이 없거나 업무시설과의 접근성이 좋지 않은 서울 외곽의 수도권 일부 지역의 중대형 아파트이다.

결국 자족 기능이 뒷받침되지 않거나, 지하철로 업무중심지역과 직접적으로 연결되지 않는 **베드타운** 지역의 중대형 아파트에서 가격 하락 현상이 나온 것이다. 이렇듯 수도권 일부 지역의 중대형 아파트의 가격 하락을 곧바로 부동산 폭락으로 연관시켜 주장하는 논리는 부동산이라는 재화의 **국지성**과 **개별성**을 제대로 이해하지 못한 결정적 오류를 범하고 있는 것이다.

만일 그래도 부동산 폭락을 말하고자 한다면, '빚으로 구입한 부동산의 대폭락' 혹은 '수도권 일부 지역의 중대형 아파트의 대폭락'이라고 보다 개별화된 표현을 써야 했음이 옳다.

02

중대형아파트 가격하락은
단기간 공급과잉 탓

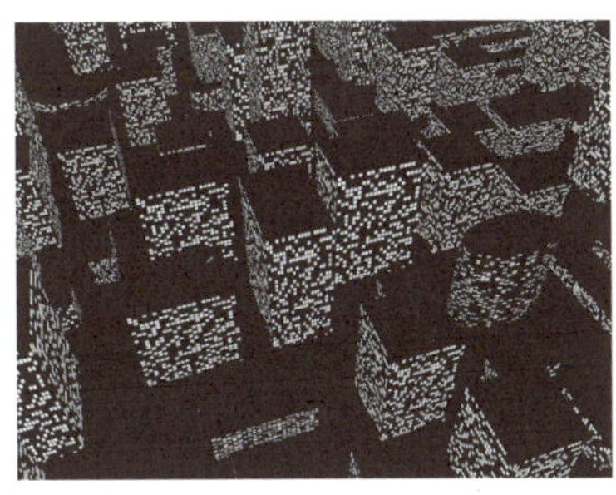

_ 중대형아파트 가격이 하락하는 것은 인구 증가나 부동산 대폭락 때문이 아니라 주택의 과잉 공급에 따른 것이다. 신도시, 택지지구, 보금자리 주택 등 정부가 시장의 논리에 맞지 않게 과도하게 공급을 추진하여, 팔리지 않는 아파트만 양산했다.

_ 과도한 정책 개입보다는 시장 논리에 맡겨서 해결해야 할 문제다.

● 2010년부터 본격화된 부동산 경기 침체로 약 4만이 넘는 가구가 새 아파트로 이사를 하려고 해도 기존 주택이 팔리지 않아 이사를 하지 못하고 있다. 주택 거래 건수도 2006년부터 2009년 6월까지의 평균 거래건수보다 약 30% 가까이 줄어들었다. DTI규제 수도권 확대조치가 내려진 2009년 9월과 비교해보면 거의 절반 수준인 45%까지 감소했다. 아파트 실거래가 역시 강남 재건축 아파트의 선두주자격인 은마아파트의 경우 102㎡형 가격이 2009년 6월, 9억3000만 원에서 2012년 4월 현재 최저가 기준으로 8억8000만 원으로 약 14% 하락했고, 사업성이 제일 좋다는 개포동 주공1단지 49.5㎡형의 경우 역시 9억8000만 원에서 19% 하락한 8억 원의 시세를 형성하고 있다.

경기회복을 쫓아가지 못하는 부동산 가격

부동산 경기의 침체는 기존 주택시장 거래부진으로만 이어지는 것이 아니다. 신규 아파트를 지어서 판매하는 건설업체들도 커다란 어려움을 겪고 있다. 부동산 상승기이던 2004~2008년 상반기까지만 하더라도 분양만 하면 청약을 하려고 대기 인파가 붐볐는데, 지금은 메이저 건설사가 분양하는 신도시 혹은 서울 일부 지역의 분양도 청약률이 기대에 못 미치는 실정이다. 일례로 DTI 규제를 한시적으로 완화했던 지난 2010년 9월 용산에 분양했던 동아건설의 550여 세대 아파트인 '더 프라임'도 약 0.6:1의 다소 저조한 청약률을 보였다. 여기에 쌓여가는 16만 가구의 미분양 물량까지 더하면 상황은 더욱 심각해진다.

그러나 통계상 우리나라의 경제는 이미 회복 상태를 나타내고 있다. 실제로 2010년 4월 이후 경제지표상에서 경기는 서서히 회복 국면으로 접어들었다. 주식시장도 2008년 말 글로벌 금융위기로 코스피 지수가 1000P 이하로 내려앉았지만, 2011년 10월 초 2100P를 넘어서는 등 무려 80% 이상 상승했다. 그러나 부동산 시장만큼은 거시경제지표의 호조와 대조적으로 아직도 거래량 회복을 하지 못한 채 어두운 터널을 지나고 있다. 부동산 시장의 실수요자들은 보금자리주택에 대한 기대심리와 전세가격 상승 때문에 기존 주택에 대한 구입을 꺼리고 있다.

부동산 시장 침체의 근본적인 원인

현재 부동산 시장 추락의 근본적이고도 주된 원인은 '단기간 동안의 주택공급 과잉'에서 찾을 수 있다. 지난 참여정부 당시 부동산 가격을 잡겠다며 10군데의 2기 신도시와 100여 군데가 넘는 택지지구 등 약 200만 이상의 가구를 공급했고, 이명박 정부의 보금자리주택 약 14만 가구 등 적어도 2015년까지 공급되는 물량이 부동산 가격 하락을 부른 근본 원인이다. 여기에 역세권 장기전세주택인 '시프트'까지 합한다면 지난 노무현 정부와 현 정부가 몇 년간 엄청난 공급확대 정책을 편 셈이다. 그런데 서울 내의 역세권 시프트 및 일부 보금자리주택을 제외한 나머지 신도시 및 택지지구에 공급될 아파트들이 업무 시설과 교통 인프라를 갖춘 곳이 그리 많지 않아 주택 구입 예정자의 기대에 미치지 못해 미분양된 물량만 쌓이고 있다.

물론 지난 5~6년 동안 서울·수도권 지역의 주택가격 상승이 매우 가파르다 보니 정부로서도 공급물량 확대정책을 쓸 수밖에 없었고, 서울 지역보다는 상대적으로 토지 가격이 저렴한 수도권 외곽 지역에 2기 신도시와 여러 택지지구를 만들어 실수요자들의 기대에 부응하지 못한 것이다. 여의도, 강남과 같은 중심업무지역의 주택 가격과 베드타운의 주택 가격은 차이가 날 수밖에 없다. 결국 서울 외곽 지역에만 공급을 무차별적으로 늘려왔기 때문에 수도권 지역의 토지 가격만 상승시켜 놓았을 뿐, 팔리지 않는 아파트들을 양산했던 것이다.

주택 공급 과잉이 근본 원인인 만큼 이에 대한 근본적인 해결 없이 단순히 금융 완화만으로 부동산 거래를 활성화시키겠다는 근시안적인 대책은 시장에 아무런 도움을 주지 못한 채 가계부실 위험만 더 키울 것이다. 왜냐하면 DTI규제에도 불구하고 가계부채는 이미 700조 원을 넘어서고 있기 때문이다. 현재의 부동산 가격하락의 원인이 노무현 정부 때부터 시작된 만큼, 오히려 시장의 자정작용과 섭리에 맞추어 흘러가는 방향대로 놔두어야 할 것이다.

03

전세가 상승이
부동산 시장에 미치는 영향

_ 공급 과다로 아파트 가격이 하락하자, 집을 구입하려는 사람들의 마음속에는 '좀 더 기다리자'는 생각이 자리 잡기 시작했고, 그 결과 주택 거래가 실종되었다.

_ 주택을 사려는 사람이 없고 당분간 기다리자는 마음에 전세에 대한 수요가 늘어나면서 전세 값이 상승하기 시작했다. 전세 값이 점점 올라 집값의 60~70%에 이른 현 상황에서 세입자들이 '집을 사는 것이 낫겠다'는 생각을 갖기 시작하면 다시 집값 상승으로 이어질 전망이 크다.

● 지난 2009년부터 이어져 온 전세가 상승이 한계에 다다라 지난해 말부터 부동산 가격 상승의 전조가 보였고 실제로 2011년 초부터 전세가 상승이 전체적으로 부동산 가격을 상승시키는 경향을 보였다.

전세 가격의 고공 행진 때문에 실수요로 돌아서려는 일부 매수층이 다시 임차인으로 바뀌게 될 것으로 보이며, 전세 가격은 더욱 상승할 가능성이 높아졌다. 전세 가격 상승은 거의 반드시 매매 가격 상승으로 이어진다. 그렇기에 매매 가격의 안정을 유지시키기 위해서는 전세 가격 안정이 필수적이며 전세 가격 안정을 위해서는 당연히 공공임대주택을 많이 건설하여 공급해야 한다.

전세값을 안정시키려면

우리나라는 평균적으로 **공공임대주택**의 비중이 상당히 낮다. 더구나 '전세'라는 전세계에서 유일한 제도가 있어서 부동산 가격의 상승 여력이 더 높은 것도 사실이다.

정부도 이러한 내용을 모두 알고 있기 때문에 그린벨트를 풀어서라도 공급(보금자리주택)을 늘리려는 것이며, 서울시도 마찬가지다. 역세권에 용적률을 상향해줘 장기전세주택(시프트)을 늘리고 도시형생활주택을 빠르게 공급하려는 정책을 취하고 있다.

하지만 도시형생활주택은 원룸형이 대부분이어서 투룸 이상의 수요자들에게는 오히려 공급이 줄어드는(기존의 단독, 다가구 등을 헐고 짓는 경우가 많으므로) 악영향이 나타나고 있고, 역세권개발계획도 이제 첫발을 내딛는 단계다. 재개발처럼 사업을 진행하면서 여러 가지 문제점을 해결하는 과정을 거치다 보면 의외로 사업기간이 길어질 수 있다는 점도 간과해서는 안 된다.

결국 전세 가격의 빠른 안정을 기대하기 힘들다면, 현재 상황은 일시적인 숨고르기 형태로 볼 수 있다. 여러 가지 악재와 땜질식 처방에도 불구하고 결국 어느 시점에서는 다시 서울의 핵심 지역을 중심으로 매매 가격의 상승으로 이어질 것이다.

금리와 전세

전세 가격 상승은 금리와 매우 밀접한 관계를 갖고 있다. 표면적으로 봤을 때, 금리 인상은 부동산 경기에 악영향을 끼치는 요소이다. 우리나라에서는 부동산을 구입할 때 대부분 대출을 이용해 매수한다. 그렇기에 금리 인상은 매수자들에게 직접적으로 압박을 가하고 대기 매수자들은 구입을 미루게 만드는 영향을 끼칠 수 있다.

하지만 겉으로 보기와는 달리 실제로 미치는 영향력은 제한적이다. 수치적으로 보면, 0.25% 금리 인상은 1억 원의 대출을 받은 사람에게 매월 약 2만 원 정도의 추가 부담으로 이어진다. 이 정도면 언론에서 말하는 큰 부담은 아니라고 봐야 한다. 그리고 다른 측면에서 보자면 금리 인상은 경제 회복의 시그널이다.

사실 글로벌 금융 위기로 경제가 무너지면서 우리나라의 주식과 부동산도 고전했는데, 주식의 회복력에 비해 부동산은 그러지 못했다. 단순히 기술적인 분석만을 고려할 때는 부동산이 어느 정도 추가 상승해주어야 하는 것이 아닌가 생각된다.

심리적인 요인과 전세

그리고 향후 꽤 중요하게 생각해 볼 항목이 바로 심리적인 요인이다. 대중들의 심리가 전망을 어떻게 평가하느냐에 따라 정말 그렇게 될 가능성이 상당히 높다.

대다수의 사람들이 집값이 떨어질 것이라고 기대한다면, 당연히 집을 구입하기 꺼려한다. 이에 따라 거래량이 줄어들게 되고 만일 그 기간이 지속된다면 서서히 집값이 떨어지기 시작한다. 물론 점진적인 하락 시기에도 일정 기간 가격이 정체를 유지한다. 매도자들이 버티기를 하기 때문이다. 그러나 향후에도 주택 가격이 오를 기미가 보이지 않고 이자가 버거워지기 시작하면 일부 급매가 나오게 되고, 이것을 시작으로 심하면 많은 매도자들이 가격이 더 떨어지기 전에 투매에 들어간다. 그러면서 걷잡을 수 없이 가격이 하락하면서 자산 디플레이션이 일어나는 것이다.

그런데 한 가지 간과하고 있는 것이 있는데, 그것은 우리나라만의 독특한 주택제도인 '전세' 다. 실제로 매매 현장에서는 전세값이 너무 많이 올라 실매수자로 돌아서는 경우를 많이 볼 수 있다.

매수 대기자들에게 앞으로 부동산 가격이 크게 올라갈 것이라고 생각하느냐고 물으면 반수 정도는 그렇게 생각하지 않는다고 답한다. 다만 전세가가 매매가의 60~70%를 육박하는 현 상황에서 매매가가 더 떨어질 것이라고 보고 있지도 않으며, 2년 뒤 전세가 상승에 또 고통을 받느니 마음 편히 내 집을 구입하겠다는 것이다. 물론 이렇게 작은 표본으로 향후 전망을 하는 것이 타당하지는 않지만, 어느 정도 부동산 참여자들의 심리를 읽을 수 있다는 점에서 참고할 만하다.

그러나 예전처럼 부동산 가격의 폭발적 상승은 앞으로 일어나지 않을 것이다. 그대신 지역에 따른 **부동산 가격의 양극화**는 더욱 심해질 것이다. 앞으로 주택 수요자들이 부동산을 더욱 신중히 파악해서 투자할 것이기 때문이다. 그래서 이젠 '정책'과 부합하는 방향으로, 그리고 시간이 지나도 매매가가 요동치지 않도록 '입지'가 좋은 지역에 투자해야 한다.

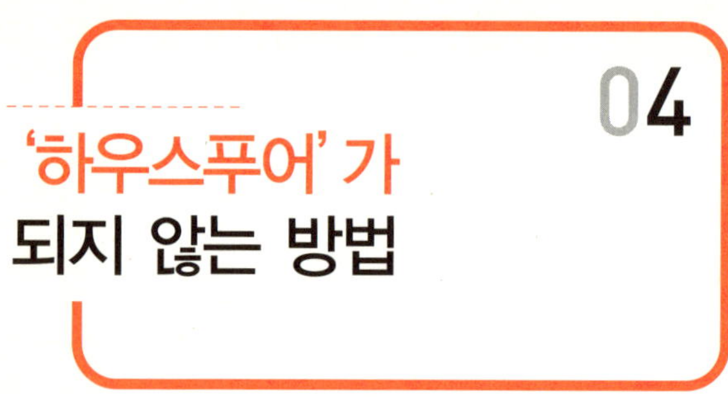

_ 집값이 상승할 것이라 예상해 대출을 받아 집을 산 이후 대출금을 갚느라 실질적으로 사용할 돈이 없는 사람들을 하우스푸어라고 한다.

_ 하우스푸어가 되지 않으려면 거주 목적으로 집을 구입해야 하며, 대출금 이자는 월소득의 20%를 넘지 않는 선에서 자금을 운영해야 한다.

● 한국은행의 발표에 따르면 2011년 말 기준으로 일반 가계에서 금융기관으로부터 융자받은 대출금과 신용카드사 사용액을 합산한 가계부채가 912조 원을 넘어선 것으로 나타났다. 특히 은행을 통한 주택대출은 300조 원으로 은행대출에서 주택담보대출이 차지하는 비중이 약 70%에 이르렀다. 물론 이것은 그동안 저금리를 발판 삼아 금융기관들이 적극적으로 주택담보대출을 판매한 결과이다. 이러한 주택담보대출의 약 40%가량이 대부분 변동금리 조건이고 3년 거치식의 원리금 균등분할 상환조건이어서 금리가 만일 계속적으로 인상된다면 이자 부담이 증가되어 가계의 건전성이 악화되는 구조이다. 특히 부동산 경기의 침체로 주택 가격이 지속적으로 하락할 경우 가계 부실이 국내경제에 엄청난 부담을 줄 것이다.

사회적인 문제 하우스푸어

최근 1~2년 전부터 무리하게 대출받아 집을 샀다 이자 부담 때문에 힘겹게 살아가는 사람들, '하우스푸어(house poor)'의 수가 150만 가구, 550만 명에 이르렀다. 표면상으로는 번듯한 집을 소유하고 있지만 대출상환액과 이자를 제외하고 나면 가처분소득의 부족으로 허리띠를 졸라매야 하는 형편인 것이다.

하우스푸어는 부동산 시장의 활황기였던 2006~2007년에 생겨났다. 이 당시 2007년 12월부터 시행되었던 아파트 분양가 상한제를 피하기 위해 건설사들이 서울 외곽 수도권 지역의 신도시와 택지지구 아파트를 대량으로 분양했다. 이때까지만 해도 부동산 가격이 자고 나면 오르는 상황이었기 때문에 고분양가 논란에도 불구하고 경기도 지역의 신도시 및 택지지구 아파트의 청약 경쟁이 치열했다. 무리한 대출을 끌어서라도 내집 마련을 하고자 하는 수요자들의 욕구가 크게 작용한 것이다. 당시 경기도 용인의 모 아파트의 3.3㎡ 당 분양가가 1500만 원 정도였음에도 불구하고 청약경쟁률은 10:1이 넘었다. 어떤 사람은 6억 원의 132㎡형 아파트를 구입하기 위해 2억 원의 대출을 받을 정도였다. 그러나 부동산 시장이 침체되면서 현재 그 아파트 가격은 5억 원으로 하락한 상태이다. 설상가상으로 금리가 계속적으로 올라 매월 원리금 상환액만 120만 원에 이르고 있다.

결국 하우스푸어는 빚을 갚느라 개인의 가처분소득이 줄고, 필요한 소비를 못하면 이는 다시 경제 침체로 이어지고, 이는 수입의 감소로 연결된다. 부채 때문에 가처분소득이 감소하면 경기 변동에 대한 대응력이 약해지고 금융시장 불안으로 이어진다.

목적에 맞는 부동산

하우스푸어가 되지 않기 위해서는 우선 투자자 자신의 재무 상황을 냉정한 관점에서 체크해야 한다. 부동산 구입의 목적이 내 집 마련이나 좀 더 넓은 주거 면적으로 갈아타기 위한 실수요인지, 시세 차익을 노리는 자본이득 투자인지, 혹은 매월 고정 임대료를 받는 수익형 부동산 투자인지를 분명히 해야 한다. 왜냐하면 투자 목적에 따라 투자 기간이 정해지고 여기에 따라 구입 금액을 어떻게 조달할 것인가의 전략이 결정되기 때문이다. 만일 **실수요 목적**의 부동산 구입이라면 단기가 아닌 장기 거주의 목적인 만큼 은행대출을 받더라도 대출원리금 상환액이 매월 실질소득(소득 중에서 국민건강보험, 국민연금 및 각종 세금을 제외한 현금통장에 실제로 입금되는 소득)의 20%를 넘기지 않는 수준으로 맞추는 것이 바람직하다. 그러기 위해서는 소득수준에 맞게 주택을 고르는 지혜가 필요하다. 무리하게 분양가가 높은 아파트에 청약하지 않는 것이 좋다.

만일 **시세 차익**을 위한 투자 목적이라면 가급적 투자 기간을 3년 이내로 잡되 투자를 실행하기 전에 반드시 해당 부동산이 위치해 있는 지역의 개발 계획 및 그 실행 정도를 보수적으로 꼼꼼히 체크하고, 현금 등의 유동성 자산이 일시에 투입되는 것을 자제해야 한다. 만일 여유 자금이 3억 원 정도 된다면 투자금액은 1억 5천만~2억 원 사이로 하되, 대출이자 감당 수준은 반드시 월 실질소득의 30% 이내로 맞추는 것이 바람직하다. 그래서 부동산 구입을 하기 전에 재무설계를 해보고 월소득과 지출을 감안해 대출을 활용하는 것이 좋다.

좀 더 거시적인 관점에서 하우스푸어 문제를 해결하는 방법은 주택 거래의 활성화다. 즉, 주택 거래를 활성화시켜 부동산 시장을 선순환 구조로 바꾸는 것이 시급하다. 그러기 위해서는 민간 건설사가 공급을 늘리는 데 필수적인 분양가 상한제 폐지와 다주택자에 대한 양도세 부담 경감 그리고 지나친 기대심리로 부동산거래 활성화를 막아온 보금자리주택의 공급시기를 유연하게 조절하는 대책이 필요하다.

하우스푸어라는 용어 자체가 서울 주변의 수도권 신도시 및 택지지구 아파트 입주자들에게서 비롯된 것이기 때문에 이들이 주택을 처분해 자금 부담을 덜 수 있는 출구를 열어주는 것이 무엇보다 중요하다.

전세대란 시대, 안전하게 전세계약하는 방법

_ 전세 값이 상승하고 물량이 모자라자 전셋집을 구하려는 사람들은 마음이 급하다. 그런 급한 마음을 노리는 사기가 많이 발생하고 있으니 주의를 기울여야 한다.

_ 계약을 맺을 때 가장 중요한 것은 계약을 할 수 있는 당사자가 맞는지 확인하는 것이다. 중계업자의 중개업 등록번호, 주민등록증 진위 여부를 꼼꼼하게 확인하는 것이 좋다.

● 　최근 들어 서울과 수도권을 중심으로 전세가격이 치솟아 안 그래도 어려운 일반 서민들의 시름이 더해져 가고 있다. 이런 가운데 이사철을 앞두고 계속적으로 전세 수요가 급증하면서 전세 사기 사건이 자주 발생한다.

조급한 마음이 사기를 부른다

서울 강남에서는 공인중개사 자격증과 중개사무소 등록증을 다른 사람으로부터 빌려 중개업소를 차린 뒤 평소에 잘 아는 제3자와 공모하여 진짜 집주인과 월세계약을 체결하고 그 집주인의 주민등록증을 위조해 주인 행세를 하면서 전세계약 보증금을 가로채 달아난 사건이 있었다.

또한 오피스텔, 원룸 등 수익형 부동산의 임대인으로부터 부동산 관리 및 임대차 계약을 위임받은 부동산 중개업자 혹은 건물관리인이 임대인에게는 월세계약을 했다고 하고, 실제 임차인과는 전세계약을 하여 전세보증금을 가로채는 사례(임대인은 월세계약을 위임했으나, 부동산관리인이 전세계약으로 계약 변경) 등의 전세 사기 유형도 있다.

중개업자가 임대차 중개 시에 해당 전세 물건의 하자를 명확하게 설명하지 않고 거짓으로 정보를 제공해 소음이나 누수 등 물건의 물리적 하자가 발생해 임차인이 피해를 보는 경우도 있다.

전세 가격이 급등하고 물건이 귀한 시기에는 아무 물건이라도 잡겠다는 심리가 강해 계약 전에 꼼꼼히 확인하지 않고 덥석 계약부터 하기 쉽다. 전세계약이라 하더라도 작게는 몇천만 원부터 많게는 수억 원이 거래되므로 전세 사기 피해를 당하지 않도록 세심한 주의가 필요하다.

전세 물건에 대한 임대차 계약을 할 경우 반드시 확인해야 할 사항 몇 가지를 살펴보면 다음과 같다.

첫째, 중개업자 및 임대인 등 계약 상대방의 **신분을 반드시 확인**하고 거래해야 한다. 특히, 전세 물건을 중개하는 중개업자가 실제로 등록된 중개업자인지 아닌지 해당 시·군·구청 중개업무 담당부서에서 알아봐야 한다. 중개업 등록번호, 공인중개사 자격증 보유 유무, 중개업자의 성명·주소·전화번호 등을 확인함으로써 중개업등록증 등의 위조 여부에 대해서도 대비해야 한다.

둘째, 계약 상대방인 임대인이 전세 대상 물건의 **실제 소유자**가 맞는지 반드시 확인한 후에 전세보증금을 계약 상대방에게 지급해야 한다. 이때 임대인의 신분증, 임대차 건물 공과금 영수증, 등기권리증 등을 반드시 서로 대조 확인해봐야 한다. 해당 물건 소유자가 신분 확인에 미온적일 경우나, 계약 상대방이 임대인을 사칭해 주민등록증을 위조할 수도 있으므로 계약 시에 반드시 계약 상대방의 주민등록증 진위 여부를 체크해야 한다. 진위 여부는 인터넷 상의 '민원21 홈페이지(http://www.minwon.go.kr)'로 접속하여 '주민등록증 진위 확인' 서비스를 이용하면 된다. 또는 국번 없이 1382번으로 전화하면 자동응답전화(ARS)로 누구나 주민등록증의 진위를 확인할 수 있다.

셋째, 건물 소유자로부터 위임받은 자와 계약을 체결할 경우 위임장, 위·변조 확인, 실제 소유자의 위임 사실, 계약 조건 등을 직접 확인해야 한다. 앞에서 언급한 바와 같이 월세 물건을 **위임받은 자**가 소유자와 허락을 받지 않고 무단으로 전세계약을 해서 보증금을 가로채는 사례가 종종 있는 만큼 세부적으로 위임을 받은 자에 대한 확인은 반드시 해야 한다.

넷째, 지금과 같은 전세 대란기에 시세보다 전세보증금이 낮을 경우에는 각별한 주의가 요구된다. 이럴 경우 해당 물건의 **권리 관계**와 소유자 등을 직접 일일이 점검해야 하며, 다른 부동산 업소 등에 교차 확인을 해보고 필요하면 전문가에게 자문을 받아야 한다.

이밖에도 물건의 물리적 하자가 있을 경우를 미리 예방하기 위해서는 계약하기 전에 임차하는 건물의 상태, 구조, 환경, 누수 등 하자 여부를 **낮이나 조명이 밝은 상태**에서 꼼꼼히 확인해야 한다.

다섯째, 전세계약을 하기 전에는 등기부등본 및 건축물대장 등의 **공적 장부**를 꼼꼼히 확인하는 것이 중요하다. 그런데 더욱더 중요한 것은 전세계약을 하고 잔금을 치른 후에 실제 **입주를 하는 시점의 권리 관계**를 확인해야 한다는 점이다. 왜냐하면 입주를 하는 동안에 혹여 집주인이 악의적으로 근저당권을 설정할 수도 있고, 그 사이에 가압류 혹은 가등기가 되었을 수 있기 때문이다. 만일 이런 일이 발생한다면 임차인은 어쩔 수 없이 근저당권 등의 권리보다 후순위가 되어, 전세 물건이 경매에 넘어간다면 자칫 전세보증금을 날릴 수도 있다. 임차인의 대항력 발생 시점이 그 전세 물건을 점유(입주)하는 날의 다음날 0시부터 발생하기 때문이다. 그래서 반드시 입주 시에도 다시 한 번 등기부등본을 확인하는 것이 바람직하다. 만일 확인 결과 근저당권 등의 제한물권이 먼저 들어와 있다면 임대인에 대한 계약해제 및 손해배상청구를 해야 한다. 설사 확정일자를 받는다 하더라도 근저당권 설정액이 크면 보증금을 온전히 다 되돌려 받지 못할 수 있다.

가끔 보면 주민센터에서 전입신고는 하지만 확정일자는 받지 않는 세입자가 종종 있다. 확정일자는 전입신고와 동시에 처리가 가능하기 때문에 같이

장래에 일정한 한도액까지 담보하기 위해 부동산에 설정하는 저당권을 말한다. 한 번 근저당권을 설정해두면 현재 대출금이 없더라도, 등기를 하지 않고도 바로 대출을 받을 수 있다. 근저당권은 우선변제권이 있기 때문에 세입자가 주의해야 한다

소유권의 기능 일부를 제한하는 물건으로 유치권, 질권, 저당권 등이 여기에 해당된다

하는 것이 여러모로 좋다. 확정일자를 받는다는 것은 만일 그 전세물건이 경매에 부쳐진다 하더라도 등기부등본상에 나와 있는 제한물권보다 시간상으로 우선하면 배당금을 먼저 받아간다는 의미인 것이다. 물론 확정일자를 받는다고 해서 무조건 전세보증금이 보장되는 것은 아니다.

아파트 리모델링, 수익성은 있을까?

_ 얼마 전까지만 해도 리모델링은 황금알을 낳는 거위로 추앙받을 때가 있었지만 현재는 수직 증축이 불가능한데다가 아파트 가격도 하락해 수익 모델로서의 매력이 없다.

● 부동산 시장의 침체로 서울 강남권 재건축 아파트의 진행이 다소 주춤한 상황에서 강남구 청담동, 대치동, 도곡동 일대의 일부 아파트를 중심으로 유명 메이저 건설사의 아파트 **리모델링** 사업 진출이 두드러지고 있다. 특히 서울 강남권에서 리모델링 사업이 활기를 띠고 있는 이유는 이 지역의 아파트 시세가 다른 지역에 비해 여전히 높은 가격대에 형성되어 있어 리모델링에 들어가는 공사비를 감안해도 시세 차익이 발생할 수 있다는 기대감이 있기 때문이다. 재건축 사업을 진행할 경우, 개포 주공아파트와 같이 저층으로 구성되어 있지 않거나 은마아파트나 잠실주공5단지와 같이 중층이라 하더라도 단지 면적이 큰 아파트가 아니라면 초과이익 환수금을 감안하면 수익을 거두기 쉽지 않아서이다.

수익성에 의심을 받고 있는 리모델링

본디 아파트 리모델링은 노후 건축물 내외 구조물과 설비를 교체해 쾌적한 주거공간을 조성하는 목적으로 건축법과 주택법 상으로 건축물의 노후화 억제 또는 기능 향상 등을 취한 '대수선 또는 증축'으로 규정되어 있었다. 아파트 리모델링을 할 수 있는 허용 연한은 준공일 기준 15년이며 가구별 주거 전용면적의 30% 이내 평면 증축을 허용하고 있다. 만일 100㎡ 크기 아파트 100가구를 가정하면 가구 수 증가 없이 주택 크기만 130㎡ 이내로 늘릴 수 있었다.

불과 6~7년 전만 하더라도 아파트 리모델링은 주택시장에 호재로 작용하곤 했다. 그러나 지금에 와서는 리모델링 수직 증축이 불가능해진 데다가 아파트 가격의 일부 하락과 공사비 부담때문에 리모델링을 적극적으로 추진하는 단지가 점차 감소하고 있다. 현재 서울·수도권 지역에서 리모델링을 추진하고 있는 단지는 서울의 경우, 강남·서초·노원·성동구 등에 집중되어 있고 경기도는 준공한 지 17~18년이 된 분당, 평촌 등 1기 신도시 아파트에 몰려 있다. 분당의 경우 16개 단지 약 1만7000여 가구가 리모델링을 추진하려 하였으나 이 중 약 68% 정도만이 계속적인 추진의사를 가지고 있을 뿐이다.

리모델링 활성화 방안

그래서 이명박 정부는 부동산 시장 활성화 정책의 일환으로 공동주택 리모델링의 증축 범위를 보다 늘려서 일반 분양을 허용하는 내용을 담은 주택법을 개정 및 공포함으로써 리모델링 사업의 숨통을 조금이나마 틔어 주었다. 그러나 국토해양부는 그대신 증축 범위를 수평 또는 별동 증축으로만 국한시켜 단지 면적이 크지 않고 여유 부지가 없는 아파트 단지는 가구 수를 확대할 수 없게 되었다(단, 10% 범위 내의 일반분양만 허용되며, 전용면적 85m² 이하의 아파트는 현행 30%로 제한한 면적 증가폭을 40%까지 확장할 수 있다).

이러한 국토해양부의 아파트 리모델링 정책 완화에도 불구하고, 여전히 자체 건물의 수직 증축을 제한하는 이유는 개발이익 초과환수제도 등의 규제가 아직도 남아 있는 재건축 아파트와의 형평성 문제가 제기되는 것을 염두해 두었기 때문이다.

2012년 들어 경기도의 일부 지방자치단체에서 국토해양부에 노후 공동주택 리모델링의 수직 증축 허용과 기금 설치를 건의하는 등 리모델링 해결 방안을 제시하고 있다. 즉, 공동주택 리모델링의 수평 또는 별동 증축 외에 수직 증축을 허용, 여유 부지가 없는 아파트 단지의 리모델링 사업이 가능하도록 하자는 것이었다. 이를 위해 리모델링 기금 설치 외 지원을 법제화한다는 내용이다. 그렇게 되면 입주민의 부담이 줄어든다는 것이다. 이와 아울러 구조설계·감리제도를 보완해 공사의 안전성을 확보하는 건에 대해서도 건의하였다. 또한 조합의 원활한 운영과 조합원 권리보호를 위해서 표준 동의서, 표준 조합규약·공사계약서를 국토부가 정해 고시하도록 요청하였다.

리모델링도 지역 상황에 따라

리모델링 아파트에 투자하는 것이 과연 수익성을 담보할 수 있을까? 결론부터 말한다면 지역에 따라서 수익성이 있을 수도 있고 없을 수도 있다. 즉, 리모델링 대상 아파트가 위치한 해당지역의 부동산 시세 상황에 따라 그 수익이 결정된다.

아파트 리모델링 투자가 수익으로 귀결되기 위해서는 주변 시세가 높은 가격에 형성되어 있는 지역에서만 유효하다. 즉, 리모델링 공사비 및 주거이전비 등의 사업비는 고정비이고, 리모델링 후 아파트 가격은 주변 시세에 맞춰질 것이므로 해당 지역의 주변 시세가 높을 경우에 시세 차익을 거둘 수 있다. 이러한 리모델링 성공 사례로 방배동의 쌍용예가 아파트와 2010년에 준공한 당산동 쌍용예가를 들 수 있는데, 특히 당산 쌍용예가의 경우 리모델링 전 3.3㎡당 980만 원대였던 시세가 리모델링 이후 1700만 원으로 3.3㎡당 약 700만 원 이상의 시세차익을 거두었다.

강남 지역에 위치한 모 리모델링 추진 아파트의 경우에도 공사비와 설계비, 조합원 경비 등 조합원이 가구당 부담해야 할 금액은 약 3억 원 정도로 예상된다. 그런데 가구당 책정된 이주비 약 3억5000만 원의 금융이자 비용

5000만 원을 감안하면 가구당 리모델링에 들어가는 분담금의 비용은 약 3억 5000만 원이 된다. 현재 이 아파트의 시세는 9억 원 정도이므로 총 비용은 12억5000만 원이다. 주변 시세를 감안하여 향후 2년 후의 리모델링 후 예상가격을 약 14억 원으로 잡아도 1억5000만 원의 시세차익이 발생한다.

그러나 이것은 서울 강남 등 주변시세가 공사비에 비해 높게 형성되어 있는 지역에 한정하는 이야기이다. 또한 모든 평형이 다 수익을 내는 것은 더욱 아니다. 대형 평형은 굳이 면적을 늘리려는 수요가 없고, 강남권 이외 지역은 추가분담금에 비해 시세차익 효과를 기대하기 어렵다. 즉, 리모델링 대상 아파트에 대한 투자는 서울 강남권의 소형 단지 정도가 적합할 것으로 예상된다. 서울의 비강남권과 수도권은 집값이 싸고 시세 상승폭이 작아 리모델링 후 시세가 공사비와 금융비용을 상쇄하지 못할 수 있다. 결국 아파트 리모델링 투자의 핵심은 **주변시세**가 살아 있는 지역과 **소형 평형** 중심의 아파트 단지로 국한해야 한다.

보금자리주택 기다리다가
내 집 장만 못한다

_ 수도권에 안정적으로 주택을 마련해주겠다는 의도로 출발한 보금자리주택은 애초 계획과는 달리 가격도 비싸지고, 수량도 충분하지 않을 것으로 보인다.

_ 보금자리주택은 분양 후 입주까지 오랜 시간이 걸리며, 전매제한 기간도 7년에서 10년이나 돼 투자 가치는 많이 떨어진다. 실제 거주 목적이 아니라면 보금자리주택에서 얻을 수 있는 이득이 매우 제한적이다.

● 이명박 정부는 취임 첫해인 2008년 9월, 서민을 위한 저렴한 주택 공급과 부동산 가격의 안정을 위해 10년간 수도권에 100만 가구를 포함해 전국에 총 150만 가구 규모의 보금자리주택을 건설해 공급하겠다는 계획을 발표했다. 그리고 그 다음 해인 2009년에는 기존 목표보다 20만 가구를 늘려 수도권에 공급, 모두 60만 가구를 2012년까지 조기에 공급하겠다는 계획을 내놓았다.

계획과는 달라진 상황

그러나 실제로는 당초 계획 대비 40% 수준밖에 공급되지 않았다. 특히 수도권의 개발제한구역에 지정하는 보금자리지구 사업이 해당 지역 지주와 보상가 산정을 둘러싸고 갈등을 빚었고, 사업 주체인 한국토지주택공사(LH)의 자금난, 일반 아파트와 맞먹는 높아진 분양가, 예상보다 길어진 입주기간 등 정부의 의도와는 다른 일들이 발생해 사업이 제대로 진척되지 않는 상황이다.

이러한 난맥상을 반영하듯, 정부도 앞으로 지정될 보금자리주택은 개발제한구역을 해제하여 그곳에 보금자리주택을 짓는 대규모 개발 방식이 아닌 기존 시가지 인근에 소규모 단위로 추진하는 쪽으로 그 방향을 전환하고 있다. 도심과 가까운 30만㎡ 안팎의 자투리땅과 개별 지자체가 지역의 현안사업지구 명목으로 보유 중인 개발제한구역을 개발하는 쪽으로 가닥을 잡고 있다.

더욱이 애초에 서민의 주택구입 부담을 덜어주고자 내걸었던 반값아파트라는 의미도 무색해지고 있는 상황이다. 그 이유는 주변 시세의 80% 수준으로 보금자리 분양가를 유지하는 법안이 발의됐기 때문이다. 즉, LH공사의 적정 수익을 보장해주면서 향후 민간 사업자를 참여시키려는 목적이다. 이렇게 되면 자연스럽게 보금자리 주택의 분양가는 애초의 방침보다 높게 설정될 수밖에 없다. 특히 5차 보금자리 주택 대상지에 사업을 시행할 경우, 주변 시세의 80% 수준을 감안한다면, 강남과 바로 지근 거리인 과천 지식정보타운지구는 3.3m²당 2100만~2400만 원, 고덕지구는 1400만 원, 강일 3·4지구는 1300만 원으로 그 분양가가 비싸질 수 밖에 없다. 한마디로 보금자리주택은 보 '숲' 자리주택이 될 수밖에 없다. 이렇게 되면 정부의 원래 목적과는 달리 보금자리주택은 서민 무주택자가 분양받을 수 없으며, 보금자리주택의 실제 수요자인 현재의 세입자들에게는 '그림의 떡'으로 전락할 수밖에 없다.

부동산 시장을 흔든 보금자리 주택

더 큰 문제는 그동안 보금자리주택 공급정책이 자연스러운 가격 안정보다 부동산 시장을 왜곡시켜 기존 주택의 거래까지 침체에 빠뜨리는 등 부동산 시장을 무너뜨리고 있다는 점이다. 정부가 공공성을 강화하면서 보금자리주택 정책을 내놓았지만, 단기간에 무려 100만 가구 이상이라는 많은 계획 물량을 쏟아냄으로써 기본적인 시장 질서를 왜곡하였고 실구매 수요자들에게 저렴한 주택을 살 수 있을 것 같다는 기대감을 심어주면서 주택 매입을 머뭇거리게 하는 결과를 가져왔다. 이러한 현상을 목격한 주택 수요자들이 더 저렴한 주택이 나올 것이라고 기대하고 민간 건설사가 분양하는 아파트와 기존 주택에 대한 매수를 꺼리게 된 것이다. 그 결과 2010년 이후 벌어진 전세 가격 상승의 무시 못할 요인으로 작용했다. 그리고 민간 건설사들도 상대적으로 저렴한 보금자리주택이 들어서면 자신들의 주택도 저렴하게 공급해야 하기 때문에 수익률이 떨어질 것을 우려한 나머지 공급 자체를 꺼리게 된다.

최근에는 보금자리주택이 선정된 지역의 아파트 가격이 하락하는 현상까지 일어나고 있어서 이 지역 주민들의 보금자리주택에 대한 감정이 서서히 악화되고 있는 상황이다. '보금자리주택 = 저가 주택'이라는 인식이 심어지고 있어 주변 집값이 하락할까 봐 보금자리주택을 반대하고 있다. 특히 하남과 같은 일부 지역은 기존의 2기 신도시와 마찬가지로 자족기능을 상실한 단순 주거형 베드타운으로 전락할 것이 불을 보듯 뻔하므로 주택 수요자가 보금자리주택을 청약하는 목적인 저렴한 내집 마련과 시세 차익 기대가 완전히 어긋나게 되는 것이다.

결정적으로 보금자리주택은 일반 민간 분양 아파트보다 분양 후 입주까지 오랜 시간이 걸리는 것이 단점이다. 실제로 수도권 보금자리주택 사전 예약자들이 실제 입주까지 걸리는 시간은 약 4년~5년 2개월로 2~3년의 일반 민간 아파트와 비교해 상대적으로 길다. 또한 전매제한 기간이 7~10년, 의무거주 기간이 5년으로 시세 차익을 보기에는 3년 보유 시 비과세(투기과열지구 제외)인 일반 주택과 비교했을 때 그 기간이 길다.

거주 목적으로 봐야 해

보금자리주택의 청약은 시세 차익을 바라보지 말고 순수한 거주 목적의 주택 구입을 염두에 둔 사람들만 하는 것이 바람직하다. 우리나라 사람들 대부분이 '실거주 + 시세 차익'이라는 생각으로 부동산 구입을 하는데, 보금자리주택은 강남 일부 지역 몇 군데를 제외하고는 그 목적에 부합하지 않는다. 보금자리주택의 분양가가 주변 시세의 80% 이상 수준으로 결정되고 전매제한 기간이 길다는 점 때문에 더 이상 시세 차익을 기대해서는 안 된다. 높아만 가는 전세 가격 상승에 고민하면서 보금자리주택만 바라볼 것이 아니라 급매나 경매를 통해서라도 기존 주택을 저렴하게 하루빨리 장만하는 것이 더 현명한 방법이 될 수 있다.

도시형 생활주택!
'묻지마 투자'는 금물

_ 도시형 생활주택은 도심 내에 임대형 부동산을 공급해 도시생활자들의 주택난을 해소하겠다는 취지로 추진되는 정책이다.

_ 투자자는 도시형 생활주택을 소액으로도 부동산 투자를 할 수 있는 투자처로 쉽게 생각하는데, 실제 수요자가 도시형 생활주택을 원하고 있는지 확실하지 않기 때문에 속단은 이르다.

● 2011년 2월 서울시는 보도자료를 통해 1년 내에 약 7000여 세대의 **도시형 생활주택**이 입주 물량으로 공급될 예정으로, 그에 따라 현재의 전세난 해소에 도움을 줄 수 있을 것으로 기대한다고 밝혔다. 각종 언론에서는 원룸 일색의 도시형 생활주택이 전세난 해소에 도움이 될 수 있을지 의견이 분분했고, 투자자의 입장에서는 대형 건설사까지 가세하고 있는 도시형 생활주택이 과연 투자할 가치는 있는지 혼란스러워 하고 있다.

전세난 해소에는 미흡

도시형 생활주택은 도심 내에서 아파트, 단독주택, 다세대, 다가구 등을 구입하거나 임대차할 수 없는 사람들을 대상으로 하는 전형적인 임대수익형 부동산이다.

도시형 생활주택의 종류에는 단지형 다세대, 원룸형 주택이 있다(기숙사형은 2010.7.6 폐지). 현재 투자자들로부터 가장 주목을 받는 것이 '원룸형' 주택이다. 원룸형 주택은 건축법에 의한 일반적인 건축 기준을 적용하지 않은 부대복리 시설과 주차장 요건을 완화시켰다. 예컨대 23.3㎡의 오피스텔 30가구를 지을 때 의무적으로 설치해야 할 주차장 대수는 15대에서 6대로 대폭 줄어들었다.

도시형 생활주택은 폭발적으로 증가하는 1~2인 가구에게 안정적인 주택을 공급한다는 측면에서는 순기능을 하고 있다. 그러나 1~2인 가구의 주거만족도 저하 및 주거 환경 슬럼화, 인근 지역 재개발 사업 시 분양 자격 문제, 부실시공과 사후 관리의 어려움에 따른 조기 노후화 등이 문제점으로 제기되고 있다.

실제로 2010년 말 인·허가 받은 도시형 생활주택을 살펴보면, 20m² 안팎으로 구성된 초소형 주택이 85%가량을 차지했으며 40~50m² 주택은 10% 정도에 불과했다. 따라서 정부에서 2~4인 가구가 거주할 수 있는 단지형 다세대, 연립형 주택을 공급하기 위한 제도 개선을 추진하지 않는 한 현재의 전세난에는 도움이 되지 않을 것이다. 그러나 투자자의 입장에서는 소액 투자 또는 수익형 부동산이라는 측면에서 도시형 생활주택에 관심을 가질 수밖에 없을 것이다.

투자자의 입장

도시형 생활주택에 투자를 고려한다면 어느 지역에, 어떤 형태로, 어떤 콘셉트로 지어졌는지에 따라 투자자들도 체크해야 할 부분이 달라진다. 도시형 생활주택이라도 모두 다 같지 않으므로 투자 지역도 다르고, 살펴봐야 할 것도 다르다.

도시형 생활주택 투자는 장점도 있지만 반드시 짚고 넘어가야 할 문제점도 있다.

첫째로, 1~2인 가구가 원하는 주택이 과연 현재 급속도로 늘어나고 있는 원룸형 주택인지는 아무도 모른다는 점이다. 원룸형 주택이 단지형 다세대보다 많이 지어지는 이유는 건축업자들이 비교적 싼 가격으로 많은 세대를 분양할 수 있기 때문이다. 그러나 고급 고시원과 크게 다를 바 없는 원룸형 주택의 시설이 소비자들을 만족시키기는 어렵다는 평가가 나오고 있다.

대부분의 1~2인 가구들은 원룸보다는 공간효율도가 높은 투룸을 선호한다. 많은 소비자들이 단지형 다세대를 선호하고 있음에도 원룸형 생활주택 위주로 짓고 있는 것이다. 또한 완화된 도시형 생활주택의 주차장 대수 때문에 그 지역이 향후 심각한 주차난을 겪을 가능성이 많다. 왜냐하면 도시형 생활주택을 사용하는 임차인들이 주로 직장 출퇴근자이며 이들이 차량을 보유할 가능성이 높다. 차량이 늘어나면서 주변 골목길과 학교 주변에 자칫 주차난을 가중시키고 통행에 불편을 초래할 수 있다.

둘째는 이 원룸형 도시형 생활주택을 분양하는 측에서 단순한 임대수익형 부동산이 아닌 재개발 시 아파트 '분양 자격'을 주는 것으로 투자자들을 현혹할 수 있다는 점이다. 현재 재개발 혹은 도시환경정비사업이 예상되는 지역에서 도시형 생활주택을 건축하려는 움직임이 계속 감지되고 있다. 그러나 도시형 생활주택을 지어 분양하는 건축업자의 입장에서는 과연 분양이 잘될지 불투명한 상황이므로 도시형 생활주택이 지어질 위치가 재개발될 경우 분양 자격이 확실히 나온다고 투자자들에게 컨설팅할 수 있다. 물론 분양 자격은 나올 수 있다. 그러나 대지지분이 4평 이하인 원룸형 도시형 생활주택의 특성으로 볼 때 권리가액에서 밀려 자칫 분양 자격이 나오지 않을 수도 있다.

만일 이것이 투자성이 있다면 '신종 지분쪼개기'가 되고 투자성이 없다면 구매자들을 우롱하는 결과를 낳고 말 것이다. 또한 주차장 등 부대시설 기준이 완화된 이들 주택이 재개발지역에 건축되면 가뜩이나 복잡했던 지역의 주거환경이 더욱 열악해질 위험을 내포하고 있다.

여기에 더해 부실시공 우려도 대두되고 있다. 도시형 생활주택은 비교적 소규모 토지를 매입해 건설하지만 도시 지역이기 때문에 토지 매입 비용이 많이 소요된다. 주로 중소 건설업체들인 사업자는 이러한 매입 비용을 충당하기 위해선 자재비용을 절약할 수밖에 없다. 또한 세대수가 많아 위탁 관리가 가능했던 기존 오피스텔과는 달리 세대수가 100세대를 넘는 경우가 많지 않아 슬럼화될 가능성이 있다.

투자자로서의 자세

그러나 도시형 생활주택도 나름대로의 투자물건으로서 눈여겨봐야 할 필요는 있다. 특히 개발 잠재력이 있는 지역에 위치한 도시형 생활주택은 과거 신축 빌라가 성행했을 당시의 관점처럼 향후 개발 가능성을 염두에 두고 시세 차익 및 개발 이익을 기대하는 사람들이 투자하기에 적당하다. 이러한 도시형 생활주택에 투자할 때는 지역의 개발 가치, 주변 개발 호재 등을 분석하여 향후 가치 상승이 충분한 지역인지 판단하는 것이 옳다.

따라서 가치 상승이 충분한 지역이라면 비슷한 규모의 주택들의 3.3㎡당 가격, 매매 가격을 알아보고 적정 시세에 분양하는 것인지, 지분가가 너무 높은 것은 아닌지 등을 판단해서 투자를 결정해야 한다. 주로 이러한 도시형 생활주택에 투자하는 사람들은 전세를 껴서 실투자 금액을 최대한 줄이고, 개발이 가시화될 때까지 장기적으로 보유한다.

도시형 생활주택은 임대수익을 염두에 두고 투자하면 만족할 만한 수익률을 달성하기 힘들다. 주로 개발 예정지는 역세권 대학가 주변의 도시형 생활주택과 달리 열악해서 그런 지역 만큼의 임대가가 형성되기는 어렵기 때문이다.

따라서 이러한 지역은 투자 수익을 염두에 두고 전세를 껴야 한다. 이렇게 개발 잠재력이 있는 지역에 지어진 도시형 생활주택을 구입할 때는 주변 오피스텔과 비교할 것이 아니라, 비슷한 규모의 **다세대주택** 등과 시세를 비교하고, 투자할 가치가 있는지를 판단하는 것이다. 결국 향후 개발을 염두에 둔 지역에서 공급되는 도시형 생활주택이 인기를 얻을 것이다.

무작정 광고나 입소문, 트렌드를 좇아 투자하지 말고, 이렇게 수익형과 투자형 도시형 생활주택을 구별해서 지역과 비교 대상을 달리 결정하고, 분석한다면 투자에 성공할 수 있을 것이다.

상가투자, 입지가 전부다

_ 아파트 단지 내 상가는 단지 가구수가 500세대 이상인지를 파악하고, 근처에 대형마트가 있는지 알아둬야 한다.

_ 근린상가에 투자할 때 주의해야 할 점은 뭐니 뭐니 해도 입지가 좋은가 따져보는 것이다.

● 앞으로 부동산 시장이 계속적인 침체를 겪을 것이라는 전망이 우세함에 따라 앞으로는 시세 차익에 의한 자본이득을 노린 투자에서 매월 안정적인 임대료를 받는 임대수익형 부동산 투자로 옮겨갈 것이라는 예측이 많다. 이러한 임대수익형 부동산 시장 중 투자자들의 구미에 적절히 들어맞는 투자 상품이 바로 상가다. 상가는 부동산 침체기에도 안정적인 월세 수입이 보장되면서 고령화 시대의 재테크 수단으로 40~50대 은퇴를 앞둔 중장년층에게 매력적인 투자처처럼 보인다.

점검해야 할 사항

상가 투자도 반드시 따져보고 검토해야 할 부분이 있다. 최근 투자자들로부터 관심을 받고 있는 상가 투자 유형을 중심으로 해서 투자 전에 필수적으로 점검해야 할 사항들을 알아보자.

일반적으로 상가 투자 시 초보자들이 접근하기 쉬운 분야는 아파트 **단지 내 상가**다. 단지 내 상가는 대부분이 아파트 입주민들을 위한 생활밀착형 업종인 부동산 중개업소, 수퍼마켓, 세탁소, 미용실에 집중되어 있다. 다른 형태의 상가보다 고정 고객이 어느 정도 확보되어 있어 안정적인 투자처다.

아파트 단지 내 상가에 투자할 때 가장 먼저 감안해야 할 부분은 아파트 단지 규모다. 세대수가 적어도 500가구 이상이어야 상가 내 입점한 업종의 구색도 다양해지고 이로 인한 시너지 효과를 볼 수 있다. 그리고 투자하는 상가의 면적도 눈여겨봐야 하는데 가구당 상가면적이 1.6㎡를 넘으면 공실이 증가하고 수익성이 좋지 않을 가능성이 높다. 대형면적은 단지 인근의 백화점이나 할인점, 대형마트와 경쟁해야 하기 때문에 66~110㎡ 정도의 범위에서 선택하는 것이 바람직하다.

입지 조건도 아울러 중요하게 고려해야 한다. 만일 근처에 대형 할인마트나 단지 내 상가에 주로 입점하는 편의점, 부동산, 제과점, 미용실, 세탁소, 보습학원 등이 포함된 근린상가가 위치했다면 그쪽으로 고객들이 발길을 돌릴 가능성이 높다. 상가 출입구와 차량을 비롯한 주민들의 동선이 연결되는지도 따져봐야 한다. 단지 내 상가는 단지 입구에 위치한 것보다는 주민의 이동 동선에 있어야 한다. 즉, 주 동선에 가로로 위치한 상가를 선택해야 한다. 가급적이면 1층을 택하는 것이 바람직하다.

아파트 단지 내 상가는 특히나 단지 내 세대의 경제 수준에 따라 상가 매출이 달려 있기 때문에 통상적으로 단지 내 상가 이용률이 높은 $99m^2$형이나 그 이하의 세대수가 많은 단지가 유리하다.

또한 상가투자자들이 많이 투자하는 곳이 바로 **근린상가**다. 근린이란 주거지역과 근거리에 있다는 뜻으로 실생활과 관계 있는 학원, 약국, 음식점, 소규모 병원 등의 업종이 있는 상가를 말한다. 즉, 건축법규상의 근린생활시설은 우리가 살고 있는 주택과 매우 가까이에 있어 도보로 쉽게 접근할 수 있는 생활에 필요한 시설물을 말한다. 근린상가는 대부분 2~5층의 중간층 규모로 이루어져 있고 위쪽의 4~5층은 주택이 들어서 있으며 상가부분은 1~3층 정도로, 면적이 일정 규모를 넘지 않는다.

근린상가는 배후에 아파트 단지를 끼고 있으며 단지 내 상가보다 저렴하면서 안정적인 수요처를 가져갈 수 있다는 장점이 있다. 그러나 일반적으로 단지 내 상가 투자에 비해 투자 리스크가 높으므로 다소 보수적인 투자 자세가 필요하다. 왜냐하면 근린상가별 업종에 따라 매출의 편차가 심하고 이에 따라

임대료가 달라 투자의 위험이 존재하기 때문이다. 그래서 지역성보다는 분양 가격과 조건에 더욱 세심한 주의가 요구된다.

근린상가 투자 시 가장 신경 써야 할 부분은 입지가 좋은 상가를 선택하는 것이다. 그래서 주로 역세권이나 전철역, 대로변에 위치해 있는 상가를 고르는 것이 바람직하다. 주 동선에 가로로 길게 뻗어 있는 상가를 선택해야 하며 출근길 상권보다 퇴근길 상권이 더 유리하다. 또한 무권리 상가보다는 권리금이 있는 상가를 골라야 하고 신도시 지역 내 소형상가는 피해야 한다.

근린상가는 최근 선임대 후분양 방식이 유행하고 있다. 선임대 후분양 상가는 오피스텔·도시형 생활주택과는 달리 점포 임차인을 먼저 정한 다음 일반에 분양하는 것이다. 투자 초기 공실(빈 상가) 위험이 없는 데다 임대수익률이 연 6~7% 수준이다. 또한 시행·시공사의 부도나 사기 등의 위험 부담이 적고 개장 초기에 임차인을 구하지 못해 애태우지 않아도 된다는 장점이 있다. 그러나 선임대 후분양 근린상가 중 간혹 유령 임차인을 내세우는 경우도 있어 선임대 대상을 명확히 확인해야 하다. 임차인이 정해져 있더라도 현장답사는 필수다. 현장답사에선 임차 업종의 영업이 잘되는 지역인지, 투자금 대비 수익률은 얼마 정도 될지 등을 따져봐야 한다.

마지막은 요즘 새롭게 부상하고 있는 **아파트형 공장상가** 투자이다. 아파트형 공장은 이른바 굴뚝 없는 업종인 도시형 제조업종이나 지식산업, 연구개발 업종으로 이루어져 있다. 아파트형 공장은 업무 공간 외에 연면적의 10~20% 정도에 휴게실 및 구내식당, 상가 등의 지원시설을 갖추도록 정해져 있다. 보통 상가가 차지하는 비율은 전체의 10% 미만으로 편의점과 문구점, 은행 등이 주요 업종이다. 수요층이 입주 기업에 종사하는 사람들로 한정되는 반면, 입주자들이 대부분 건물 내 상가를 이용해 수요가 꾸준하다는 장점이 있다. 특히 인력 공급이 수월하고, 물류비용을 절감할 수 있는 교통의 요충지나 인구 밀집 지역에 위치한 경우가 많아 주변 상권의 유동인구도 포함될 수 있다.

그러나 장점 많은 아파트형 공장상가도 체크해야 할 부분이 반드시 있다. 아파트형 공장상가는 유동인구와 상주인구가 단기간에 늘어나고, 상권도 조기에 형성되는 경향이 있어 건불 상층부 분양실적이 상가 투자수익과 직결된다. 만일 상층부에 입주하는 주력 계층이 대부분 중소기업이라면 경기에 따라 입주 기업의 구매 수요가 취약해지는 점에 반드시 유의해야 한다. 그리고 아파트형 공장 상가는 주로 편의점이나 금융, 구내식당과 같은 특수업종이 선호하는 곳이라 일반 업종을 유치하기는 어렵다. 또한 아파트형 공장의 공급이 과잉되고, 분양가에도 부담이 오고 있어 사무실 수요가 둔화되고 있다는 점도 반드시 유의해서 투자해야 한다.

소액으로 쉽게 투자할 수 있는 오피스텔

_ 오피스텔은 비교적 소액으로 투자할 수 있는 임대형 부동산이다. 인기가 있는 투자 상품인 만큼 쉽게 투자를 결정할 수도 있는데, 오피스텔 역시 부동산이므로 입지 조건을 잘 따져 봐야 한다. 도시형 근로자가 많거나, 대학가 인근이 가장 각광 받는 지역이다.

● 소액 투자 상품이면서도 은행 이자의 2~3배 수익을 가져다 주는 재테크 상품으로 최근 오피스텔에 투자자의 관심이 증가하고 있다. 특히 오피스텔 투자는 주택법상 1가구 2주택에 해당하지 않으면서도 여러 제반 조건만 확실히 확인한다면 보장된 임대 수익을 얻을 수 있어 노후를 준비하는 이들 뿐만 아니라 젊은이들까지 관심을 보이고 있다.

임대 수요가 풍부한 오피스텔

오피스텔이 수익형 부동산 상품으로 인기를 얻는 이유는 상가보다 관리가 쉽고 임차인도 많기 때문이다. 임대 수요가 많은 소형 오피스텔은 투자금액도 1억~2억 원으로 상가나 아파트보다 상대적으로 적다. 그리고 오피스텔은 청약통장을 사용하지 않고도 분양받을 수 있다. 물론 지역에 따라서 전매제한 규정이 있다. 투기과열지구인 서울 강남, 서초, 송파구 지역에 위치한 100실 이상 오피스텔은 분양 계약일부터 완공하여 소유권 등기를 할 때까지 전매가 제한된다. 물론 강남3구라도 99실을 밑도는 오피스텔은 언제든 전매가 가능하다.

오피스텔은 초기 투자 비용이 높지 않고 안정적인 수입을 기대할 수 있다는 장점이 있으나 부동산 경기변동에 따른 위험이 있고 임차인의 이동이 많아 특별한 관리가 필요하다. 지역별로 임대수익률의 차이가 크고 매매 시세 차익을 기대하기 쉽지 않은 만큼 장기적인 임대 수요 시장의 가치와 규모를 보고 투자를 해야 한다.

오피스텔에 투자할 때 감안해야 할 사항은 투자하려는 오피스텔의 입지가 도심지 내 임대 수요가 풍부한 지역에 위치하는지 여부다. 즉, 직주근접의 1인 가구가 많은 곳이나 직장인들이 많은 서울 강남권 등 도심의 업무지구, 대학가 인근 등 대로변과 지하철 역세권에 있는 것이 바람직하다.

소형 평수가 유리하다

오피스텔은 투자형 상품이라기보다는 임대수익형 상품이라고 할 수 있겠지만 전철이 새로 생겨 환승역이 되거나, 연장선 확장 또는 공원이 조성되는 곳이라면 투자 수익도 아울러 거둘 수 있다. 전체 세대수는 200세대 이상에, 1층과 2층에 편의점 및 병원, 약국 등의 편의 시설이 잘 갖춰져 있어야 임대 회전율이 좋을 뿐 아니라 관리비도 저렴하고 건물을 전체적으로 잘 운영할 수 있다.

m²당 관리비와 주차 요금도 임차인이 임차를 결정할 때 민감한 부분이며, 주거용일 때는 월세입자들이 가구와 가전제품이 구비된 풀옵션 오피스텔을 선호하기 때문에 이런 오피스텔에 투자하는 것이 바람직하다. 그러나 중형 이상의 오피스텔은 아파트에 비해 선호도가 크게 낮기 때문에 수요자 확보가 쉽지 않고 월세 수익률도 소형에 비해 떨어지는 편이다

또 확인해야 할 부분은 바로 **전용률**이다. 전용률이란 분양평수에 대한 실평수 비율을 말한다. 33m² 분양평형에 전용율 60%라고 하면 실평수가 19.8m²가 된다. 통상적으로 아파트는 80%, 주상복합은 70% 정도인데 오피스텔은 전용률이 상대적으로 적다. 적어도 전용률이 60% 이상은 되어야 한다. 투자시 면적만 보고 투자 금액을 비교하는 오류를 범하지 말아야 하며, 오피스텔 분양가를 계산할 때 공급면적이 아닌 전용면적으로 확인하는 것도 투자성을 검증하는 방법이다.

마지막으로 오피스텔에 투자할 때 임대 수익만큼 중요한 것이 **절세** 여부다.

오피스텔은 최근 주택법 개정으로 준주택으로 분류되고는 있지만 여전히 주택이 아닌 업무용 시설이다. 물론 주거용으로 사용할 경우에는 주택으로 간주되지만, 이것을 업무용으로 사용하느냐, 주거용으로 사용하느냐에 따라 과세기준이 크게 달라진다. 업무용 오피스텔은 건물가액의 10%를 부가세로 납부해야 하는데 일반과세자로 사업자등록증을 발급받으면 10년 동안 사업자등록을 유지하는 조건하에 부가세를 환급받을 수 있다. 업무용 오피스텔은 주거용에 비해 재산세가 높지만 양도소득세나 부가세 환급 등 절세에 유리하다. 주거용 오피스텔은 사용 용도를 따져 주택으로 간주해 세금을 부과할 수도 있는 만큼 이 점에도 유의해야 한다. 주거용은 1가구 2주택이 적용될 뿐만 아니라 주택과 동일한 세금을 부담해야 하며 양도세도 마찬가지다.

주거용과 업무용을 구분하는 기준은 매도 시점에 전입신고 여부 등을 따져 판단한다. 만일 임차인이 전입신고를 하면 주택으로 간주된다. 즉, 주택 소유자가 오피스텔을 주거용으로 세 놓으면 1가구 1주택 양도세 비과세 혜택을 받지 못할 수 있다는 점에 주의해야 한다. 일부 오피스텔 소유자들이 전입신고를 하지 않는 조건으로 임대료를 소폭 낮춰주는 것은 이 때문이다.

한편 실제로 주거용으로 사용하고 있는 오피스텔이라도 주택임대사업자 등록은 **불가능**하다는 점을 유의해야 한다. 임대사업자 등록 시 주택 여부를 따지는 기준은 실제 용도가 아닌 법률상 구분이기 때문이다. 오피스텔은 현행 청약제도에서는 직접 거주하거나 임대를 놓을 경우에도 주택이 아닌 업무 시설로 분류되므로 여러 채를 소유하고 있어도 DTI규제나 재당첨 제한에도 걸

> 주택이 아니면서도 주택기능을 갖춘 시설

리지 않는다는 점은 이점이라고 할 수 있다.

오피스텔은 매입 가격의 4.6%를 취득세로 내야 하는 점과 주거 시설의 주차 기준은 가구당 최소 1대 이상이지만 전용면적 60㎡ 이하 오피스텔은 세대당 0.8대만 충족하면 돼 주차 시설이 부족한 단점 또한 존재한다.

도시기본계획부터 분석하라

_ 토지에 투자할 때는 주변의 이야기만 듣지 말고 객관적인 자료를 분석해야 한다. 가장 구하기 쉬운 객관적인 자료가 '도시기본계획'이다.

_ 도시기본계획 중 인구 배분 계획과 토지 이용 계획을 참고하면 투자에 대한 전체적인 구상을 할 수 있다.

● 대다수의 토지 투자자들은 "내가 투자한 토지 가격은 왜 안 오르는 거야?" 하며 푸념을 하곤 한다. 그 이유는 토지 투자를 할 때 객관적인 자료 분석 없이 근거 없는 개발호재만을 믿고 투자하기 때문이다. 그리고 **현지 부동산 중개업소와 연계해서** 특정 물건을 팔아 수수료를 챙길 목적의 일부 부동산 전문가가 기획한 강의를 듣고 토지 투자를 하다가 실패한 사람들도 적지 않은 게 현실이다.

과학적인 방법으로 접근해라

토지 분야는 부동산의 여러 분야 중 가장 환금성이 낮다. 그래서 투자한 물건의 지역에 개발 계획이 전혀 잡혀 있지 않거나 형질변경 등의 개발 행위가 금지될 경우 투자한 돈은 토지에 영영 묶이게 돼 적지 않은 손실을 입는다. 그렇다면 토지에 투자할 때 어떠한 근거와 정보를 가지고 임해야 할 것인가?

주도면밀한 토지 투자가 되기 위해서는 어느 지역이 개발될 것인가에 대한 과학적인 데이터와 정보가 있어야 한다. 투기 수요를 차단하기 위해 토지에 대한 규제가 강화되면서 토지 투자의 기준은 정부나 지자체의 **개발 계획**이 있느냐 여부가 가장 중요하게 되었다.

이러한 개발 계획을 일반인들이 쉽게 알 수 있는 자료는 없을까? 그 해답은 지자체가 발표하는 **도시기본계획**에 있다. 그 이유는 지자체가 어떤 지역을 개발하기 위해서는 반드시 '국토의 계획 및 이용에 관한 법률' 상 도시기본계획을 세워야 하기 때문이다.

도시기본계획은 지자체가 앞으로 20년간 관할 구역을 대상으로 신규 개발 지역, 도로 및 철도 교통 신설과 확장 계획, 그리고 토지에 대한 용도 변경을 하고자 수립하는 계획이다.

좀 더 쉽게 얘기하자면 그림을 그릴 때 구도를 먼저 잡고 밑그림을 그리는 것과 같다. 지방자치단체장은 관할 구역에 대해 앞으로 20년의 기간을 두고 인구는 얼마나 늘릴지, 주택 및 업무 시설의 면적 비중을 얼마나 증가시킬지, 여기에 필요한 도로 등의 기반 시설을 어떻게 늘리고, 이에 합당한 지역을 어떻게 선정하는지에 대한 기본 계획을 세워야 한다. 도시기본계획을 제대로 이해하고 분석해낼 수 있는 능력을 가지면 어느 지역이 개발될 것인가에 대한 합리적이고 과학적인 데이터를 기반으로 한 토지 투자를 할 수 있다. 즉, 우량 지역에 대한 투자를 할 수 있게 되는 것이다.

도시기본계획을 분석하라

만일 우리가 부동산 컨설팅 회사 혹은 잘 아는 부동산 중개업소로부터 "투자하기 좋은 땅이 나왔습니다"라고 투자 권유를 받았다면 주변 여러 사람에게 "그 땅 좋아요?"라고 묻고만 다니지 말고 반드시 해당 물건이 속한 지자체의 인터넷 홈페이지에 들어가서 도시기본계획을 확인해야 한다.

만일 해당 지역의 도시기본계획에 '지역적 특성 및 계획방향' 부분에서 '자연환경 보전', '수질개선', '친환경적 생태도시' 등의 문구가 나온다면 대규모의 고밀도 개발보다는 보전의 방향으로 도시를 계획한다는 의미이기 때문에 투자하기에는 적합하지 않다고 이해해야 한다.

또한 하나의 도시라 하더라도 면적이 넓어 지역별로 특성이 다르다면 그 특성에 맞게 차등화된 계획을 짤 것이다. 어떤 지역은 비상시에 식량 공급처가 될 농촌 지역으로 집중 육성할 수 있고, 또 어떤 지역은 서울에 가깝게 위치한 특성에 따라 베드타운 개념의 주택 공급지로서 고밀도 개발을 계획할 것이다. '도농복합도시'라 할 수 있는 용인시가 바로 그러한 예이다.

도시기본계획은 도시 개발 방향, 도시 기본 구상, 인구 배분과 토지 이용 계획, 교통 계획, 공공 시설 계획, 산업 개발 계획 등을 포함한 종합 계획이기 때문에 토지 투자에서 중요한 나침반 역할을 한다. 부동산 투자의 핵심이 개발 호재가 있는 지역을 선점하여 투자하는 것이라면, 해당 지역의 개발을 예상할 수 있는 도시기본계획은 토지 투자자가 반드시 활용해야 할 지침서이다.

그런데 만일 투자 추천을 받은 지역에 도시기본계획이 수립되어 있지 않다면 어떻게 해야 할 것인가? 그러한 지역은 **투자하지 않는 것**이 좋다. 왜냐하면 도시기본계획이 수립되어 있지 않는 지역은 아직 개발하기 위한 계획 자체가 필요 없다는 것이기 때문에 향후 전원생활을 하려는 목적으로 토지를 구입할 게 아니라면 굳이 투자할 필요가 없다.

이 부분을 확인하라

도시기본계획을 참고할 때 어떠한 부분을 중점적으로 확인해야 할까?

첫 번째로 **인구 배분 계획**을 반드시 참고해야 한다. 도시기본계획은 해당 도시의 장기 발전을 위한 종합 계획이므로 인구 계획과 토지 이용 계획은 해당 도시 발전 예측에 중요한 변수다. 일례로 수원과 용인의 '2020년 도시기본계획'을 보면 수원의 목표 인구는 129만 명, 용인시는 120만 명으로 수립되어 있다. 그러나 수원시는 이미 목표 계획 인구가 달성된 도시이며, 이에 따라 추가적인 택지 개발 사업은 하지 않을 것으로 예측된다. 그러나 용인시는 현재 인구가 80만 정도이며, 도시기본계획 목표 달성 인구에 비하여 40만 정도가 부족하다. 결국 용인시는 40만 인구가 새로 거주할 주택을 다량으로 공급하기 위해 택지 개발 사업이 추진될 것으로 예측할 수 있다. 또한 해당 도시 계획에서 새로운 시가지를 만들기 위한 시가화 예정용지의 지정량을 보면 이러한 예측은 좀 더 정확해진다. 만일 이러한 토지 이용 계획과 인구 계획 등을 통하여 해당 지역에 투자 의사 결정을 한다면 우량한 투자 선택을 했다고 볼 수 있다.

두 번째로 반드시 체크해야 할 사항은 **토지 이용 계획**이다. 토지 이용 계획은 주거 · 상업 · 공업 지역 등의 '시가지'를 건설하는 계획이다. 예를 들어, '2020 ○○군의 도시기본계획'에 앞으로 이 지자체가 목표로 하는 시가지 면적 비중이 약 28% 정도로 되어 있다고 가정해보자. 그런데 현재 해당 지자체에 확인해보니 현재 시가지가 차지하는 면적이 전체의 약 13%라고 한다면 앞으로 10년 동안 해당 지자체 면적의 15%가 추가적으로 개발될 수 있다는 뜻이다. 만일 여러분이 이러한 지역의 농지나 임야에 투자한다면 향후 주거 지역 혹은 상업 지역으로 바뀌거나, 관리 지역으로 되어 있다면 택지 및 도시 개발 사업 대상 용지가 되어 커다란 투자 수익을 누릴 수 있다. 이처럼 '도시기본계획'에 해당 지역의 목표 인구와 시가지 면적이 증가되는 것으로 나와 있고, 그 해당 지역 주변으로 잘 투자한다면 그야말로 '대박' 투자가 되는 셈이다.

12

날림 부동산 전문가는
조심

_ 무료로 부동산에 대한 전략을 알려주는 사람 중에는 자신이 이득을 보기 위해 특정 부동산을 추천하는 사람이 매우 많다. 정보가 부족하다고 하여 이런 전문가들의 이야기를 믿는 우를 범하지 않아야 한다.

_ 전문가의 이야기를 들으려면 정당한 자문료를 내고 40페이지 이상의 보고서를 받는 것이 좋다.

● 대한민국에서 가장 잘나가는 모 대기업에 다니는 정직한 씨(가명, 당시 35세)는 평소에 부동산에 관심이 많았다. 고향이 지방이고, 부모님의 경제력이 그리 크지 않았던 터라 2001년부터 결혼 생활을 전세로 시작했다. 이후 자녀가 생겨 어느덧 여섯 살이 되자 내 집 마련에 대한 생각이 절실해졌다.

그런데 2006년은 그야말로 부동산 가격 급등기로 자고 나면 집값이 오르는 시기였기 때문에 많은 고민이 되었다. 그래서 신문광고에서 본 부동산 컨설팅회사의 '무료 부동산 투자전략 세미나'에 참가해 강의를 듣고 내 집 마련 계획을 세워보기로 했다.

강의를 진행했던 모 부동산 전문가는 자신의 방송 출연 경력과 부동산 관련 재테크 서적 출간 경력이 많음을 예로 들며 방송에 출연했던 동영상을 보여주고 자신이 매우 공신력이 있음을 강조했다. 특히 그 당시 노무현 정부가 추진했던 '강남을 대체하는 분당급 규모의 신도시'로 경기도 광주가 지정될 가능성이 높다며 이 지역에 있는 아파트 투자가 곧 높은 수익을 가져다줄 것이라고 역설했다. 그 당시 광주 지역의 아파트 가격은 분양면적 99㎡형(30평형)을 기준으로 3.3㎡당 1250만 원일 정도로 만만치 않은 가격이었다.

정직한 씨는 세미나가 끝난 후 강의를 진행했던 전문가에게 내 집 마련을 포함한 부동산 투자에 관해 약 20분 정도 상담을 받았다. 그 전문가는 계속해서 이 지역이 신도시로 정해진다면 아파트 가격은 적어도 3년 내에 5억 원 수준까지 오를 것이라고 단언하였다. 그러면서 자신이 잘 아는 현지 중개업소에게 연락을 해줄 테니 그 쪽을 통해 물건을 알아보라고 했다.

결국 그 전문가의 말대로 이 지역에 새로 분양한, 세대수가 많지 않은 나홀로 아파트를 대출 1억5000만 원, 전세 1억1000만 원을 합쳐 총 3억6000만 원에 덜컥 계약하고 말았다. 그러나 아파트를 구입한 지 4년이 지난 2011년, 정직한 씨는 그때 사두었던 아파트 가격이 무려 30% 이상 하락한 것 때문에 지금도 밤잠을 이루지 못하고 있다. 그 이유는 강남을 대체하는 신도시가 광주가 아닌 동탄으로 확정되면서 정직한 씨가 구입했던 아파트 가격이 하락했기 때문이다. 더욱이 매달마다 통장에서 빠져나가고 있는 110만 원의 대출 원리금 상환액도 큰 부담이 되고 있다.

대중용 전문가를 조심하라

정직한 씨의 실패 원인은 2006년의 부동산 가격이 급격하게 상승하면서 빨리 내 집을 마련해야겠다는 조급증에서 출발했다고 볼 수 있다. 더 큰 이유는 당시 부동산 가격이 급등하는 분위기에 편승하여 **부동산 전문가**의 말을 맹신하고 투자한 것이다.

부동산 투자나 내 집을 마련하는 데 있어 일반 대중들은 정보가 매우 부족하다. 또한 앞으로의 부동산 시장을 전망하는 것도 매우 서툴다. 그래서 누군가의 조언이 필요하다. 그러나 부동산 투자 고수들은 절대로 대중 앞에 쉽게 그 모습을 드러내지 않는다. 자기만의 부동산 투자 노하우를 공개하기 꺼리기 때문이다. 그래서 일반 대중들은 신문이나 잘 알려진 인터넷 카페에 칼럼을 게재하거나 상담게시판에 답변 글을 올리는, 지식과 경험의 깊이가 깊지 못한 속칭 '대중용 전문가(?)' 와 접촉할 수밖에 없다.

더욱이 요즘엔 일부 경제 케이블 방송의 부동산 관련 프로그램에 출연하는 전문가(?)들이 늘어나고 있는 추세이고, 일부는 부동산 투자와 관련한 책을 출간하여 자신을 그럴싸하게 포장하는 마케팅을 하고 있다. 이들은 가끔씩 '부동산 투자전략 세미나'라는 명목으로 유명 언론사 인터넷 광고를 통해 부동산 투자에 관심 있는 일반 대중들을 끌어모은다. 이 '대중용 전문가'들은 그간 칼럼과 상담글로 올린 자신의 인지도를 이용하여 강의와 그 후의 상담을 통해 자신과 연결되어 있는 부동산 물건을 판매 혹은 중개한다.

이러한 전문가들이 판매하고 있는 대부분의 물건은 새로 짓는 아파트의 분양권과 일부 노후화된 건물이 많은 지역(재개발 가능성이 있다고 부동산 업자들이 예상하고 있는 지역) 등에서 행해지는 이른바 '신축 지분 쪼개기'에 해당하는 신축 빌라 등이다. 이들 물건의 수수료는 건당 적게는 1000만 원에서 많게는 3000만 원 정도이다. 한마디로 전문가라는 타이틀을 이용하여 투자에 관심이 있는 일반 대중들을 끌어들여 부동산 물건을 판매하는 얄팍한 상행위가 존재하는 것이다. 앞에서 언급한 정직한 씨의 사례도 결국 이에 해당한다고 볼 수 있다.

부동산은 갖가지 부동산 공법으로 이루어진 법률 상품이자, 경기의 흐름에 민감한 경제재, 그리고 정부의 부동산 정책에 따라 그 희비가 엇갈리는 정책 상품이기도 하다. 그만큼 복잡하고 어려운 분야다. 또한 세부적으로 들어가서 아파트, 상가, 재개발·재건축, 토지, 경매, 부동산 개발 등 그 분야도 매우 다양하다. 모름지기 전문가라면 이들 분야를 아우르는 지식과 부동산 공법에 대한 깊은 이해가 있어야 하며, 이를 객관적으로 적용할 줄도 알아야 한다. 그런 지식과 능력을 갖춘 전문가들도 미래에 일어날 일을 예측하는 것에 대해서는 매우 신중한 자세를 취한다.

일부 '대중용 전문가'들 중에서는 부동산에 대한 깊은 이해 없이 신문기사 스크랩을 활용해서 백화점 문화센터 강의를 하는 자들도 있다. 이들의 목적은 결국 자신과 연계되어 있는 부동산 물건을 판매하여 수수료를 취하는 것이다. 그래서 이들은 갖가지 미사여구와 사례를 동원해서 '쪽집게'를 자처한다. 그 강의를 듣는 사람들은 아무런 확인을 하지 않고 맹신하는 경우가 많다.

만일 전문가에게 상담을 받겠다고 결정했다면, 차라리 당당히 상담료를 지불하고 그것에 합당한 40페이지 이상의 **투자분석 리포트**를 요구하라. 이 정도 분량의 리포트를 쓸 줄 아는 전문가가 있다면 뭔가 과학적이고 합리적인 투자 권유의 근거가 있을 것이다. 그 정도를 제시하지 못하는 사람이라면 그는 진정한 전문가가 아닌 사이비 전문가임과 동시에 물건을 판매하는 일반 부동산 업자와 마찬가지라고 보면 된다.

13

진정한 '비례율'이 높은 지역이 좋다

_ 재개발 지역에 투자하려면 비례율을 따져봐야 한다.

_ 비례율은 사업비를 줄이고 총 분양 금액을 높이면 좋게 나온다. 총 분양 금액을 높이는 방법은 새 아파트의 분양 가격을 높이 책정하든가 많은 아파트를 지어 분양하면 높아진다.

● 2010년 6월, 서울시 성동구의 ○○구역에서 관리 처분을 앞두고 조합은 조합원들이 보유하고 있는 토지 및 건물에 대한 감정평가액을 발표했다. 그런데 그 후 인근 중개업소에는 조합원의 물건들이 급매물로 나오기 시작하였다. 그 이유는 조합원들의 기대에 비해 감정평가액과 비례율이 적게 나왔기 때문이었다. 비례율이 100%에도 못 미치는 93%가 나왔다. 좀 더 쉽게 얘기한다면 이 구역의 조합원들이 받을 수 있는 권리가액이 자신들이 소유하고 있는 부동산의 감정평가액보다 더 적게 나온 것이다. 이 때문에 분양 자격이 나오는 조합원 물건의 프리미엄이 기존의 1억5000만 원에서 3000만 원으로 급락하는 현상이 벌어졌다.

조합원은 투자자다

재개발 구역의 부동산에 투자하는 이유는 청약제도를 통하지 않고 아파트를 분양받을 수 있기 때문이다.

재개발지역에 투자할 때는 투자 수익을 노리기보다 실수요적인 관점에서 바라보는 것이 더 안전하고 바람직하다. 일반 택지 지구의 아파트에 청약할 경우 서울이 아닌 수도권 외곽 지역으로 벗어나야 하고 분양에 당첨되리라는 보장도 없다. 이왕이면 향후 분양 전후로 해서 실제 입주를 하지 않더라도 많은 프리미엄을 받고 높은 가격에 팔아 커다란 이익을 보려는 생각도 있을 것이다. 그러나 성동구 ○○구역의 사례에서처럼 오히려 그 프리미엄이 하락하여 손실을 가져올 수도 있다.

비례율은 재개발 사업을 진행할 때 사업에서 발생하는 이익이나 손실을 배분하기 위해 조합원 간에 합의된 약속이다. 재개발 사업을 할 경우 조합을 하나의 회사로 보고, 조합원은 자신이 가지고 있는 토지나 건물을 가지고 그 회사에 출자하는 주주라고 할 수 있다. 그래서 향후 그 구역에 새롭게 아파트 및 상가를 지어 조합원 자신은 물론 이것을 조합원이 아닌 사람들에게도 분양을 하여 수익을 얻는 개념이다.

이때 조합원은 그 아파트에 우선적으로 입주할 수 있는 자격이 주어진다. 이 과정에서 조합은 건설사를 선정하고 공사비를 지급한다. 조합 운영에도 비용이 들어가는데, 기존 조합원들의 주택에 세를 들어 살고 있는 세입자에 대한 보상이 비용으로 추가될 것이다. 이러한 비용을 다 합쳐서 **사업비**라고 한다. 이때 새로 짓는 아파트가 높은 가격에 일반인들에게 잘 팔려나가면서 사업비가 적게 나간다면 조합이 올리는 수익은 매우 커질 것이다. 이와는 반대로 경기가 좋지 않아 아파트 분양이 원활하게 되지 않거나, 낮은 가격에 일반인들에게 분양을 할 경우나 조합원 수가 너무 많아 일반 분양분이 많지 않은 상황에서 상대적으로 비용을 많이 쓴다면 오히려 손실이 발생할 수도 있다.

이렇게 수익이 나든 혹은 손실이 나든 조합원들에게는 수익과 손실이 조합원들이 출자한 부동산의 가치만큼 합리적으로 배분되는 비율을 '비례율' 또는 '개발이익률' 이라고 한다. 즉, 새 아파트를 지었을 때 발생하는 총 분양 수입에서 아파트를 건설하거나 조합 운영에 들어가는 비용을 뺀 값이라고 할 수 있고, 이것을 기존의 조합원들이 가지고 있던 건물 및 토지의 감정평가액 총합으로 나눈 값이라고 할 수 있다. 비례율을 공식으로 나타내면 다음과 같다.

비례율 = (새로 지은 아파트 등의 총 분양금액 − 아파트 건설비와 조합운영

비 등의 사업비) ÷ 조합원의 건물 및 토지의 감정평가액 총합

즉, 투자한 재개발 물건의 수익이 양호하게 나오기 위해서는 비례율이 높아야 한다. 비례율이 높아지기 위해서는 새 아파트를 잘 팔거나 사업비를 줄여야 한다. 여기에 더해 분모가 되는 조합원들의 부동산 감정평가액도 낮아야 한다.

일반 투자자의 입장

일반인들이 재개발 지역의 물건에 투자할 경우 가장 중요하게 고려해야 할 점은 무엇일까? 바로 위에서 말한 비례율 공식에 해답이 나와 있다.

먼저 총 분양 금액이 높게 나와야 하는데, 분양가 자체를 높이는 방법과 분양 세대수를 늘리는 방법이 있다. 새 아파트의 분양가격을 높게 책정하려면 투자하는 지역이 좋은 입지를 가진 곳이라야 한다. 서울을 제외한 수도권 및 지방은 분양가를 높일 경우 자칫 미분양이 발생되기 쉽다. 또한 입지가 좋은 곳은 이미 대지 지분 가격이 많이 상승하여 투자 수익을 거두기가 쉽지 않다.

그렇다면 투자의 관점을 달리해야 한다. 즉 높은 분양가를 매길 수 있는 지역보다는 더 많은 아파트를 지어 사업성이 극대화될 수 있는 지역으로 눈을 돌려야 한다. 다다익선(多多益善)이라는 말도 있듯이 아파트를 많이 지을 수 있는 지역, 이른바 용적률을 높게 적용받을 수 있는 지역이 바로 투자 수익을 보장 받을 수 있는 곳이다. 이를테면 같은 재개발이라 하더라도 일반 주택재개발보다는 높은 용적률을 적용받는 지역이 더 유리하다.

주의해야 할 점은 총 분양 금액은 **일반세대 분양분과 조합원 세대 분양금액의**

합이라는 점이다. 만일 여러분이 투자하는 재개발 지역에 조합원 세대가 상대적으로 그 비중이 높다면 비례율이 잘 나온다 하더라도 그것은 표면적인 비례율만 잘 나오는 것이지 실질적인 사업성과는 거리가 먼 것이라 할 수 있다. 조합원 비율이 높을 경우 사업성이 좋지 않기 때문에 조합원 분양가를 낮추는 것도 매우 어려운 일이 될 것이다. 실제로 일반세대 분양가 대비 조합원 세대 분양가의 할인율이 20% 미만으로 별 차이가 없는 지역이 나오는 것도 바로 이 때문이다.

그리고 사업비가 덜 나올 지역이어야 한다. 사업비에서 아파트를 짓는 시공사에게 지급하는 공사비가 전체에서 약 70~80%의 비중을 차지한다. 재개발 사업은 일부 재건축 아파트에 적용하는 확정지분제와 달리 단순 도급제에 의해서 사업이 시행되기 때문에 시공사는 공사비만 받고 아파트를 짓는다. 공사비 측면에서 이야기한다면 구릉지나 경사가 있는 곳이 평지에 아파트를 짓는 것보다 사업비가 더 많이 지출됨은 두말할 나위가 없다. 사업비 부분은 일반 개인이 투자할 당시에는 가늠하기 어려운 부분이다.

마지막으로 조합원들의 전체 감정평가 금액이 적은 곳으로 가야 한다. 새 아파트의 총 건립수 대비(더 엄밀히 말한다면 임대아파트를 제외한 순수 분양아파트 세대) 조합원 세대수의 비중이 적은 곳이 좋다. 이미 조합 설립인가를 받은 곳은 어느 정도 재개발 사업에 관한 실시계획이 나와 있어 사업시행인가를 앞두고 있는 상태이므로 조합을 직접 찾아가 조합원 세대수 비중을 알아보면 그리 어렵지 않게 파악할 수 있다. 또한 조합 설립이 되어 있지 않은 지역이라 하더라도 해당 정비구역 추진위원회 사무실을 찾으면 예상 조합원 세대수 및 총 아파트 건립 세대수를 어렵지 않게 파악할 수 있다.

　　결론적으로 재개발 투자는 용적률이 잘 나와 아파트를 많이 건립할 수 있는 지역과, 지분쪼개기가 상대적으로 덜 되어 조합원 세대수의 비중이 적게 나오는 지역, 3.3㎡당 대지지분 가격이 저렴한 곳에 투자하는 것이 가장 바람직하다.

14

완화된 임대주택 정책을 활용하라

_ 이전의 부동산 투자는 주택을 사고파는 과정에서 시세 차익으로 이득을 보는 것이었으나, 이제는 임대사업자로의 변모를 생각해야 한다.

_ 임대사업자가 되면 세제혜택도 많이 주어지기 때문에 장기간 임대 사업을 하다가 개발 계획이 확정되면 시세 차익을 노려보는 장기적인 전망이 필요하다.

● 2010년을 기점으로 부동산 가격 상승에 대한 기대 심리가 위축되면서 거래량이 급감하는 현상이 나타나고 있다. 2018년을 정점으로 인구증가율이 하락하고 주택 수요가 감소할 것이라는 전망과 1000조 원에 달하는 가계부채가 부동산 경기의 침체를 더욱 부채질하고 있다. 더욱이 주택 구입의 실수요자라고 할 수 있는 세입자들이 매매보다는 전세로 있으려는 심리가 커지면서 전세값 상승세가 지속되고 있고, 임대인들은 시세 차익에 대한 기대를 할 수 없게 되면서 월세를 통한 임대 수입으로 보상 받으려는 심리가 늘면서 월세나 반전세로 바꾸려는 시도가 계속해서 늘어나고 있다.

이러한 상황에서 부동산 투자자 입장에서는 투자의 방향을 잡기가 갈수록 어려워지고 있다. 더 이상 부동산 가격이 상승하지 않을 것이라는 회의적인 전망이 우세한 상황에서 시세 차익을 바라고 과감하게 큰돈을 부동산에 묻어 두기도 망설여지고, 요즘 유행하는 오피스텔이나 도시형 생활주택 같은 임대 수익형 부동산에 투자하는 것도 공실 문제나 임대 상품 특성상 감가상각에 대한 위험성 등이 있어 쉽게 결정하기 어렵다.

이런 시기에는 미래의 시세 차익과 현재의 임대 수익을 함께 누릴 수 있는 투자 방법을 모색해볼 필요가 있다.

임대사업자의 세제 혜택

정부의 민간임대주택 활성화 방안에서 그 해답을 찾을 수 있다. 정부는 급격하게 치솟는 전세 가격 안정과 주택의 효과적인 공급을 유도하기 위해 민간 주택임대사업자의 조건과 세제 혜택을 대폭 완화했다.

먼저 지역별로 주택 임대 사업을 할 수 있는 가구수와 의무 임대기간이 대폭 완화되었다. 종전에는 서울은 5호 이상의 주택을 10년 이상, 경기·인천은 3호 이상을 7년 이상, 지방은 1호 이상을 7년 이상 임대할 경우에만 임대사업자로 간주되었으나, 소득세법 시행령을 개정해 지역에 관계없이 3호 이상(지방은 종전과 같이 1호 이상)의 주택을 5년 이상 임대 목적으로 사용할 경우 임대사업자로 인정받을 수 있다. 이렇게 되면 5년 이상 임대 후 매매 시 양도소득세가 일반과세되어 세금 부담이 줄어들게 된다. 만일 임대사업자가 아닌 일반인이 주택을 3채 이상 소유하고 양도할 경우에는 양도소득세가 60%로 중과된다.

그리고 주택면적 및 취득가액에 대한 한도가 완화되었다. 기존에는 서울은 전용면적 85㎡ 이하·3억 원 이하, 경기와 인천은 85㎡ 이하·6억 원 이하일 경우에만 인정되었는데, 개정 후에는 서울을 포함한 수도권은 모두 전용면적 149㎡ 이하·6억 원 이하면 임대사업자로 인정받는다. 지방은 종전과 변함없이 149㎡ 이하·3억 원 이하면 가능하다. 그렇게 되면 최초로 건축하거나 분양받는 공동주택(주택거래신고지역 제외)에 대하여 전용면적 60㎡ 이하일 경우 취득세 면제, 전용면적 60㎡ 초과 85㎡ 이하의 임대주택을 20호 이상 취득하는 경우 취득세 25%가 감면되어 유리하다.

세 번째로는 임대용 주택이 위치해 있는 지역에 대한 제한이 완화되었다. 종전에는 서울과 경기·인천의 경우 동일한 시·도·군에 대상 주택이 위치해 있을 때에만 임대사업용으로 인정되었는데 이제는 수도권 내에만 있으면 가능하다.

넷째, 종합부동산세 합산 과세가 배제된다. 즉 임대사업용 주택이 아닐 경우에는 소유한 모든 주택의 공시가격을 합산한 가격을 대상으로 종부세를 계산하는데, 임대사업용일 경우는 각각의 주택에 대하여 따로따로 계산하기 때문에 사실상 종부세가 면제되는 것과 같다. 그리고 10년 이상 임대 후 양도 시 양도 차익의 30%까지 장기보유 특별공제를 받을 수 있다.

재개발 투자에서 가장 문제되는 부분이 조합원 간의 갈등이나 경제상황에 따라 사업 진행 속도가 예상보다 길어진다는 것이다. 그렇게 되면 투자자로서는 장기간 목돈이 묶이게 되어 현금 흐름이 막히고, 대출에 따른 이자비용이 증가하게 되며, 사업적으로는 제반 비용이 늘어나 추가 분담금이 증가하는 문제가 발생한다. 이러한 문제점에 효과적으로 대처하기 위한 수단으로 임대사업자의 활용을 생각해볼 수 있다.

즉, 개발의 요건을 충족하고 있어 향후 개발될 가능성이 높은 지역을 선택하여 임대사업자로 등록을 하고 초기 투자 금액이 적게 들어가는 소형 지분 몇 개를 매입하여 보유 기간 동안에 은행이자 수준 내지 약간 높은 수준으로 임대사업을 하다가, 개발 계획이 확정되면 시세 차익을 실현하거나 아니면 입주 시까지 임대사업을 계속하는 방법이다. 물론 이러한 조건을 충족하는 지역을 찾는 것이 관건이겠지만 큰돈이 들어가는 중요한 결정인 만큼 좀 더 시간을 내어 발품을 팔든지, 전문가의 도움을 받아서 안정성과 수익성을 모두 챙길 수 있는 노력이 요구된다.

많은 재개발 투자자들이 투자를 생각할 때 예상보다 기간이 길어질 수 있다는 점을 고려하지 않고 단기 차익만을 바라고 행동하는 경향이 있는데 이는 바람직한 방향이라 볼 수 없으며, 위에서 언급한 임대사업자의 다양한 혜택들을 활용하는 등 보다 장기적이고 안정적인 자금계획을 가지고 투자에 임해야 함이 옳다.